普通高等学校土木工程专业新编系列教材

桥涵水文

（第三版）

文雨松　杨熠琳　编著
杨孟刚　周智辉　主审

中国铁道出版社有限公司

2025年·北　京

内 容 简 介

本书主要内容包括：桥涵水文的数学基础、径流过程、河道与泥沙运动、水文观测与形态勘测、利用水文观测资料求设计流量、大中桥的桥位选择和孔径检算、利用雨量推算流量、小桥涵孔径计算、既有桥梁的水文检算与水害整治、海湾桥梁的水文计算。并纳入了流量影响线法、雨量网络系统应用等桥涵水文最新成果。

本书除作为高等学校土木工程各专业的教材外，也可供有关工程技术人员参考。

图书在版编目（CIP）数据

桥涵水文/文雨松，杨熠琳编著. —3 版. —北京：中国铁道出版社有限公司，2025. 3

普通高等学校土木工程专业新编系列教材

ISBN 978-7-113-31117-9

Ⅰ. ①桥… Ⅱ. ①文… ②杨… Ⅲ. ①桥涵工程-工程水文学-高等学校-教材 Ⅳ. ①U442. 3

中国国家版本馆 CIP 数据核字(2024)第 058948 号

书　　名：桥涵水文

作　　者：文雨松　杨熠琳

责任编辑：李露露　　**编辑部电话：**(010)51873240　　**电子邮箱：**lll_tdpress@163. com

封面设计：王镜夷　高博越

责任校对：刘　畅

责任印制：樊启鹏

出版发行：中国铁道出版社有限公司（100054，北京市西城区右安门西街 8 号）

网　　址：https://www. tdpress. com

印　　刷：三河市宏盛印务有限公司

版　　次：2005 年 12 月第 1 版　2025 年 3 月第 3 版　2025 年 3 月第 1 次印刷

开　　本：787 mm×1 092 mm 1/16　**印张：**11. 25　**字数：**278 千

书　　号：ISBN 978-7-113-31117-9

定　　价：32. 00 元

第三版前言

随着交通运输事业的蓬勃发展，我国在海湾大桥的建设中积累了丰富的实践经验和科技成果。特别是在海洋环境的水文计算方面，近年来取得了显著的进步。为了反映这些新的科研成果和实践经验，我们对《桥涵水文》进行了全面修订。

首先增加了第十章海湾桥梁的水文计算，涵盖了海洋环境性质及特点、波浪对桥梁的作用力、设计潮位计算以及海湾桥梁墩台冲刷计算等内容，反映了我国在这一领域的最新进展，以适应新形势下的教学和工程实践需求。

另外，根据2021年9月发布的最新版《铁路工程水文勘测设计规范》(TB 10017—2021)，我们对教材内相关内容进行了相应的调整和补充，以确保教材内容与最新的行业标准保持一致。

在修订过程中，为提高学生的理解和认识，我们在保留原书体系基础上，加强了部分基本理论和基本概念的解释，适当增加一些新的内容，以便于学生学习。

本书由中南大学文雨松、杨熠琳编著，中南大学杨孟刚、周智辉主审。

本书可作为高等学校土木工程专业的教材，建议供16～32学时使用；也可以作为铁路、公路管理人员的培训教材；还可以供设计、施工、维护人员参考。

从方便教学出发，本书有配套PPT课件，需要者可同编著者联系。欢迎读者提出宝贵意见(yangyilin@csu.edu.cn)。

编著者
2024年11月

第二版前言

桥梁作为交通运输网的重要组成部分，一旦发生水毁，不但给铁路、公路等运输部门带来相当严重的损失，而且影响灾区救援工作开展，威胁人民生命财产安全。在严重的灾害面前，无论是设计，还是施工或管理部门，都已经意识到重视结构、轻视水文所带来的严重后果。

桥涵水文是一门正在不断完善的学科。针对我国中小桥梁众多，水文工作量大的特点，铁路、公路部门最近投入了大量的人力物力，在理论上研究出了不少新成果，在测量设备上也出现了不少的新仪器。为了满足既有桥梁检定的需要，《铁路桥梁检定规范》中还专门增加了"桥梁孔径与冲刷检算"等桥涵水文章节。为了适应新形势的变化，满足目前的教学要求，特对第二版《桥涵水文》进行修订。

桥涵水文是一门古老的学科，它有十分经典的理论。随着计算机的普及，已经出现了"桥涵水文检算"的计算机系统，加之互联网和雨量观测系统的普及，使水文工作状况发生了巨大变化，出现了依靠互联网和雨量观测系统的流量计算新方法，如流量影响线法等。本次修订工作，尽可能的在教材中纳入了这些新成果。

我国铁路桥梁规范与公路桥梁规范有一定的差别。但教育部的学科分类已没有铁路桥梁与公路桥梁的差别。土木工程专业的毕业生毕业后，可能从事公路桥梁的设计、施工和维护工作，也可能从事铁路桥梁的设计、施工和维护工作。本教材涉及了铁路桥涵、公路桥涵的水文勘测设计，还涉及了既有桥涵的水文检定。

本书可作为高等学校土木工程专业的教学用书，供28～36学时使用；也可以作为铁路、公路管理人员的培训教材；还可以供设计、施工、维护人员参考。

从方便教学出发，本教材有配套PPT课件，需要者可同编著者联系。欢迎读者提出宝贵意见(wenyusong9587@hotmail.com)。

文雨松　于中南大学
2014年8月20日

第一版前言

我国的桥梁有悠久的历史。在某种意义上，桥梁代表了社会的文明程度。一座设计和建造优良的桥梁可以经过长期自然环境的考验。如中国的赵州桥，在一千多年后还能使用，就是很好的工程实例。

桥梁水文勘测和水文计算是桥梁设计的重要内容。从现有桥梁来看，很少有桥梁被车辆活载破坏，但桥梁被洪水冲毁的事件时有发生。引起这种事件的因素很多，其中最重要的有两条。第一条是桥梁修好后，生态环境发生了很大的变化。如大地植被在设计桥梁时发生了较大变化。在设计时看来不大的降雨，到现在可能形成较大的洪水，有的甚至威胁桥涵的安全。非法挖砂使河床变得粗糙，改变了糙率系数，降低了桥梁的过洪能力，致使桥梁出现事故。第二条是设计不合理。如没有收集到应该收集的雨量、流量等水文参数，设计流量没有体现河流的实际情况。设计流量确定得过大，桥梁修得过大，是一种浪费；设计流量确定得过小，桥梁跨径或基础埋置深度不够，建成后，桥梁容易发生水害。

桥涵水文计算涉及天文、地理和气候等很多方面的知识，其计算十分复杂。传统的水文计算方法是手工计算设计流量，并依据设计流量确定桥跨孔径和基础的埋置深度。因为桥涵水文计算涉及面太宽，每个工程师对河流水文特性的理解、对桥梁设计规范的掌握不同，可能导致按同样的水文资料由不同工程师设计的桥梁差别较大。

在水文方面，我国铁路桥梁规范与公路桥梁规范有一定的差别。但教育部的学科分类已没有铁路桥梁与公路桥梁的差别。土木工程专业的毕业生毕业后，可能从事公路桥梁的设计、施工和维护工作，也可能从事铁路桥梁的设计、施工和维护工作。因此本教材的内容在这方面已不再加以区分了。

由于近年来发生了既有桥梁水害事故，本书增加了既有桥梁的水文检算与水害桥梁加固的内容。

本教材适合于土木工程各专业，可供 28 至 36 学时的教学使用。

编著者

2005 年 12 月

目　　录

第一章　桥涵水文的数学基础

引　言

自然界的水文现象十分复杂，归纳起来有三个基本特点：(1)随机性，水文现象受许多复杂因素的影响，由于各因素随时间不断变化，因此水文特征值表现出随机性的特征，也称不重复性。比如湘江流域某一年内的流量变化过程，与历史上任意一年的流量变化过程不会完全一致，即它们在时间上、数量上都不会完全相同。其他水文特征值也是一样，都具有不重复性。因此，所有水文特征值的出现，都可以认为是随机的。(2)周期性，许多水文现象在随着时间推移的过程中具有周期变化的特征。例如黄河下游每年大致到 7 月进入汛期，11 月以后进入冰期，2 月以后开始解冰开河，3～4 月间发生春汛洪水；长江中游每年最大洪峰发生在 6～10 月，最多的在 7～8 月。这都说明水文现象具有年周期变化的规律性。(3)地区性，由于气候因素和地理因素具有区域性变化规律，受其影响的水文现象在一定程度上也具有区域性的特征。例如我国南方河流比北方河流汛期早水量大，山区河流的洪水暴涨暴落而平原河流涨落平缓，都是明显的地区性表现。处于同一地区或者流域特征相类似的河流，水文现象具有相似的特点，这也是地区性的变化规律。我国渤海、黄海、东海和南海的潮汐和波浪现象也各有特点。

基于这些特点，在水文学的研究方法中有三个主要途径：(1)成因分析法，即通过对物理成因的分析，探究水文现象一些必然性的规律，力求建立物理概念明确、推理分析清楚的径流形成模型和相应的计算关系式。(2)地区归纳法，即根据地区性特点，搜集实测资料，进行综合归纳分析，寻求水文现象、水文因素区域性分布规律，建立地区性水文因素计算公式、图表或等值线图，供生产使用。(3)数理统计法，考虑到水文现象具有不重复性的特点，通过概率论和数理统计方法，对实测水文资料进行统计分析，寻求水文现象和水文因素之间的统计规律，事先估计未来可能发生的水文现象的方法。桥涵水文的数学基础以数理统计为主，在学习本课程前有必要了解一些必要的数理统计知识。

第一节　概率统计基础

一、事　件

自然界许多事物都有不确定性，如 n 个同一种材料同样大小的混凝土试件，可以测到 n 个不同的抗压强度，人们称事物的这种性质为随机性，桥涵水文现象也有随机性。经验告诉人们，事物的随机性伴随有统计规律。例如，特大流量或特小流量出现的机会很少，不大不小的流量出现的机会很多，这种事实无论在哪条河流都存在，已经成为规律，这种规律就是统计规律。

数理统计中以事件来描述随机现象。事件是随机实验的结果，它可以分为三类：

1. 必然事件

在一定的条件下必定发生的事件称为必然事件。例如，“在近百年内，长江不会断流”，这是必定发生的事件,其条件是“在近百年内”。

2. 不可能事件

在一定的条件下必定不会发生的事件称为不可能事件。例如,“明年湘江的最大流量比明年长江的最大流量大”,这是不可能事件,因为湘江是长江的支流,明年湘江的最大流量不可能比明年长江的最大流量大。

3. 随机事件

在一定的条件下可能发生也可能不会发生的事件称为随机事件。例如,“明年大冲河的洪水淹没某桥的钢梁梁底”,这是随机事件,因为明年大冲河的洪水淹没某桥钢梁梁底的事件可能发生,也可能不发生(尽管发生的可能性很小,但还是有可能的)。

二、概　　率

表示随机事件发生可能性大小的数值为概率。概率分为事先概率和经验概率。

1. 事先概率

事件发生前可以计算出来的概率为事先概率。例如,抛掷一枚硬币出现正面的概率为50%,因为这个事件只有出现正面和出现反面两种可能,并且机会相等,这是事先可以计算到的。

2. 经验概率

只能通过多次实验求得的概率为经验概率。例如,某河床断面出现大于2 600 m^3/s流量的概率 p 只能依靠多年的流量观测才可以计算出,p 就是经验概率。

三、频　　率

概率和频率有所区别,概率是随机事件发生可能性的理论值,为事件固有的客观性质,是一个稳定的数值;而频率是通过有限次试验得到的经验值,可能随试验次数的多少而改变。水文中不严格的区分频率与概率,常用频率取代概率。事实上,当试验的次数相当多时,频率总是稳定在一个数值,这个数值接近概率。

四、重 现 期

水文中常用到重现期,重现期是某事件出现一次的平均间隔时间。例如,百年一遇流量的重现期是 100 年。重现期与频率是互为倒数的关系,即

$$T=\frac{1}{p} \tag{1—1}$$

式中　T——重现期(年);

　　p——频率。

需注意的是,由于水文现象的随机性,一般没有固定的周期,因此并非每个重现期必定出现一次,而是从长期统计角度而言,平均一个重现期内可能出现一次。如百年一遇的流量,并非指该流量 100 年间必定出现一次,或只出现一次。

五、经验频率

对于简单的随机事件,其试验的次数总是有限,当每一次试验结果出现的可能性相等并且互不相容时,其概率可以应用古典概率公式计算,即

$$p(A)=\frac{m}{n} \tag{1—2}$$

式中　$p(A)$——随机事件 A 的概率；

n——可能结果的总数；

m——随机事件 A 出现的总数。

当 $m=n$ 时，$p(A)=1$，A 为必然事件。当 $m=0$ 时，$p(A)=0$，A 为不可能事件。可见，随机事件的概率总是在 0 和 1 之间。

在水文计算中，常用韦布尔公式计算年最大洪峰流量的经验频率，即

$$p_m=\frac{m}{n+1} \tag{1—3}$$

式中　p_m——序号为 m 的年最大洪峰流量值的频率；

n——年最大洪峰流量样本的总数。

如果取到 100 个流量样本（即 $n=100$），最小的流量样本 $Q_{\min}$ 排序为 100（即 $m=100$），用古典概率公式（1—2）计算时，发生大于等于 $Q_{\min}$ 事件的经验频率为 100%；用韦布尔公式（1—3）计算时，发生大于等于 $Q_{\min}$ 事件的经验频率为 99.01%。

显然，如果用经验频率来替代频率，说发生大于等于 $Q_{\min}$ 的频率为 100% 是不合适的，因为可能还有比 $Q_{\min}$ 更小的流量没有测到或在今后的年代中才会发生。因此，水文计算中用韦布尔公式计算年最大洪峰流量的经验频率似乎更加合理。

六、随机变量系列

随机现象的每次试验结果可以用一数值 x 表示。x 随试验的结果不同而有不同的数值，并且有对应出现的概率。这种带有随机性的变量 x，称为随机变量。例如，水文中的水位、流量、流速等都是随机变量。

随机变量组成的系列称为随机变量系列。例如，1963 年起到 2023 年止，某桥桥下通过的年最大洪峰流量共有 61 个数据，这 61 个数据组成年最大洪峰流量系列。

第二节　水文中的统计参数

在统计学中通常采用一些特征数值表示随机变量系列的分布特征，如有的分布集中，有的分布分散，有的分布对称，有的分布非对称，等等。这些特征数值称为随机变量统计参数。水文中常用的统计参数有三个：均值、变异系数、偏差系数。

一、均　　值

以流量为例来说明水文中最常用的统计参数。在这里，均值就是平均流量 $\overline{Q}$，平均流量反映流量系列的平均水平。

$$\overline{Q}=\frac{1}{n}\sum_{i=1}^{n}Q_i \tag{1—4}$$

式中　Q_i——流量系列中的第 i 个样本值；

n——流量系列中的样本数。

二、变异系数

变异系数 C_v 表征各流量 Q_i 对于 $\overline{Q}$ 的变化差异程度。

$$C_v = \frac{1}{\overline{Q}}\sqrt{\frac{\sum_{i=1}^{n}(Q_i - \overline{Q})^2}{n-1}} \tag{1—5}$$

三、偏差系数

偏差系数 C_s 反映了各流量 Q_i 偏离 $\overline{Q}$ 的不平衡性。

$$C_s = \frac{\sum_{i=1}^{n}(Q_i - \overline{Q})^3}{(n-3)\overline{Q}^3 C_v^3} \tag{1—6}$$

四、统计参数同概率密度曲线的关系

统计参数能反映概率分布的特点，体现不同形状的概率密度曲线图形。统计参数 $\overline{Q}$、C_v、C_s 与概率密度曲线的关系如图 1—1 所示。

统计参数 $\overline{Q}$ 反映了概率密度曲线的位置变化，若 C_v、C_s 不变，$\overline{Q}$ 越大，则对应的密度曲线越靠右，如图 1—1(a)所示。

统计参数 C_v 反映了密度曲线的高矮特征。若 $\overline{Q}$、C_s 不变，C_v 越大，则对应的密度曲线就越矮胖，C_v 越小则对应的密度曲线就越高瘦，如图 1—1(b)所示。$C_v=0$ 表示密度曲线为一条竖直线，C_v 不小于 0。

统计参数 C_s 反映了密度曲线的偏斜程度，若 $\overline{Q}$、C_v 不变，C_s 越大，则对应的密度曲线的峰就越偏左，C_s 越小则对应的密度曲线的峰就越偏右，如图 1—1(c)所示。年最大流量系列的 C_s 无负值，密度曲线的峰总是偏左。

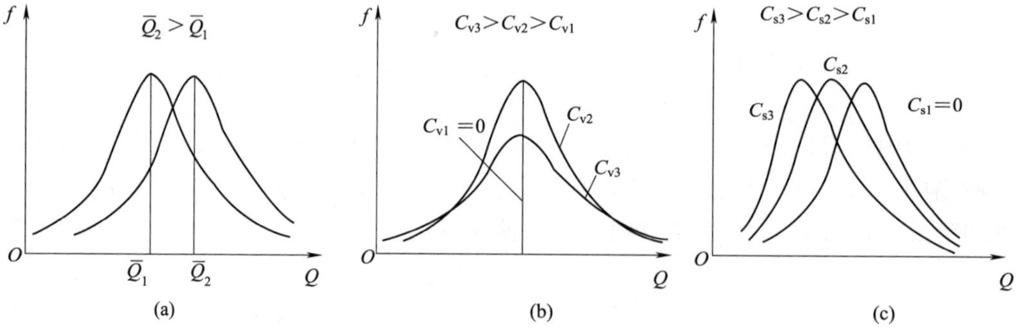

图 1—1　统计参数 $\overline{Q}$、C_v、C_s 与概率密度曲线的关系

第三节　水文中常用的概率模型

数学中常用随机变量所有可能取值及其对应的概率来描述随机变量现象的变化规律。反映某种随机变量与其概率关系的规律称为概率分布。

一、正态分布

世界上许多随机变量的概率分布可以用一种函数来描述或近似描述。例如，多次测量某桥梁的跨度时，由于测量仪器的误差、测量者的心理状况、气候变化等因素会导致每次测到不同的数据，这种不同数据的变化规律可以用正态分布来描述，其概率分布函数为

$$p(x \geqslant x_p)=\frac{1}{\sigma\sqrt{2\pi}}\int_{x_p}^{\infty} e^{-\frac{(x-\mu)^2}{2\sigma^2}} dx \quad (1-7)$$

式中　$p(x \geqslant x_p)$——随机变量大于 x_p 的概率；

μ——均值；

σ——均方差。

混凝土的抗压强度、钢筋的抗拉强度等都可以应用正态分布来描述。

二、皮尔逊Ⅲ型分布

经验表明，中国大多数河流的年最大洪峰流量可以近似用皮尔逊Ⅲ型曲线（图 1—2）描述。1895 年，英国生物统计学家皮尔逊（K. Pearson）通过分析大量资料，为随机现象提供了 13 种形式的概率密度曲线，其中第三种就是皮尔逊Ⅲ型曲线（P—Ⅲ型）。其特点是：曲线沿 x 轴呈现一端取值有限、另一端取值无限的偏态单峰型式，基本上符合水文现象的变化规律。年最大 24 h 降雨量也可以近似用皮尔逊Ⅲ型曲线描述，即

$$p(x \geqslant x_p)=\frac{\beta^{\alpha}}{\Gamma(\alpha)}\int_{x_p}^{\infty}(x-a_0)^{\alpha-1} e^{-\beta(x-a_0)} dx \quad (1-8)$$

式中，α、β 为参数。

由统计学理论可知：

$$\alpha=\frac{4}{C_s^2} \quad (1-9)$$

$$\beta=\frac{2}{\overline{x}C_vC_s} \quad (1-10)$$

$$a_0=\overline{x}-\frac{2\overline{x}C_v}{C_s} \quad (1-11)$$

式中，$\overline{x}$ 为随机变量系列的平均值。

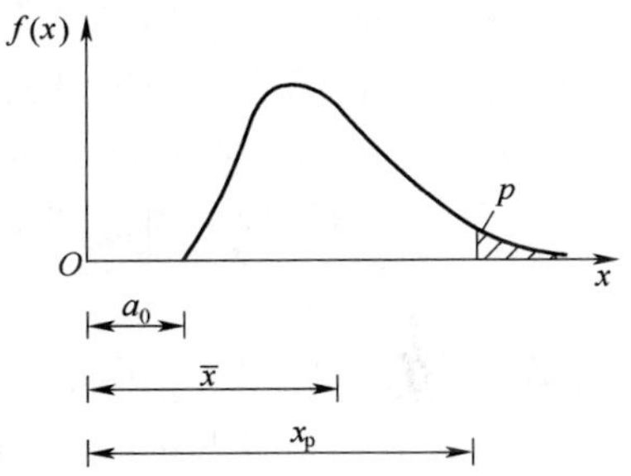

图 1—2　皮尔逊Ⅲ型曲线的概率密度函数

a_0 是系列零点至曲线的起点距，在水文资料统计中，年最大流量或年最大降雨量不可能为 0，所以

$$\overline{x}-\frac{2\overline{x}C_v}{C_s} \geqslant 0 \quad (1-12)$$

式（1—8）中，$\Gamma(\alpha)=\int_0^{\infty} t^{\alpha-1}e^{-t}dt$ 是标准的 Γ 函数，Γ 函数的渐近表达式为

$$\ln\Gamma(x)=\left(x-\frac{1}{2}\right)\ln x-x+\frac{1}{2}\ln(2\pi)+\frac{1}{12x}-\frac{1}{360x^3}+\frac{1}{1\,260x^5}-\frac{1}{1\,680x^7}+\cdots \quad (1-13)$$

当 $a_0=0$ 时，$C_s=2C_v$，这点称为 C_s 的下限，因为 $C_s<2C_v$，a_0 为负数，不符合水文现象。根据式（1—11）有

$$\frac{a_0}{\overline{x}}=1-\frac{2C_v}{C_s}$$

观测中得到的样本最小值 a_{min}，肯定不小于总体的最小值，因而有 $a_{min} \geqslant a_0$。

$$\frac{a_{\min}}{\overline{x}} \geqslant \frac{a_0}{\overline{x}} = 1 - \frac{2C_v}{C_s}$$

令模比系数 $K=\frac{x}{\overline{x}}$,则 $K_{\min}=\frac{a_{\min}}{\overline{x}}$。

$$K_{\min} \geqslant 1 - \frac{2C_v}{C_s}$$

即得

$$C_s \leqslant \frac{2C_v}{1-K_{\min}}$$

所以,在水文物理意义上,符合皮尔逊Ⅲ型曲线的 C_s,必须满足

$$2C_v \leqslant C_s \leqslant \frac{2C_v}{1-K_{\min}} \tag{1—14}$$

三、皮尔逊Ⅲ型曲线的表格形式

皮尔逊Ⅲ型曲线涉及 Γ 函数,计算十分复杂。

经水文研究人员的简化,将式(1—8)中的 x 换成流量 Q,将 α、β 与统计参数 $\overline{Q}$、C_v、C_s 联系起来,经整理后,式(1—8)以易于接受的形式出现,即

$$Q_p = (\varphi_p C_v + 1)\overline{Q} \tag{1—15}$$

式中 Q_p——频率为 p 的洪水流量(m^3/s),流量大于 Q_p 的概率为 p;

$\overline{Q}$——年最大洪峰流量的平均值(m^3/s);

C_v——洪水流量的变异系数;

φ_p——与频率 p 对应的离均系数,它取决于频率 p 和偏差系数 C_s,以表格的形式出现,见表1—1。

式(1—15)中涉及 $\overline{Q}$、C_v、C_s 三个统计参数,它们分别按式(1—4)~式(1—6)计算。

桥梁技术人员的主要目标是解决实际桥梁技术问题。因此,以往桥梁技术人员常利用前人已制定的表格(表1—1)来使用皮尔逊Ⅲ型曲线。

为了更方便,还有按 C_s 与 C_v 倍数关系制定的皮尔逊Ⅲ型曲线表格形式,即

$$Q_p = K_p \overline{Q} \tag{1—16}$$

式中 K_p——模比系数。

$$K_p = \varphi_p C_v + 1 \tag{1—17}$$

在利用地方公式计算桥涵设计流量时,常用到模比系数 K_p,其值可查阅《铁路工程设计技术手册 桥涵水文》。

表1—1 皮尔逊Ⅲ型曲线的离均系数 φ_p 值表

C_s	p/%										
	0.2	0.33	0.5	1	2	5	20	50	90	95	99
0.0	2.88	2.71	2.58	2.33	2.02	1.64	0.84	0.00	−1.28	−1.64	−2.33
0.1	3.00	2.82	2.67	2.40	2.11	1.67	0.84	−0.02	−1.27	−1.62	−2.25
0.2	3.12	2.92	2.76	2.47	2.16	1.70	0.83	−0.03	−1.26	−1.59	−2.18

续上表

C_s	$p/\%$										
	0.2	0.33	0.5	1	2	5	20	50	90	95	99
0.3	3.24	3.03	2.86	2.54	2.21	1.73	0.82	−0.05	−1.24	−1.55	−2.10
0.4	3.36	3.14	2.95	2.62	2.26	1.75	0.82	−0.07	−1.23	−1.52	−2.03
0.5	3.48	3.25	3.04	2.68	2.31	1.77	0.81	−0.08	−1.22	−1.49	−1.96
0.6	3.60	3.35	3.13	2.75	2.35	1.80	0.80	−0.10	−1.20	−1.45	−1.88
0.7	3.72	3.45	3.22	2.82	2.40	1.82	0.79	−0.12	−1.18	−1.42	−1.81
0.8	3.85	3.55	3.31	2.89	2.45	1.84	0.78	−0.13	−1.17	−1.38	−1.74
0.9	3.97	3.65	3.40	2.96	2.50	1.86	0.77	−0.15	−1.15	−1.35	−1.66
1.0	4.09	3.76	3.49	3.02	2.54	1.88	0.76	−0.16	−1.13	−1.32	−1.59
1.1	4.20	3.86	3.58	3.09	2.58	1.89	0.74	−0.18	−1.10	−1.28	−1.52
1.2	4.32	3.95	3.66	3.15	2.62	1.91	0.73	−0.19	−1.08	−1.24	−1.45
1.3	4.44	4.05	3.74	3.21	2.67	1.92	0.72	−0.21	−1.06	−1.20	−1.38
1.4	4.56	4.15	3.83	3.27	2.71	1.94	0.71	−0.22	−1.04	−1.17	−1.32
1.5	4.68	4.24	3.91	3.33	2.74	1.95	0.69	−0.24	−1.02	−1.13	−1.26
1.6	4.80	4.34	3.99	3.39	2.78	1.96	0.68	−0.25	−0.99	−1.10	−1.20
1.7	4.91	4.43	4.07	3.44	2.82	1.97	0.66	−0.27	−0.97	−1.06	−1.14
1.8	5.01	4.52	4.15	3.50	2.85	1.98	0.64	−0.28	−0.94	−1.02	−1.09
1.9	5.12	4.61	4.23	3.55	2.88	1.99	0.63	−0.29	−0.92	−0.98	−1.04
2.0	5.22	4.70	4.30	3.61	2.91	2.00	0.61	−0.31	−0.89	−0.95	−0.99
2.1	5.33	4.379	4.37	3.66	2.93	2.00	0.59	−0.32	−0.87	−0.91	−0.95
2.2	5.43	4.88	4.44	3.71	2.96	2.00	0.57	−0.33	−0.84	−0.88	−0.91
2.3	5.53	4.97	4.51	3.76	2.99	2.00	0.55	−0.34	−0.82	−0.85	−0.87
2.4	5.63	5.05	4.58	3.81	3.02	2.01	0.54	−0.35	−0.79	−0.82	−0.83
2.5	5.73	5.13	4.65	3.85	3.04	2.01	0.52	−0.36	−0.77	−0.79	−0.80
2.6	5.82	5.20	4.72	3.89	3.06	2.01	0.50	−0.37	−0.75	−0.76	−0.77
2.7	5.92	5.28	4.78	3.93	3.09	2.01	0.48	−0.37	−0.73	−0.74	−0.74
2.8	6.01	5.36	4.84	3.97	3.11	2.01	0.46	−0.38	−0.70	−0.71	−0.71
2.9	6.10	5.44	4.90	4.01	3.13	2.01	0.44	−0.39	−0.68	−0.69	−0.69
3.0	6.20	5.51	4.96	4.05	3.15	2.00	0.42	−0.39	−0.66	−0.67	−0.67
3.1	6.30	5.59	5.02	4.08	3.217	2.00	0.40	−0.40	−0.64	−0.64	−0.65
3.2	6.39	5.66	5.08	4.12	3.19	2.00	0.38	−0.40	−0.62	−0.62	−0.63
3.3	6.48	5.74	5.14	4.15	3.21	1.99	0.36	−0.40	−0.60	−0.61	−0.61
3.4	6.56	5.80	5.20	4.18	3.22	1.98	0.34	−0.41	−0.59	−0.59	−0.59
3.5	6.65	5.86	5.25	4.22	3.23	1.97	0.32	−0.41	−0.57	−0.57	−0.57
3.6	6.73	5.93	5.30	4.25	3.24	1.96	0.30	−0.41	−0.55	−0.56	−0.56
3.7	6.81	5.99	5.35	4.28	3.25	1.95	0.28	−0.42	−0.54	−0.54	−0.54

【算例 1—1】 已经求得某桥年最大流量的平均值为 75 m^3/s，变异系数 C_v 为 0.7，偏差系数 C_s 为 2.4，试求此桥百年一遇的流量。

【解】 查表 1—1，得离均系数 $\varphi_p=3.81$，利用公式(1—15)求得

$$Q_p=(0.7\times3.81+1)\times75=275.02(m^3/s)$$

四、海森机率坐标

在普通的直角坐标上，皮尔逊Ⅲ型曲线[式(1—15)]呈S形，曲线两端陡峭，不易作外延等工作，如图1—3(a)所示。海森首先提出使用机率格纸，将皮尔逊Ⅲ型曲线绘制在海森机率坐标上，可以得到一条接近直线的线，改善这一情况，如图1—3(b)所示。

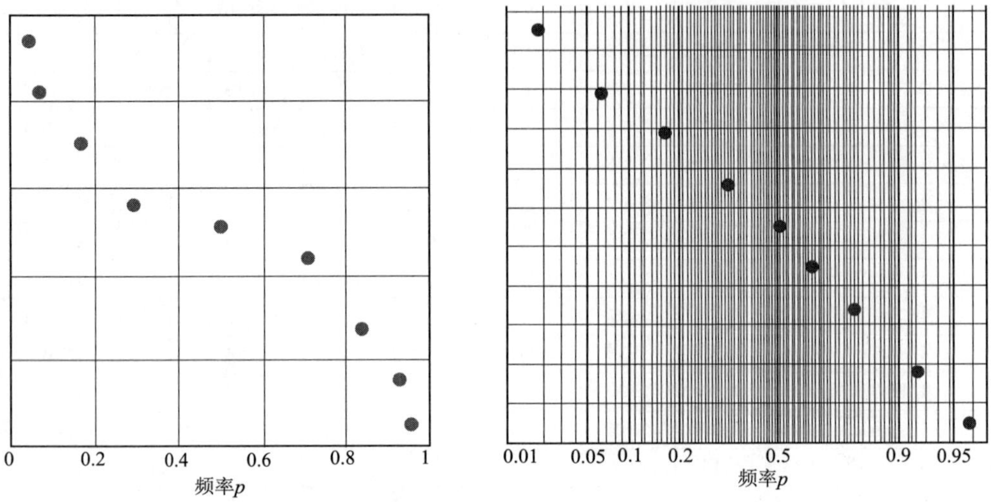

图1—3 普通直角坐标对比海森机率坐标

海森机率格纸的本质是坐标变换，这种改变坐标尺度的方法在统计中经常使用。

例如，如果随机变量x服从韦布尔分布，其分布函数为

$$F(x)=1-e^{-\frac{x^m}{a}} \tag{1—18}$$

$F(x)$在直角坐标上是一条曲线。将式(1—18)改写成

$$1-F(x)=e^{-\frac{x^m}{a}}$$

取两次对数，得

$$\ln\ln\frac{1}{1-F(x)}=m\ln x-\ln a$$

令

$$Y=\ln\ln\frac{1}{1-F(x)},\quad X=\ln x,\quad B=\ln a$$

则有

$$Y=mX-B$$

将$Y=mX-B$点画到直角坐标纸上，因为对函数式(1—18)作了变换，就得到一条直线。如果不对函数作变换，而将直角坐标纸变换成韦布尔概率格纸，将式(1—18)点绘在韦布尔概率格纸上也会呈现出一条直线。

表1—2列出了海森机率格纸的横坐标。表1—2中，p为频率，单位为%；X_p为由中值(50%)起的水平距离。使用图1—3海森机率格纸解决实际问题时，应注意使图形竖坐标的最大值略大于样本流量的最大值，使图形竖坐标的最小值略小于样本流量的最小值，这样才可以合理地布置图形。

表 1—2　海森机率格纸的横坐标分格

p/%	X_p	p/%	X_p	p/%	X_p	p/%	X_p	p/%	X_p
0.01	3.720	0.30	2.748	2	2.053	14	1.080	32	0.468
0.02	3.540	0.40	2.652	3	1.881	15	1.036	34	0.412
0.03	3.432	0.50	2.576	4	1.751	16	0.994	36	0.358
0.04	3.353	0.60	2.512	5	1.645	17	0.954	38	0.305
0.05	3.290	0.70	2.457	6	1.555	18	0.915	40	0.253
0.06	3.239	0.80	2.409	7	1.476	19	0.878	42	0.202
0.07	3.195	0.90	2.366	8	1.405	20	0.842	44	0.151
0.08	3.156	1.0	2.326	9	1.341	22	0.774	46	0.100
0.09	3.122	1.2	2.257	10	1.282	24	0.706	48	0.050
0.10	3.090	1.4	2.197	11	1.227	26	0.643	50	0.000
0.15	2.967	1.6	2.144	12	1.175	28	0.583		
0.20	2.878	1.8	2.097	13	1.126	30	0.524		

五、其他“理论”频率曲线

我国广泛运用皮尔逊Ⅲ型曲线来模拟水文现象。但不可以排除其他频率曲线。如克里茨基和闵凯里就提出过 $K—M$ 曲线；耿贝尔根据极值定理，也提出过使用极大值Ⅰ型曲线等。

第四节　相关分析

一、统计相关

水文中许多常见的随机现象都不是孤立的，而是和周围其他自然现象相互联系相互制约。比如降水、径流、水位、流量等，作为水文循环中的重要环节，除了各自具备随机规律外，相互之间还会产生影响。各种随机变量之间的关系错综复杂，很难找出严格的函数关系。因此在实际工程中，可以忽略次要因素，针对主要因素，找到变量之间的近似关系或平均关系，进行分析计算。数理统计中把研究这种变量间近似或平均关系的方法称为相关分析。水文参数之间的关系可归类为三种：如果变量之间的关系非常密切，相互形成严格的函数关系，则称它们之间为完全相关，如图 1—4所示；如果变量各自独立，彼此之间没有关系，则称它们之间为零相关，如图 1—5 所示；如果变量之间的关系不是非常密切，处在零相关与完全相关之间，则称它们之间相关，或称为统计相关，如图 1—6 所示。水文中很多变量间的关系属于统计相关。

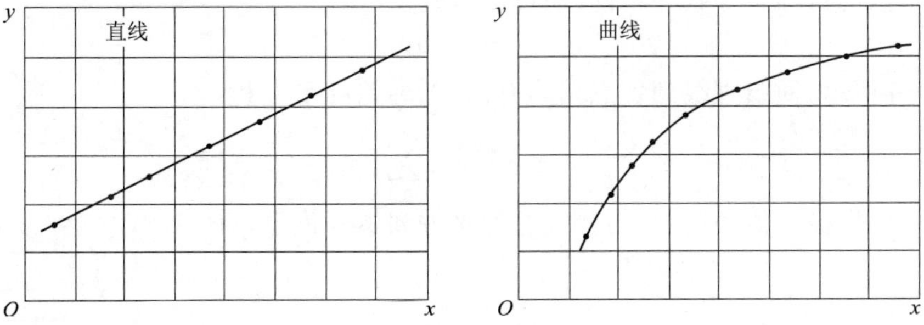

图 1—4　完全相关

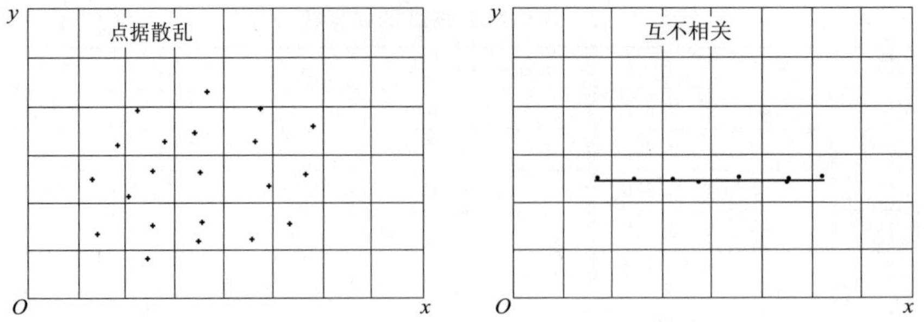

图 1—5 零相关

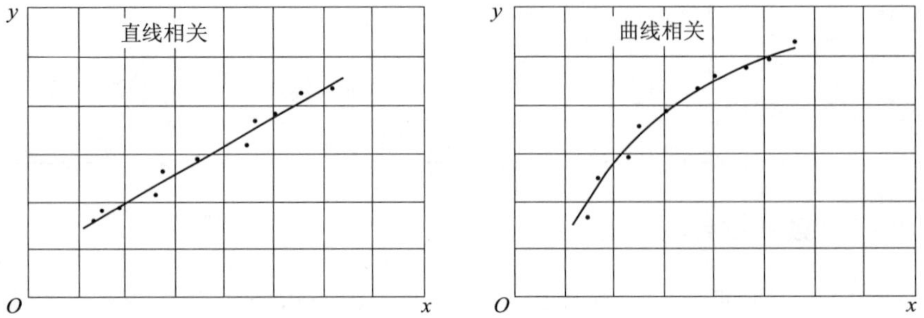

图 1—6 统计相关

利用统计方法确定两变量之间的近似函数,这样的函数虽然没有反映两变量之间的严格科学关系,但它可以反映其主要特征,对解决实际问题有十分重要的意义。

二、直线相关的回归方程式

简单相关中的直线相关,就是两个变量之间的关系可以近似地配成一条直线。通常的做法是在坐标纸上绘出相应点据,如果这些点据呈直线趋势,就可以初步确定这两系列的变量存在直线相关,称这条直线为回归线。确定回归线的方法有两种。

1. 图解法

图解法就是根据点据绘一条回归线,这条回归直线应尽可能地反映点群的趋势。图解法缺乏回归直线的依据,随意性比较大。但这种方法简单,可省去大量计算工作。当两个变量之间的直线相关程度相当密切时,可以使用图解法。

2. 最小二乘法

最小二乘法的目标是寻找一条回归直线:

$$y=a+bx \tag{1—19}$$

如图 1—6 所示,回归直线到各点据均有离差,离差的平方和:

$$\Omega(a,b)=\sum_{i=1}^{n}(y_i-y)^2=\sum_{i=1}^{n}[y_i-(a+bx_i)]^2$$

根据数学分析中求极小值的原理,为使离差的平方和达到最小,有

$$\begin{cases} \dfrac{\partial \Omega}{\partial a} = \dfrac{\partial \sum\limits_{i=1}^{n}(y_i - y)^2}{\partial a} = 0 \\ \dfrac{\partial \Omega}{\partial b} = \dfrac{\partial \sum\limits_{i=1}^{n}(y_i - y)^2}{\partial b} = 0 \end{cases}$$

联立求解,可得

$$b = \frac{\sum\limits_{i=1}^{n}(x_i - \overline{x})(y_i - \overline{y})}{\sum\limits_{i=1}^{n}(x_i - \overline{x})^2} \tag{1—20}$$

$$a = \overline{y} - b\overline{x} \tag{1—21}$$

式中 $\overline{x}$,$\overline{y}$——两系列中随机变量对应值的均值。

$$\overline{x} = \frac{1}{n}\sum_{i=1}^{n}x_i \tag{1—22}$$

$$\overline{y} = \frac{1}{n}\sum_{i=1}^{n}y_i \tag{1—23}$$

令

$$l_{xx} = \sum_{i=1}^{n}(x_i - \overline{x})^2 \tag{1—24}$$

$$l_{yy} = \sum_{i=1}^{n}(y_i - \overline{y})^2 \tag{1—25}$$

$$l_{xy} = \sum_{i=1}^{n}(x_i - \overline{x})(y_i - \overline{y}) \tag{1—26}$$

则相关系数为

$$r = \frac{l_{xy}}{\sqrt{l_{xx}l_{yy}}} \tag{1—27}$$

使用 r 检验,若在水平 a 下 $r \geqslant r_a$,说明回归效果是高度显著的。r_a的值见表 1—3。

表 1—3 相关系数临界值 r_a($p\{|r|>r_a\}=a$)

$n-2$	a							
	0.5	0.2	0.1	0.05	0.02	0.01	0.002	0.001
1	0.707	0.951	0.988	0.997	1.000	1.000	1.000	1.000
2	0.500	0.800	0.900	0.950	0.980	0.990	0.998	0.999
3	0.404	0.687	0.805	0.878	0.934	0.959	0.986	0.991
4	0.347	0.603	0.729	0.811	0.882	0.917	0.963	0.974
5	0.309	0.551	0.669	0.755	0.833	0.875	0.935	0.951
6	0.281	0.507	0.621	0.707	0.789	0.834	0.905	0.925
7	0.260	0.472	0.582	0.666	0.750	0.798	0.875	0.898
8	0.242	0.443	0.549	0.632	0.715	0.765	0.847	0.872
9	0.228	0.419	0.521	0.602	0.685	0.735	0.820	0.847

续上表

$n-2$	a							
	0.5	0.2	0.1	0.05	0.02	0.01	0.002	0.001
10	0.216	0.398	0.497	0.576	0.658	0.708	0.795	0.823
11	0.206	0.380	0.476	0.553	0.634	0.684	0.772	0.801
12	0.197	0.365	0.457	0.532	0.612	0.661	0.750	0.780
13	0.189	0.351	0.441	0.514	0.592	0.641	0.730	0.760
14	0.182	0.338	0.426	0.497	0.574	0.623	0.711	0.742
15	0.176	0.327	0.412	0.482	0.558	0.606	0.694	0.725
16	0.170	0.317	0.400	0.468	0.542	0.590	0.678	0.708
17	0.165	0.308	0.389	0.456	0.529	0.575	0.622	0.693
18	0.160	0.299	0.378	0.444	0.515	0.561	0.648	0.679
19	0.156	0.291	0.369	0.433	0.503	0.549	0.635	0.665
20	0.152	0.284	0.360	0.423	0.492	0.537	0.622	0.652
21	0.148	0.277	0.352	0.413	0.482	0.526	0.610	0.640
22	0.145	0.271	0.344	0.404	0.472	0.515	0.599	0.629
23	0.141	0.265	0.337	0.396	0.462	0.505	0.588	0.618
24	0.138	0.260	0.330	0.388	0.453	0.496	0.578	0.607
25	0.136	0.255	0.323	0.381	0.445	0.487	0.568	0.597
26	0.133	0.250	0.317	0.374	0.437	0.479	0.559	0.588
27	0.131	0.245	0.311	0.367	0.430	0.471	0.550	0.579
28	0.128	0.241	0.306	0.361	0.423	0.463	0.541	0.570
29	0.126	0.237	0.301	0.355	0.416	0.456	0.533	0.562
30	0.124	0.233	0.296	0.349	0.409	0.449	0.526	0.554
31	0.122	0.229	0.291	0.344	0.403	0.442	0.518	0.546
32	0.120	0.226	0.287	0.339	0.397	0.436	0.511	0.539
33	0.118	0.222	0.283	0.334	0.392	0.430	0.504	0.532
34	0.116	0.219	0.279	0.329	0.386	0.424	0.498	0.525
35	0.115	0.216	0.275	0.325	0.381	0.418	0.492	0.519
36	0.113	0.213	0.271	0.320	0.376	0.413	0.486	0.513
37	0.111	0.210	0.267	0.316	0.371	0.408	0.480	0.507
38	0.110	0.207	0.264	0.312	0.367	0.403	0.474	0.501
39	0.108	0.204	0.261	0.308	0.362	0.398	0.469	0.495
40	0.107	0.202	0.257	0.304	0.358	0.393	0.463	0.490
50	0.096	0.181	0.231	0.273	0.322	0.354	0.419	0.443
60	0.087	0.165	0.211	0.250	0.295	0.325	0.385	0.408
70	0.081	0.153	0.195	0.232	0.274	0.302	0.358	0.380
80	0.076	0.143	0.183	0.217	0.257	0.283	0.336	0.357
100	0.068	0.128	0.164	0.195	0.230	0.254	0.303	0.321

【算例 1—2】 某桥址下游 4 km 处有水文站，测得年最大洪峰流量与对应水位列于表 1—4。表中“?”表示此数据缺失。试求 H 与 Q 之间的关系式。

表 1—4　某水文站年最大洪峰流量与对应水位

年份/年	1991	1992	1993	1994	1995	1996	1997	1998	1999	2000
Q_i/(m^3/s)	7 440	8 690	4 610	7 580	7 120	9 190	9 100	12 800	9 820	8 970
H_i/m	40.76	41.96	35.86	40.56	39.46	43.46	?	45.96	?	?
$x_i=H_i^2$	1 661	1 761	1 286	1 645	1 557	1 889	?	2 112	?	?

【解】 在把数据点绘到坐标纸上后发现在流量 Q 与水位 H 之间存在线性相关关系，如图 1—7 所示。可利用统计中的回归分析方法，求 H 与 Q 之间的回归式。

按式(1—22)～式(1—26)计算，得

$\overline{x}=41.15$；　$\overline{y}=8\ 204.29$；　$l_{xx}=60.47$；　$l_{yy}=37\ 396\ 571.43$；　$l_{xy}=46\ 288.42$

代入式(1—20)、式(1—21)和式(1—27)得

$$a=-23\ 292.58;\quad b=765.50;\quad r=0.973\ 4$$

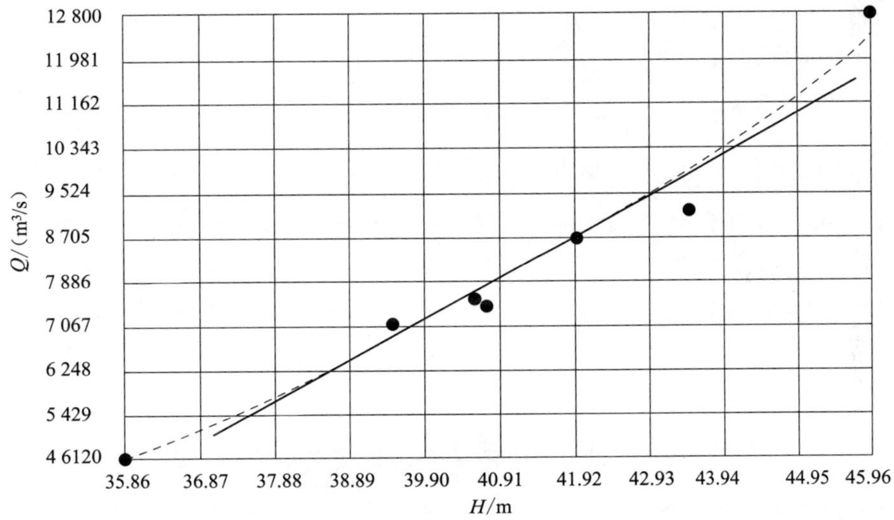

图 1—7　某桥流量 Q 与水位 H 之间统计图

依概率水平 $p=0.01$，样本个数 $n=7$，查表 1—3，得 $r_a=0.875<r$，说明回归效果是高度显著的。Q 与 H 之间的回归直线为

$$Q=-23\ 292.58+765.50H$$

三、曲线相关的回归方程式

有时将点据点绘到坐标纸上后，发现使用某种曲线更能体现这些点的整体趋势，此时就可以使用曲线作拟合。具体做法是：将原始数据作适当变换，再使用最小二乘法确定参数。

【算例 1—3】 将表 1—4 中的数据作如下变换：$y_i=Q_i$，$x_i=H_i^2$，见表 1—4 的第 4 行。应用算例 1-2 相同的回归分析步骤，求 y 与 x 之间的回归式。

【解】 按式(1—22)计算：

$$\overline{x}=\frac{1}{n}\sum_{i=1}^{n}x_{\mathrm{i}}=\frac{1}{7}(1\ 661+1\ 761+1\ 286+1\ 645+1\ 557+1\ 889+2\ 112)$$
$$=1\ 701.57$$

按式(1—23)计算：

$$\overline{y}=\frac{1}{n}\sum_{i=1}^{n}y_{\mathrm{i}}=\frac{1}{7}(7\ 440+8\ 690+4\ 610+7\ 580+7\ 120+9\ 190+12\ 800)$$
$$=8\ 204.3$$

按式(1—24)计算：

$$l_{xx}=\sum_{i=1}^{n}(x_i-\overline{x})^2=(1\ 661-1\ 701.57)^2+(1\ 761-1\ 701.57)^2+(1\ 286-1\ 701.57)^2+$$
$$(1\ 645-1\ 701.57)^2+(1\ 557-1\ 701.57)^2+(1\ 889-1\ 701.57)^2+(2\ 112-1\ 701.57)^2$$
$$=405\ 559.71$$

按式(1—25)计算：

$$l_{yy}=\sum_{i=1}^{n}(y_i-\overline{y})^2=(7\ 440-8\ 204.3)^2+(8\ 690-8\ 204.3)^2+(4\ 610-8\ 204.3)^2+$$
$$(7\ 580-8\ 204.3)^2+(7\ 120-8\ 204.3)^2+(9\ 190-8\ 204.3)^2+(12\ 800-8\ 204.3)^2$$
$$=37\ 396\ 571.43$$

按式(1—26)计算：

$$l_{xy}=\sum_{i=1}^{n}(x_i-\overline{x})(y_i-\overline{y})=(1\ 661-1\ 701.6)\times(7\ 440-8\ 204.3)+(1\ 761-1\ 701.6)\times$$
$$(8\ 690-8\ 204.3)+(1\ 286-1\ 701.6)\times(4\ 610-8\ 204.3)+(1\ 645-1\ 701.6)\times$$
$$(7\ 580-8\ 204.3)+(1\ 577-1\ 701.6)\times(7\ 120-8\ 204.3)+(1\ 889-1\ 701.6)\times$$
$$(9\ 190-8\ 204.3)+(2\ 112-1\ 701.6)\times(12\ 800-8\ 204.3)$$
$$=3\ 817\ 429.88$$

按式(1—27)计算：

$$r=\frac{l_{xy}}{\sqrt{l_{xx}l_{yy}}}=\frac{3\ 817\ 429.88}{\sqrt{405\ 559.71\times37\ 396\ 571.43}}=0.98$$

将有关数据代入式(1—20)得：

$$b=\frac{l_{xy}}{l_{xx}}=\frac{3\ 817\ 429.88}{405\ 559.71}=9.41$$

将有关数据代入式(1—21)得：

$$a=\overline{y}-b\overline{x}=8\ 204.3-9.41\times1\ 701.6=-7\ 807.76$$

依概率水平 $p=0.01$，样本个数 $n=7$，查表 1—3，得 $r_a=0.875$，本例 $r=0.98>r_a$，说明回归效果是高度显著的。按式(1—19)，得 Q 与 H 之间的回归曲线为

$$y=-7\ 807.76+9.41\times x$$

即
$$Q=-7\ 807.76+9.41\times H^2$$

将上述曲线点绘为图 1—7 中的虚线。图 1—7 表明，曲线更能体现这些点的整体趋势，其相关系数也更加接近 1。

复习思考题

1—1　桥涵水文中常用哪些概率模型,它们各有哪些优缺点?

1—2　某桥设计流量频率采用 $p=0.01$,连续 5 年不出现这个流量的概率是多少?

1—3　频率与概率有哪些不同点?

第二章　径流过程

第一节　径流的形成

降水后，一部分形成地面径流，一部分渗入地表的土壤，在含水层内形成地下径流。地面径流和地下径流汇集到河槽中形成河川径流，自降雨开始到水流流过出口断面的整个物理过程称为径流形成过程。它是大气降水和流域内自然地理条件综合作用的过程，整个过程中影响因素很多，十分复杂。

如图 2—1 所示，降雨初期，雨水首先被植物茎叶截留，剩下的落在地面，其中一部分雨水渗入土壤中，还有部分流向小坑中形成洼地蓄水。当洼地蓄水和表层土壤的储水量达到饱和后，后期降雨强度大于下渗强度，形成超渗水时，这部分超渗雨量才开始沿坡面漫流。坡面漫流的雨水流入河槽中，就形成径流。

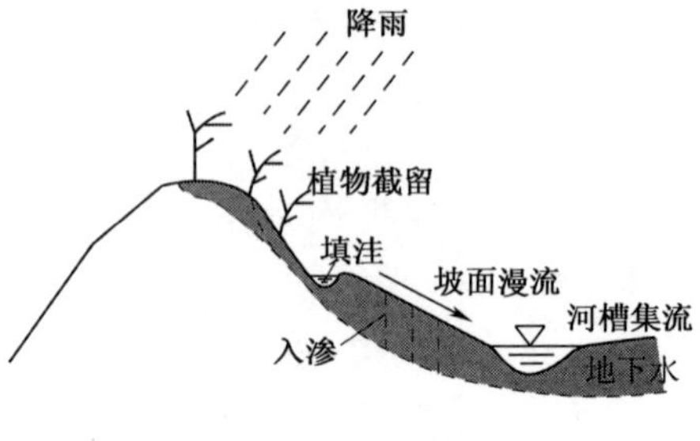

图 2—1　径流的形成

为了便于研究，通常把径流形成过程概括为以下四个阶段。

一、降雨过程

1. 降雨标准分级

降雨是形成地面径流的主要因素，降雨的多少决定径流量的大小。降雨是气候因素中影响径流最根本、最直接的原因。降水是因为地面暖湿空气受不同因素作用被抬升至高空，在上升过程中，压强逐渐下降，空气发生绝热膨胀做功使温度下降，当温度降低到一定程度以下时，水汽凝结成水滴或冰晶而形成云，云中水滴或冰晶在气流作用下，相互碰撞、合并而增大，直至不能被上升气流所顶托时，在重力作用下形成降水（雨、雪等）。降雨量以降雨厚度（mm）表示。单位时间内的降雨量称为降雨强度（mm/h）。降雨量可以分为“零星小雨”、“小雨”、“中雨”、“大雨”、“暴雨”和“大暴雨”，见表 2—1。

表 2—1　降雨标准分级

名　称	降雨雨态	集　　水	日降雨量/mm
零星小雨	雨点细小，或只飘雨点	不打湿地面	≤0.2
小雨	雨点较小	打湿地面，不形成流水	0.2～10
中雨	雨落到屋顶有沙沙声	屋檐短时流水，凹地积水	10～25
大雨	雨落如倾盆	屋檐流水落地四溅，平地起水	25～50
暴雨	雨点大而且猛烈	平地涨水快，易发山洪	50～100
大暴雨	雨点大而且猛烈	平地涨水快，易发山洪	>100

我国幅员辽阔，各地雨情差别较大。对我国影响较大的大暴雨天气形势可分为以下四类。

第一类是稳定经向型。在这种流型中，西风带以经向环流为主，长波系统移动缓慢或停滞少动。在气象学上，笼统地称“存在于南、北纬 20°～40°(副热带地区)的稳定少变的深厚暖性高气压”为副热带高压。在稳定经向流型中，副热带高压比较稳定，但位置偏北。在这种大形势下中低纬系统容易相互作用。稳定经向型的暴雨常常是最严重的，我国历史上一些有名的特大暴雨都发生在这种环流之下。如 2021 年 7 月 17 日至 23 日，河南省遭遇的历史罕见特大暴雨就属于这一类型。这次暴雨是在西太平洋副热带高压异常偏北、夏季风偏强等气候背景下，同期形成的 2 个台风汇聚输送海上水汽，与河南上空对流系统叠加，遇伏牛山、太行山地形抬升形成的一次极为罕见特大暴雨过程。此次暴雨对河南全省造成严重冲击，城镇街道洼地积涝严重、河流水库洪水短时猛涨、山丘区溪流沟道大量壅水，形成特别重大的自然灾害。

第二类是稳定纬向型。这时西风带环流北纬 35°～55°，盛行纬向环流，短波槽活动较多，副热带高压也比较稳定，常呈带状。每年夏初，我国长江中下游以南地区常维持一条近于东西向(纬向型)的稳定暴雨带。这种稳定持久的暴雨带，就是人们熟知的梅雨期的暴雨，和经向型暴雨有明显的差异。如 2011 年“7・3”四川特大暴雨天气就属于这一类型。

第三类是中低纬相互作用型暴雨，它有三个明显的特点：①中纬度长波有明显的增幅，并位于我国东部，经向度很大。②热带季风处于活跃期，赤道辐合带向北推进，其中由台风或热带低压生成，并与中纬波动发生作用。③冷空气在增幅的长波之后大范围向南侵袭，在西南、华南、华东沿海与热带系统和季风气流强烈作用，产生持续性大暴雨。如 2011 年 5 月 10～12 日广西出现的全区性的暴雨过程，具有明显的中、低纬度天气系统相互作用特征。广西北部的桂林、柳州、河池出现强降雨天气，部分地区降下大到暴雨乃至大暴雨，局地特大暴雨。柳州市融安县长安镇 12 h 雨量达到 258.7 mm。强降雨导致部分地区积水严重、交通出行受阻，树木倒伏、农作物受损，有的地区甚至出现山体塌方，导致道路中断。出现了 1950 年以来的最高水位和百年不遇的特大洪灾。它使当地人民生命财产和经济建设遭到极大的损失。

第四类是过渡型，主要特征是副热带高压位置不稳定。在暴雨过程中常出现副热带高压的明显进退。西风带环流是移动性的系统，降水时间比较短，在这类形势下暴雨的强度不如一、二、三类大。

2. 雨量测量

测量雨量的雨量计种类很多，常见的有浮子式雨量计、称重式雨量计、翻斗式雨量计和光学雨量计等。

浮子式雨量计(图 2—2)由承水器、浮子室、自记钟和外壳组成。雨水由最上端的承水口进入承水器，经下部的漏斗汇集，导至浮子室。浮子室是由一个圆筒内装浮子组成，浮子随着注入雨水的增加而上升，并带动自记笔上升。自记钟固定在座板上，转筒由钟机推动作用回转运动，使记录笔在围绕于转筒上的记录纸上画出曲线。

称重式雨量计(图 2—3)可以连续记录接雨杯上的以及存储在其内的降水的质量。记录方式可以用机械发条装置或平衡锤系统，将全部降水量的质量如数记录下来，并能够记录雪、冰雹及雨雪混合降水。

翻斗式雨量计(图 2—4)是由感应器及信号记录器组成的遥测雨量仪器，感应器由承水器、上翻斗、计量翻斗、计数翻斗、弹簧开关等构成；记录器由计数器、录笔、自记钟、控制线路板等构成。其工作原理为：雨水由最上端的承水口进入承水器，落入接水漏斗，经漏斗口流入翻斗,当积水量达到一定高度(比如 0.1 mm)时,翻斗失去平衡翻倒。而每一次翻斗倾倒,都使开关接通电路,向记录器输送一个脉冲信号,记录器控制自记笔将雨量记录下来,如此往复即可将降雨过程测量下来。

图 2—2　浮子式雨量计

图 2—3　称重式雨量计

图 2—4　翻斗式雨量计

目前使用的雨量测量仪有手动工作模式与自动工作模式两种。手动工作模式为按一次存一次,可以记录当时按下去的时间、雨量及各种环境参数。自动工作模式需先设定好间隔时间,仪器按照设定好的间隔时间自动记录数据。数据采集完毕后,将数据发送到计算机,以便作后续处理。

3. 雨量网络

随着社会的发展,我国很多地面观测站已逐渐形成全天候的自动化观测站网,各种地面气象要素的观测仪器和雨量测量仪,均由机械式元器件感应转变成电子元器件感应,由原来的机械记录转化成自动采集。这些自动观测站更客观、更实时地反映了降雨量和其他天气要素的变化。通过网络,采集的数据自动传送到中心处理机上作后续处理。

图 2—5 是长沙市气象台在互联网上发布的雨量结果。由"长沙地区中小尺度气象自动监测网"记录,图中实测降雨的时间为 2022 年 2 月 23 日 11 时。

前一时次
次

湖南省长沙地区小时降水量分布情况表
(时间:2022-2-23 11:00:00)

长沙市气象台
网络信息中心

气象站名	降水量	气象站名	降水量	气象站名	降水量	气象站名	降水量
莲花镇	2.2	#新田	2.4	麓锦社区	3.4	唐田	
联丰垸	3.5	#英波冲		麻林中学	3.3	特立村	
联合村	1.8	#元冲		马家村		天心区政府	2.3
廖家坪	1.5	#株树桥	2.7	马战村	.9	田心港	.2
林科大	3.2	安沙关山		麦田	3.5	铁山村	.1
浏北村		安沙镇	1.2	毛公桥	1.8	铜官	
浏河源村	3.1	坝塘	2.9	梅田湖村	1	筒车坝	1.7
浏阳国家站		白花村		梅溪湖	2.6	团结垸	2.1
浏阳国土	1.7	白马村	3.1	煤炭坝	3	望城区	
流沙河	2.9	白马桥	2.1	民福村	1.8	沩山	
龙伏	3.7	白箬铺	1.9	明月村	1.2	文家市	1.7
龙华村	2.5	宝盖寺村	1.9	暮云	3.3	乌山	
龙华村	2.6	北山村		南湖路	3	乌石村	.2

图 2—5　长沙市气象台在互联网上发布的雨量结果

为了行车安全，铁路部门使用了大量的人力物力，在铁路沿线建立了雨量观测系统。图 2—6是中国铁路呼和浩特局集团有限公司包白线 2010 年 8 月 7 日明安监测点的雨量累计结果，并将这些结果保存在数据库内。

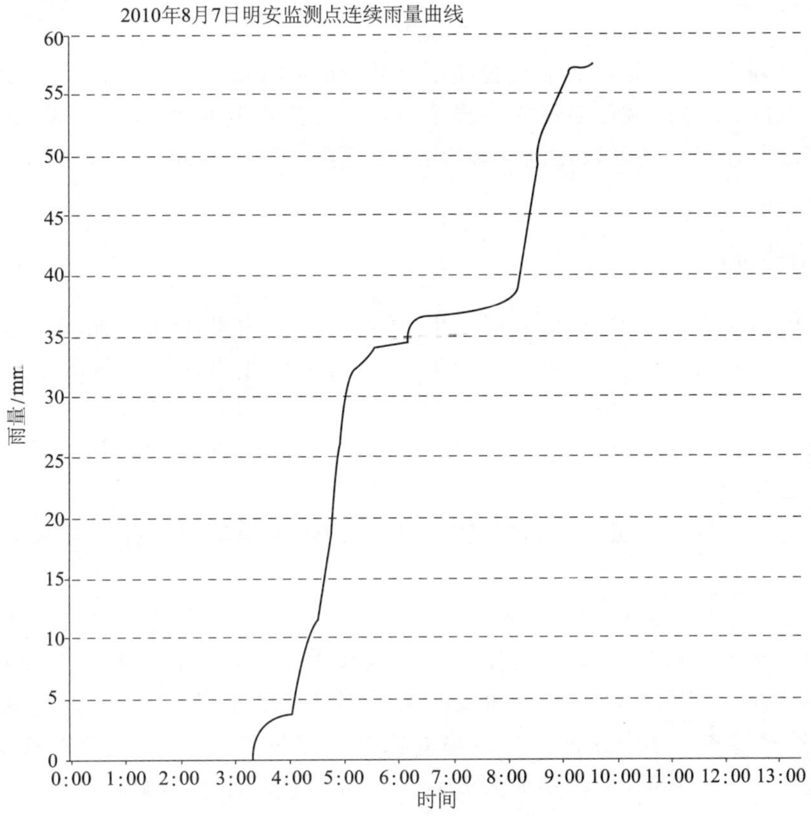

图 2—6　铁路部门的雨量监测结果

每次降雨，降雨量及其在空间和时间上的变化都各不相同。降雨有可能笼罩整个流域，也有可能只分布在局部地区。流域内降雨强度有时均匀有时不均匀，有时会在局部地区形成暴雨中心，并向一个方向发生移动。降雨的变化过程直接决定径流过程的趋势，降雨过程是径流形成过程的重要环节，它是桥涵水文现象的基础。对小桥涵而言，当地短历时降雨就是形成洪峰流量的直接原因。

二、流域蓄渗过程

降雨开始时并不立即形成径流，雨水被流域内生长的树木、杂草以及农作物的茎叶截留一部分，不能落到地面上，称为植物截留。

然后，落到地面上的雨水，部分渗入土壤，称为入渗；单位时间内的入渗量（mm）称为入渗强度（mm/h）。降雨开始时入渗较快，随着降雨量的不断增加，土中水分逐渐趋于饱和，入渗强度减缓，达到一个稳定值，称为稳定入渗。

另外，地面水流形成前，有一部分雨水被蓄留在坡面的坑洼中，称为填洼。

植物截留、入渗和填洼的整个过程，称为流域蓄渗过程。这部分雨水不产生地面径流，对降雨径流而言,称为损失,扣除损失后剩余的雨量,称为净雨。

为了反映流域蓄渗过程,各省的《水文手册》或《水文图集》用损失参数 μ 来表征当地的蓄渗现象。

三、坡面漫流过程

流域蓄渗过程完成后,剩余雨水沿着坡面流动,称为坡面漫流。流域内各处坡面漫流开始的时间是不一致的,某些区域可能最先完成蓄渗过程而出现坡面漫流,这只是局部区域的坡面漫流;然后,完成蓄渗过程的区域逐渐增多,出现坡面漫流的范围随之扩大,最后才能形成全流域的坡面漫流。

四、河槽集流过程

坡面漫流的雨水汇入河槽后,顺着河槽由小沟到支流,由支流到干流,最后到达流域出口断面,这个过程称为河槽集流。汇入河槽的水流,一方面继续沿河槽迅速向下游流动,另一方面也使河槽内的水量增大,水位也随之上升;河槽容蓄的这部分水量,在降雨结束后才缓慢地流向下游,最后才通过流域出口,使流域出口断面的流量过程变得平缓,历时延长,从而起到河槽对洪水的调蓄作用。

应当指出,降雨过程、流域蓄渗过程、坡面漫流过程、河槽集流过程等常常交织在一起,很难严格区分开来。

径流的大小和变化由流量和水位表示。河流的流量和水位都是随时间不断变化的,流量和水位随时间变化的关系曲线,分别为流量过程线和水位过程线,如图 2—7 所示。一次洪水过程的曲线是一个不对称单峰曲线。曲线的上升部分为涨水段,下降部分为退水段,一涨一落,形成一次洪水过程。其中这两个曲线最高峰处的流量和水位,分别为洪峰流量和洪峰水位。一年内最大的洪峰流量,称为年最大流量。对同一个断面进行测量,同一次洪峰的最高水位出现时间稍迟于最大流量,两个峰值并不会同时出现,这是由于洪水波的影响。一次洪水过程可以用历时、峰值(流量、水位)和径流量三个水文参数反映它的特征。

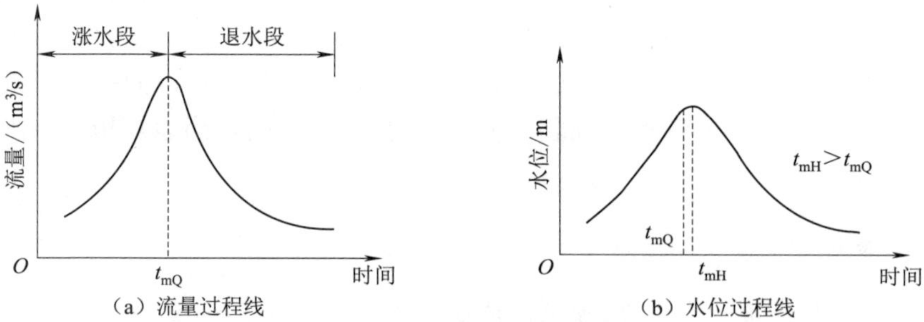

(a) 流量过程线　　(b) 水位过程线

图 2—7　过程线示意图

第二节　影响径流的主要因素

从径流形成过程来看,影响径流变化的自然因素可分为气候因素和下垫面因素两类。

一、气候因素

1. 降雨

空气中的水汽随气流上升时，因冷却而凝结成水滴降落到地面上，形成降雨。降雨是径流形成的主要因素，降雨强度、降雨历时和降雨面积对径流量及其变化过程都有很大影响。

一场降雨由开始到结束所经历的时间称为降雨历时，降雨历时的长短与地域有关。长江流域的年降雨总历时要比黄河流域的年降雨总历时长，而西北地区的年降雨总历时最短。

单位时间内的降雨厚度称为降雨强度，简称雨强，单位为 mm/h，通常用 a 表示。雨强 a 随时间的变化称为雨强过程线，简称雨型，如图 2—8(a)所示。实测资料表明，我国的雨型有单峰、双峰和多峰三种。各省(市、区)在将实测资料整理成应用成果时，通常根据当地的情况将雨型简化成三角形或阶梯形，如图 2—8(b)所示。

为了将雨强过程线简化为便于应用的数学公式，应计算降雨强度最大时段 t_1 内的平均强度 a_1，将(a_1,t_1)点画在图 2—8(b)上；将时段 t_2 内的平均强度 a_2 也点画在图 2—8(b)上……如此可以求得相关曲线 $a=f(t)$，实测表明，我国的 $a=f(t)$有两种表达式：

$$a=\frac{s}{t^n} \tag{2—1}$$

$$a=\frac{s_d}{(t+b)^{n_d}} \tag{2—2}$$

式中　a——历时为 t 的最大平均雨强(mm/h)；

s,s_d——单位时段的降雨量，称为雨力(mm/h)；

n,n_d——经验指数；

b——时间常数。

反映暴雨特性的 n、n_d、d 可由实测资料分析确定。

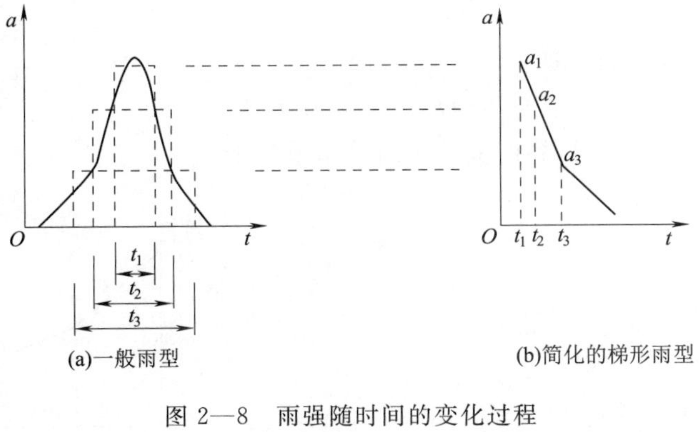

图 2—8　雨强随时间的变化过程

2. 暴雨强度

式(2—1)和式(2—2)是按实测典型暴雨求得的。引用数理统计方法确定设计流量时应有频率的概念。为此，对小流域地区进行假定：流量与相应的暴雨有相同的概率模型与频率。这样就把计算洪水的频率问题转化成了计算暴雨的频率问题。

推求计算暴雨时，通常利用自记雨量计的实测资料进行。首先选出一年中符合暴雨标准的各场降雨，分别整理出各时段的雨强，将当年最大值作为此年该时段的统计样本。一般选取

5 min、10 min、15 min、20 min、30 min、45 min、60 min、90 min、120 min、180 min、240 min、360 min、480 min、720 min、1 440 min 等 15 个时段。

将当年最大值作为当年该时段样本,统计按下述步骤进行:

(1)将样本按大小排序,利用式(1—3),计算各样本 a_i(已按大小排序)的经验频率 p_i,将点(p_i,a_i)点绘在海森机率格纸上。

(2)利用式(1—4)、式(1—5)和式(1—6)分别计算出平均值 $\overline{a}$、变异系数 C_v 和偏差系数 C_s(如果样本较少,可应用后述的适线法确定 C_s)。

(3)选定频率 p,将式(1—15)中的流量 Q 替换为雨量 a,有

$$a_{ip}=(\varphi_p C_v+1)\overline{a} \tag{2—3}$$

式(2—3)中的下标 i 表示 15 个时段中的第 i 个时段;下标 p 表示选定的计算频率。

与式(2—1)对应的计算雨强为

$$a_p=\frac{s_p}{t^n} \tag{2—4}$$

式中 a_p——计算频率为 p,时段为 t 的计算雨强;

s_p——计算雨力,若取式(2—4)中 $t=1$ h,则 $s_p=a_p$,说明 s_p 在数值上等于计算频率为 p 时,时段 1 h 的平均雨强;

n——暴雨衰减指数。

将式(2—4)两边取对数,得

$$\lg a_p=\lg s_p-n\lg t \tag{2—5}$$

式(2—5)表明计算雨强在双对数坐标纸上是一条直线,如图 2—9 所示。

大量统计资料表明,暴雨衰减指数 n 是与时间有关的函数,$\lg a_p$-$\lg t$ 关系也不是单斜率的直线而是多斜率的折线,如图 2—10 所示,它们的转折点在 $t_0=1$ h 处。这就表明,暴雨衰减指数 n 在 $t_0=1$ h 以前为 n_1,在 $t_0=1$ h 以后为 n_2,如果 $\lg a_p$-$\lg t$ 关系是多个转折点的折线,还有 n_3、n_4 等。

暴雨强度公式也可以表示成

$$H_{t,p}=a_p t=s_p t^{1-n} \tag{2—6}$$

式中 $H_{t,p}$——当频率为 p 时,各时间段 t 的暴雨量(mm)。

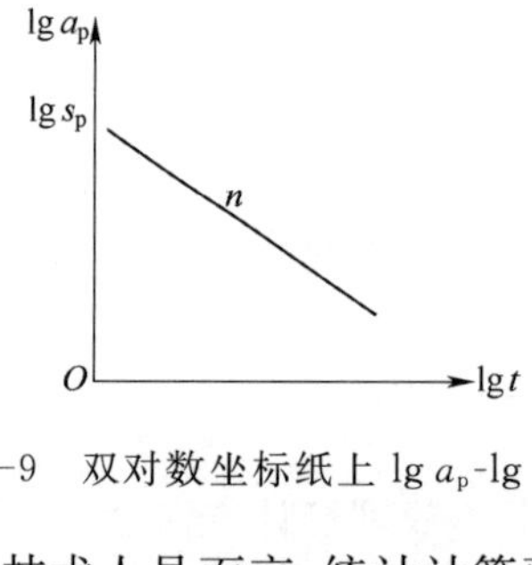

图 2—9 双对数坐标纸上 $\lg a_p$-$\lg t$ 关系

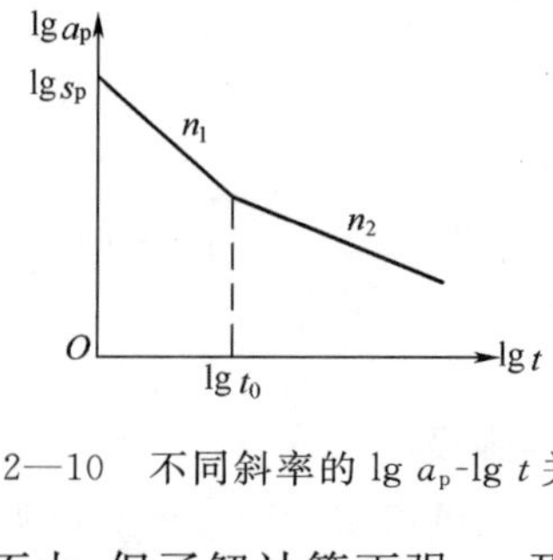

图 2—10 不同斜率的 $\lg a_p$-$\lg t$ 关系

对于桥梁技术人员而言,统计计算雨强 a_p 的可能性不大,但了解计算雨强 a_p 及其计算公式的数学物理意义对使用现有成果是大有益处的。

特别要强调的是,上述成果是在“暴雨与流量同频率”的假定前提下推出的,这只对特定的流域面积基本成立。因此在使用各地水文手册或水文图集的成果时,要特别注意其有效流域

面积的声明。

3. 暴雨中心

流域内一次降雨强度最大的地方称为暴雨中心。暴雨中心靠桥址断面近，则桥址断面的洪峰流量就大些，暴雨中心离桥址断面远，则洪峰流量就小些。一次降雨的暴雨中心是不断移动的，当暴雨中心从流域上游向下游移动时，桥址断面的洪峰流量就大些，反之则洪峰流量就小些。

对小桥和涵洞而言，可以认为小桥或涵洞的位置就是暴雨中心。图 2—11 为江门 2009 年 5 月23 日的降雨历程曲线，在这 625 km^2 的雨区内，四个观测站的最大雨强分别为：33.5 mm/h、35.5 mm/h、34.5 mm/h、33.5 mm/h，暴雨雨强十分接近。

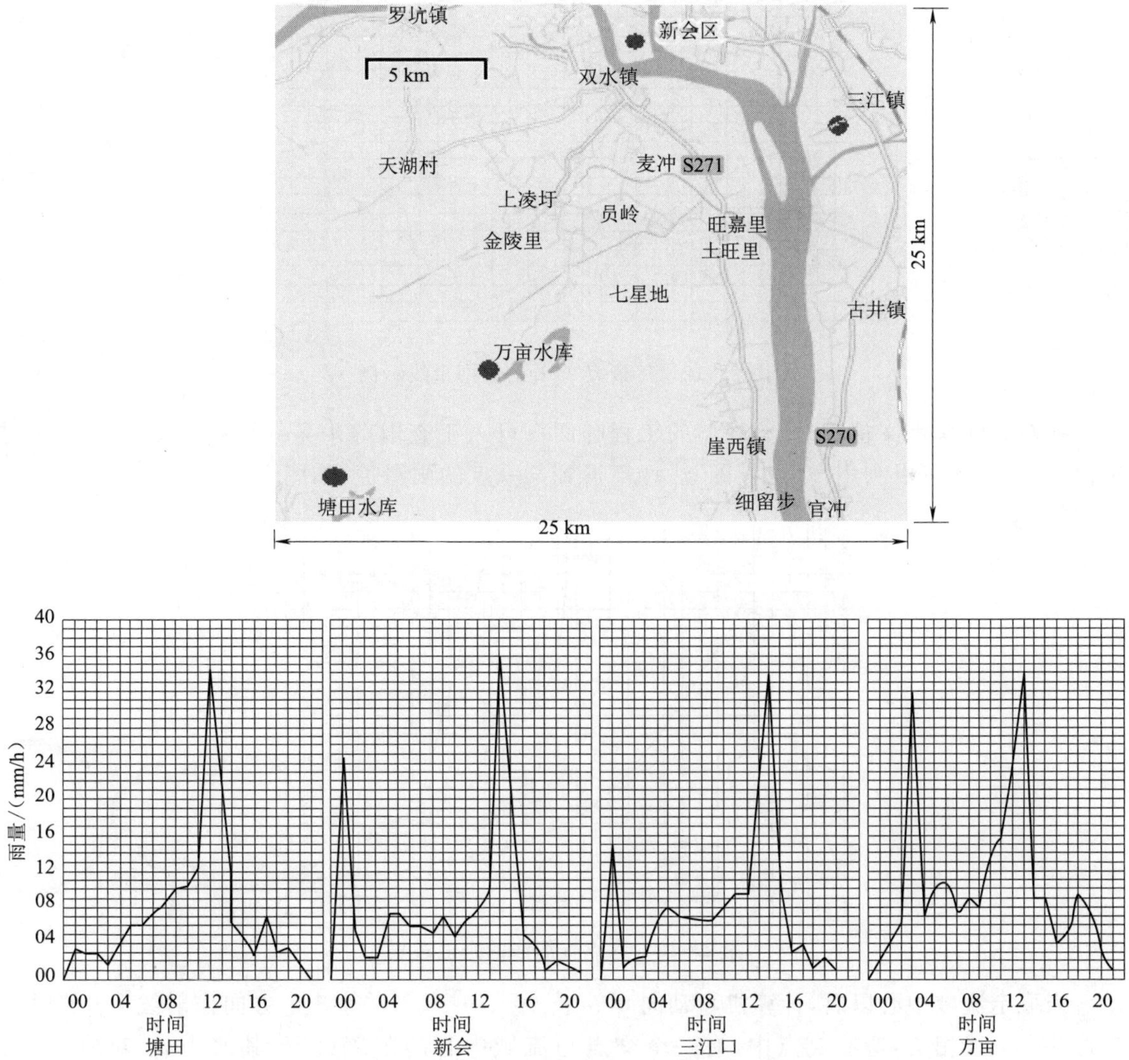

图 2—11　江门 2009 年 5 月 23 日的降雨历程曲线

因为暴雨是不均匀的，对于大中桥而言，认为桥梁位置就是暴雨中心会带来较大误差，在实际计算桥涵设计流量时应注意到这一点。

4. 等雨量线

为了反映降雨过程,使它服务于国民经济,我国水利气象部门组织了大量的人力物力,以省(自治区)为单位,研制和编订了反映各省降雨状况的水文手册或水文图集。这些水文手册或水文图集也是既有小桥涵水文检算的基础资料。

在水文手册或水文图集中,通常列出了年最大 24 h 的等雨量线、年最大 6 h 的等雨量线或其他等雨量线,如图 2—12 所示。雨量线又叫雨量等值线,是将流域内各雨量站的雨量值(如年最大 24 h 降雨量)点绘于地形图上,将雨量相等各点相连得到的线。等雨量线可反映雨量大小的地理分布。

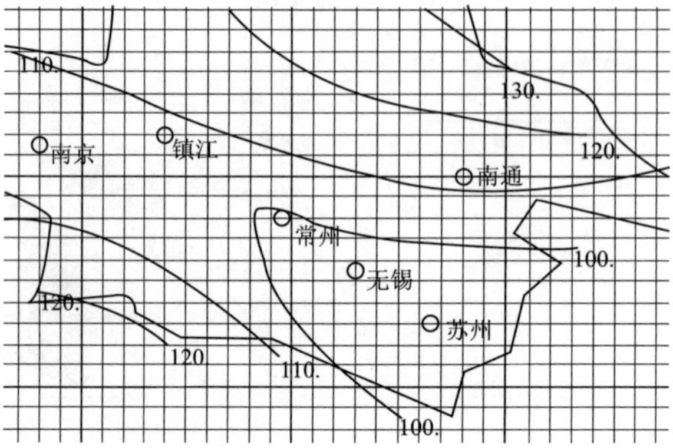

图 2—12 年最大 24 h 的等雨量线示例

在对桥涵作水文检算时,有经验的工程师而言可人工查取等雨量线图得到某一位置的雨量值。此外,还可以利用“八点查图”法计算得到某一点的雨量值,如图 2—13 所示。

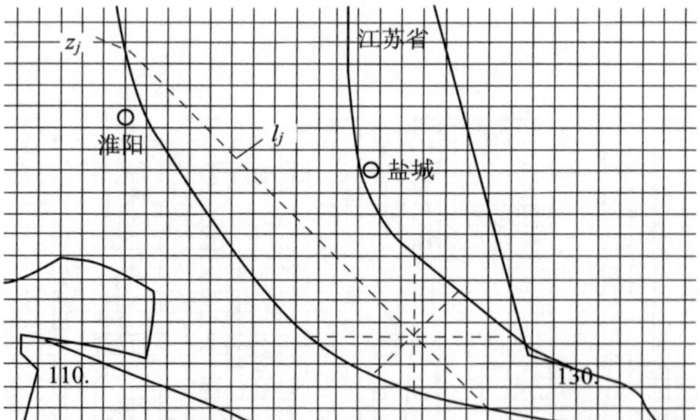

图 2—13 八点查图法的查值过程

当取定流域中心以后,计算机自动向 0°、45°、90°、……、315°等 8 个方向作射线。j 条射线与这些等值线相交,这些交点中,有一个交点与流域中心的距离最短,其值为 l_j,对应于 0°、45°、90°、……、315°等 8 个方向,有 $j=0$、1、……、7。取各方向最短距离的倒数为权数,得流域中心处的雨量计算值为

$$Z_h = \frac{\sum_{j=0}^{7} \frac{z_j}{l_j}}{\sum_{j=0}^{7} \frac{1}{l_j}} \tag{2—7}$$

式中　z_j——第 j 条射线取得的最近等值线的值；

l_j——第 j 条射线取得的距流域中心最近的等值线距离。

5. 点面折减系数

流域内平均降雨强度随降雨笼罩的面积的增大而减小，需采用以下折减系数进行修正。

$$\eta = \frac{\overline{H}}{H_0} \tag{2—8}$$

式中　η——暴雨点面折减系数；

$\overline{H}$——实测面雨量(mm)；

H_0——实测点雨量(mm)。

各地根据当地的实测资料，在水文手册或水文图集上列出了合乎实际情况的 η 值。式(2—9)是根据峨眉、天水、丹东、崂山等48场降雨资料整理而得的。

$$\eta = \frac{1}{1+0.016F^{0.6}} \tag{2—9}$$

式中，F 为流域面积(km^2)。在缺少点面折减系数的情况下，可以参考式(2—9)计算。

二、蒸　发

流域内的蒸发是指各种蒸发的总和(如水面蒸发、陆面蒸发、植物散发等)，在一次降雨过程中，蒸发对径流影响不大，但对降雨前期的流域蓄水量却影响很大。若蒸发强度大，则雨前土壤含水率就小，降雨的损失量就增大，径流就减小。因此，蒸发也是影响径流变化的重要因素。

降雨和蒸发在地区分布上呈现一定的规律性，因而径流变化也具有一定的地区性规律。尤其在西北等干旱地区，蒸发对径流而言是必须考虑的因素。

三、下垫面因素与汇流参数

流域的地理位置直接影响降雨量的多少。流域的地形地貌对降雨、蒸发以及蓄渗和汇流过程都有影响，流域面积的大小、形状又与径流量有直接关系。土壤和地质因素决定着入渗和地下径流的状况。植物茎叶将截留部分降雨，植物根系又能储藏大量水分，可改造土壤和气候。湖泊洼地也有储存水量、调节径流的作用。另外，人类活动对河川径流也有重要影响。封山育林和水土保持可增加降雨的截留和入渗，减少汛期水量和洪峰流量，同时增大地下径流，能补充枯水期的水量。所有上述影响径流的因素称为下垫面因素。

为了反映下垫面因素对坡面漫流和河槽集流的影响，用汇流参数 m 来表征当地的下垫面因素。汇流参数 m 相当于单位流量和比降为1时的流域汇流速度。m 值的计算方法很多，最有效的公式或方法是各省的水文手册或水文图集推荐的方法，它们由当地的实测资料整理，最合乎当地的实际情况。在计算既有桥涵设计流量时，应当首先查阅当地的水文手册或水文图集。

通过比较黄河与闽江的水量，可明确以上各种因素对河川径流的影响。黄河的流域面积仅次于长江流域而居我国第二位，但流域的大部分处于我国西北部干旱、半干旱地带，降雨量小(年平均降雨量约 400 mm),地表蒸发量大,又有将近一半地区为渗水性很强的黄土层。因此黄河流域产生的径流量极为贫乏,年径流量仅为长江的 1/12,还不及流域面积小得多的闽江。闽江的流域面积虽仅为黄河的 1/3,但流域位于武夷山山脉迎风面一侧的福建省,为亚热带气候,降雨量大(年降雨量达 1 000~2 300 mm),尤其在夏秋季节台风频繁,降雨强度极大;而且湿度大,蒸发不强烈,地形多山,坡度大,入渗小,汇流快。闽江流域的气候因素和下垫面因素恰与黄河相反,因此闽江是我国水量最充沛的河流之一。

四、损失参数

流域降雨后,雨水经植物截流、土壤入渗、地面填洼、蒸发等物理作用后,剩下的雨水(称余水)才形成径流。雨水的损失是非常复杂的自然现象,目前还无法准确地模拟这种现象。常用流域平均损失率来估计,即

$$\mu=\frac{H_{t_c}-h_r}{t_c} \tag{2—10}$$

式中 H_{t_c}——时段 t_c 内的最大降雨量(mm);

h_r——流域的径流总深(mm);

t_c——产流历时(h)。

式(2—9)中的各量可通过实测暴雨过程或人工降雨确定。μ 值可以在各地水文手册或水文图集上查得。

第三节　我国河流的水量补给

我国河流除西北地区的内陆河靠高山积雪为水源以外,其他地区的河流主要靠雨水补给。水量补给的来源基本可分为雨源、雨雪源和雪源三类。

一、雨 源 类

秦岭、淮河以南直到海南岛、云南等广大地区的河流,都属于雨源类。雨源类河流的特点是,一年内径流量的变化与降雨变化完全一致;夏天雨季来临,河水开始上涨,入秋以后,雨季结束,河水开始退落,汛期较长,水量丰沛。东南沿海地区常因台风影响而发生大洪水,多出现夏汛。

如 2023 年第 11 号台风"海葵"影响期间,沿海地区部分乡镇出现特大暴雨,福州市(市、区)50 个乡镇 24 h 降雨量超过 100 mm,其中 7 个县(市、区)25 个乡镇降雨量超过 250 mm,最大为仓山区盖山镇 439.7 mm。福建、广东、广西、江西等地有 17 站降水量突破 9 月历史极值,有 6 站突破历史极值。福建、广东多地发生城乡内涝、地质灾害,70 余条中小河流发生超警洪水。台风灾害造成福建、江西、广东三省 312 万人不同程度受灾,因灾死亡 6 人,紧急转移安置 17.7 万人;农作物受灾面积 66.5 千公顷;直接经济损失 166.6 亿元。

二、雨雪源类

华北、东北地区的河流,每年有两次汛期。三、四月间由于融雪形成春汛,雨雪源河流水量虽然不大,但下游常出现冰塞,对沿河桥梁和水工建筑物威胁很大。这种河流在春汛以后有一

段枯水期，入夏以后随着降雨的增多，在六至九月间形成夏汛或秋汛。

黄河上游内蒙古三湖河口至头道拐河段于 2021 年 11 月 22 日出现流凌，截至 25 日，黄河内蒙古河段巴彦淖尔市临河区杨满圪旦险工以下全线流凌，流凌密度 10%～60%，流凌河段长度约 484 km，如图 2—14 所示。在河道流凌期间，随着气温降低，流凌密度增大，冰凌逐渐聚积冻结，遂自下而上逐段封冻，局部出现冰塞，导致多处水位上涨，造成洪水灾害。

图 2—14　黄河上游内蒙古段出现的流凌

三、雪 源 类

西北地区新疆、青海等地河流的水量补给以融雪为主。每年四、五月气温上升时，河水开始上涨，六、七月间达到最高峰，以后气温下降，河水也随着退落。此外，有的地区如天山北部，夏季降雨可达 50～350 mm，也能补给一部分水量，但仍以融雪为主。

如 2018 年 8 月份，位于喀喇昆仑山区的克亚吉尔堰塞湖冰川，由于温度的持续升高致使冰川融化加速发生溃决，导致当地突发 3 500 万 m^3 的融雪性洪水，相当于 3 个西湖的洪水全部倾泻到叶尔羌河上游河道。8 月 10 日 19 时下游叶尔羌河库鲁克栏干站测量到的洪水流量达到 1 570 m^3/s，超警戒流量 370 m^3/s。

我国幅员辽阔，江河众多，各地区的自然条件相差很大，因而各地区的河流也具有不同特性。秦岭以北的河流水量适中，但年内分布不均匀，随季节的变化很大。夏季水量充沛，冬季水量较少，有冰期，输沙量较大，上游冲刷严重，下游经常淤积。秦岭、淮河以南的河流，水量丰沛，支流众多，常年不冻，表土冲刷较轻，泥沙较少。西南横断山脉地区的河流发源于青藏高原，奔流于山岭峡谷之间，水量大，水流急，经冬不冻。北部和西北部的内陆河，一般在高山融雪季节水量较大，而平时往往干涸无水。

复习思考题

2—1　影响河流径流有哪些因素？桥涵水文中怎样估计这些因素？

2—2　什么是暴雨中心？怎样确定小桥流域的暴雨中心？

2—3　为什么要对点暴雨进行折减？怎样进行折减？

第三章　河道与泥沙运动

第一节　河道的基本特征

一、流　　域

降水落到地面形成的地表与地下径流，被山岭、高地分隔而汇集到不同的河流中，汇集水流的同一区域为某河流的流域。分隔水流的高地、山岭的山脊线，就是相邻流域的分水线（分水岭）。山区的分水岭一般为山脉脊线，平原地区则是四周地面最高点的连线。如秦岭是黄河和长江的分水线，黄河和淮河的分水线是黄河南岸大堤。

降雨过后，除了地面径流汇集到江河湖海之外，还有地下水流也会汇入河流中。因此流域分水线有地面分水线和地下分水线之分，两者可能不重合。当两者不重合的时候，会发生相邻流域的水量交换，称为非闭合流域。而闭合流域则是指地面分水线和地下分水线相重合的流域。

大中流域一般属于闭合流域，可用地面集水区域表示其流域范围。小流域地区严格来说大多属于非闭合流域，实际过程中做了简化处理，也常用地面集水区域表示流域。然而对于某些与相邻流域水量交换较多的小流域，比如岩溶地区的小流域，则需通过水文地质勘探来确定地下流域的范围。

一条发育完整的河流分成河源、上游、中游、下游和河口五部分。

(1)河源。河源是河流的起点，溪涧、泉水、冰川湖泊和沼泽等往往是河源的源头。

(2)上游。紧接河源的上段河流为上游，河谷下切强烈，坡陡流急，有急滩、瀑布等。

(3)中游。上游以下的中间河段称为中游。在这一河段中，河床比降逐渐平缓，冲淤平衡，河床稳定，水量增加。

(4)下游。下游河段往往为冲积平原，流速小，坡度平缓，泥沙淤积，形成沙洲多、河湾多的河汊现象。

(5)河口。河流经河口流入海洋或内陆湖泊。

某一河流的流域是指河口断面以上的积水区域。凡降落到地面上的水，经地表坡面流入支流，支流再汇集到干流，这些汇集到河口的所有雨水所经过的面积总和，称为流域面积。其边界就是四周地面的最高分水线或山脊线。

二、河流的基本特征

河流的基本特征包括河流横断面、河流长度和河流比降三个方面。

1. 河流横断面

图 3—1 表示一发育完全的河流横断面，它垂直于水流方向。河流横断面由河槽与河滩组成。河槽是通过流水和泥沙的主要通道，往往常年有水，由于洪水期河槽泥沙呈流动状态，河槽中无植物生长。河槽中沿岸往往有可移动的泥沙堆，称之为边滩，其余部分称为主槽。与边

滩相邻的是河滩，它只有在汛期才有水流，洪水中无底沙运动，有植被。图 3—1 所示的断面又称为复式断面，中、下游河段通常为这种断面。只有河槽而没有河滩的断面称为单式断面，如图 3—2 所示，上游河道通常为单式断面。

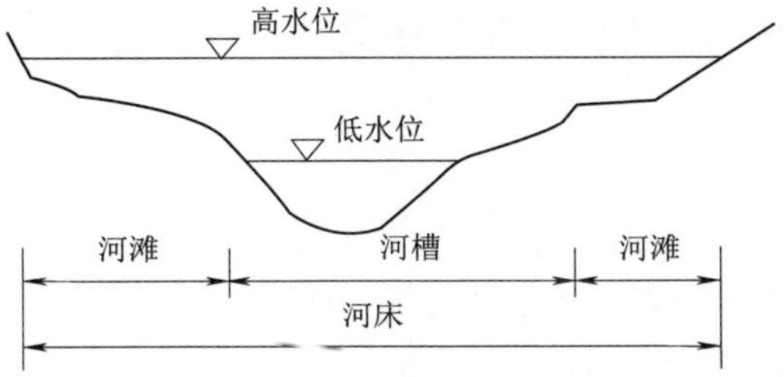

图 3—1 复式断面

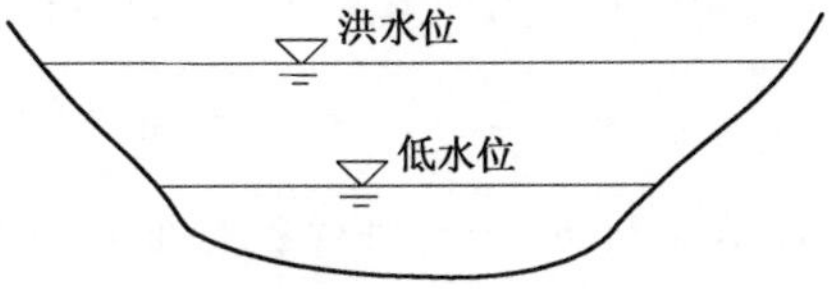

图 3—2 单式断面

横断面内通过水流的部分为过水断面。过水断面随横断面形状和水位的变化而变化，它是时间的函数，民间称“三十年河东，三十年河西”就是指这一现象。

2. 河流长度

天然河流长度是指河源到河口的距离。

3. 河流比降

河流横断面中最大水深点顺流方向的连线称为中泓线。在中泓线上单位长度的水面落差称为比降，即

$$i=\frac{H_2-H_1}{l}=\frac{\Delta H}{l} \tag{3—1}$$

式中 i——河段的比降；

H_1——河段下游端水面的高程；

H_2——河段上游端水面的高程；

l——河段长度。

河流比降是一项重要的水文指标。一般说来上游河段的比降大，下游河段的比降小。图 3—3为河流比降沿流程的变化图。为了确定平均比降，设想有一直角三角形，其直角边高为 h，底边为 l，此三角形的面积为

$$A'=\frac{1}{2}hl$$

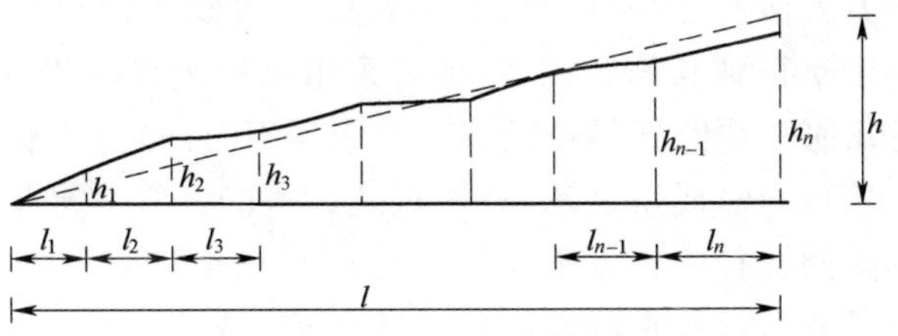

图 3—3 河流比降沿流程的变化

河流比降沿流程的变化图围成的面积为

$$A=\frac{1}{2}h_1l_1+(h_1+h_2)\frac{l_2}{2}+\cdots+(h_{n-1}+h_n)\frac{l_n}{2}$$

令 $A'=A$,有

$$hl=h_1l_1+(h_1+h_2)l_2+\cdots+(h_{n-1}+h_n)l_n$$

上式两边除 l^2,得

$$\frac{h}{l}=\frac{1}{l^2}[h_1l_1+(h_1+h_2)l_2+\cdots+(h_{n-1}+h_n)l_n]$$

这就是河流比降沿流程变化的平均比降,即

$$\bar{i}=\frac{1}{l^2}[h_1l_1+(h_1+h_2)l_2+\cdots+(h_{n-1}+h_n)l_n] \quad (3—2)$$

式中 $h_1,h_2,\cdots,h_n$——沿程各特征点高程与出口断面水面高程之差(m);

$l_1,l_2,\cdots,l_n$——各特征点之间沿中泓线的距离(m);

l——河段长度(m),$l=l_1+l_2+\cdots+l_n$。

第二节 泥沙运动与河床演变

一、泥沙运动

1. 泥沙的特性

天然河床中的泥土、砂石统称为泥沙。洪水中的泥沙在不停地运动,输沙的不平衡性引起冲刷和淤积,构成了河床的自然演变。

洪水中悬浮于水中向下游运动的颗粒较小的泥沙称为悬移质。比悬移质粒径稍大的泥沙称为推移质,它在河床面上呈滚动、滑动、跳动等方式向下游运动。比推移质更大的泥沙会下沉到河床上静止不动,称之为床沙。很难区分悬移质、推移质、床沙之间的界限。泥沙颗粒的大小一般用粒径(或粒度)来表示,其符号为 D(或 d),单位为 mm。根据泥沙粒径大小,可对泥沙进行分级归类,见表 3—1。

表 3—1 泥沙颗粒分级标准

名称	黏土	粉沙	沙粒	砾石	卵石	漂石	块石
粒径/mm	<0.005	0.005~0.05	0.05~2.0	2.0~20	20~100	100~1 000	>1 000

由于泥沙形状不规则,理论上采用等容粒径,即与泥沙颗粒体积相等的球体直径来表示粒径。泥沙粒径测量和计算方法有三种:(1)对于卵石以上的较大颗粒,可采用称重法测得泥沙颗粒质量后除以卵石容重 γ 得到其等容粒径,或者采用尺量法直接测量其长轴 a、中轴 b、短轴 c,并用算术平均值或者几何平均值算得粒径;(2)对于砾石、沙粒等中颗粒泥沙,一般采用筛析法量测各筛分级中泥沙质量与总质量之比,并根据式(3—3)计算其平均粒径,其中两筛之间泥沙颗粒的粒径可以用两筛网孔径的算术平均值或几何平均值计算;(3)对于粉沙、黏土等细颗粒,则采用水析法,即通过测量沙粒在静水中的沉降速度,按照粒径与沉速的关系式换算成粒径。常用平均粒径来表征泥沙的几何特征,即

$$\bar{d}=\sum d_iP_i \quad (3—3)$$

式中 d_i——各筛分级的粒径(mm);

P_i——各筛分级中泥沙质量与总质量之比。

2. 泥沙的起动

在静止的水流中沙颗粒不会产生运动，只有当水开始流动并达到一定的速度，在水流推动下沙颗粒才会起动，并随着水流发生推移质或者悬移质运动，这称为泥沙的起动。

对于较粗颗粒的泥沙，都是以单颗粒形式起动；对于较细颗粒的泥沙，由于黏结力和水流脉动的影响，往往以数十个或数百个颗粒组成的群体形式起动，起动后仍以单颗粒形式在水流中运动。泥沙颗粒的起动是水中泥沙受到的驱动力与抵抗力及这些力所产生的力矩失去平衡后的结果，其周围的水流和受力状况如图 3—4 所示。

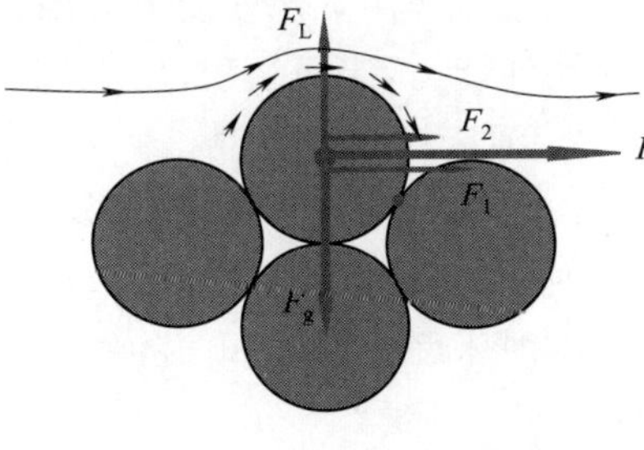

图 3—4　床面泥沙颗粒受力状态

当水流流动时，颗粒顶部和底部的流速不同，前者为水流的运动速度，后者为颗粒间渗透水的流动速度，比水流流速小得多。根据伯努利定律，顶部流速高、压力小，底部流速低，压力高，造成的压差产生了上举力 F_L，方向向上，对于球状沙粒作用于沙粒重心。

当水流经过河床床面时，由于泥沙颗粒表面粗糙不平，水流和泥沙表面接触后因摩擦产生摩擦力 F_1。因为只有一部分沙粒表面直接和水流相接触，摩擦力不通过颗粒重心，方向与水流方向相同。当沙粒比较小的时候，摩擦力是主要作用力，但当沙粒比较大时，颗粒顶部流线发生分离，在颗粒背水面产生涡，因而在颗粒前后产生压力差，造成形状阻力 F_2，假设沙粒为球状，则形状阻力作用点通过沙粒重心。F_1 和 F_2 合力称为拖曳力 F_D。上举力 F_L 和拖曳力 F_D 为驱使泥沙颗粒运动的驱动力。

另一方面，泥沙颗粒受重力 F_g 的作用，对于细颗粒还存在颗粒间的黏结力，这些力形成了阻碍泥沙颗粒运动的抵抗力。当床面泥沙颗粒在各种外力作用下失去平衡，泥沙便会开始运动。《公路工程水文勘测设计规范》与《铁路工程水文勘测设计规范》使用的起动流速计算公式为

$$v_0 = 0.0246\left(\frac{h_p}{\overline{d}}\right)^{0.14}\sqrt{332\overline{d} + \frac{10 + h_p}{\overline{d}^{0.72}}} \tag{3—4}$$

式中　v_0——泥沙的起动流速(m/s)；

h_p——一般冲刷发生后的水深(m)；

$\overline{d}$——泥沙的平均粒径(mm)，按式(3—3)计算。

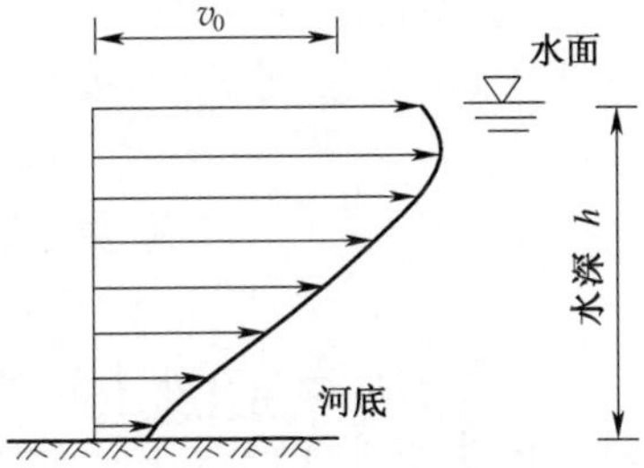

图 3—5　泥沙的起动流速

泥沙起动条件可采用起动流速 v_0 和起动床面切应力 τ 两种方式进行判别，我国计算桥梁基础冲刷时，一般采用起动流速作为判别床面泥沙是否运动的标准。在河流中，水的流速并非均匀的，而是沿着水深呈现曲线分布，越靠近河底流速越小，而在接近河面自由的位置达到最大，河面位置由于空气的摩擦阻力，流速反而有所减小，如图 3—5 所示。一般采用泥沙由静止变为运动时的垂线平均流速，即起动流速 v_0，来判断泥沙颗粒能否在水流下运动。

二、河床演变

水流推动泥沙运动,出现河床变形;变形后的河床又反作用于水流,引起水流结构变化。水流和河床永远处于相互作用、相互制约、不间断的变化过程中。在天然状况下或人类活动干扰后,河床形态逐渐变化,称为河床演变。

1. 河床演变的动力

在水流作用下泥沙发生运动,其输沙的不平衡性,构成了河床演变。上游来沙量大于河段水流挟沙能力,床面淤积;反之,上游来沙量小于河段水流挟沙能力,床面冲刷。

2. 河床演变的类型

河床演变可分为纵向变形和横向变形。

河床的纵向变形是指沿水流方向河底高程的变化。河流上、中、下游的发育成长性变形,使上游河床逐渐下切、下游河床逐渐淤高,就属于纵向变形。这种变形随洪水水量和河床质而变化。

另一种变形是横向变形,它包括河湾发展、河槽扩宽、塌岸、分汊、改道、裁湾等河床平面变化。当水流流经图 3—6 所示的河湾时,离心力使凹岸的水面高于凸岸的水面,这种静水压力差使水由河底流向凸岸,离心力又把上层水驱向凹岸,形成横向回旋流。它导致凹岸冲刷,凸岸淤积,引起河床横向变形。

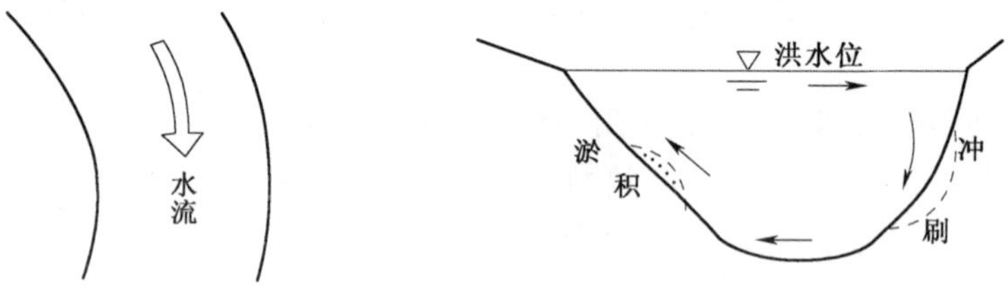

图 3—6 河湾螺旋流引起横向变形

3. 影响河床演变的因素

影响河床演变的因素很多,但主要有三个方面。首先是流域的产沙条件,例如黄河流域产沙量大,黄河水的含沙量高,下游河道淤积十分严重。其次是流量大小,流量大,水流挟沙量大,流量变化大,河床变形就剧烈。再者就是河床质和河床的比降,土质坚实,变形缓慢,河床比降大,水流急,冲刷快,变形大。

第三节 造床流量与河相关系

河床的形态是在水力和泥沙因素不断变化的条件下,长期连续作用而形成的。为了便于对河床演变进行研究,用一个与多年流量过程的综合造床作用相当的流量作为代表流量,称为造床流量。造床流量是一个客观存在但很难找到的流量。实际工作中,常采用与平滩水位相应的流量作为造床流量。一般是选取一个较长的河段作为依据,在某一流量下,若各断面的水位基本上与该河段的河滩齐平时,此流量即作为造床流量。此时的水流恰好充满河槽,对河槽形态的塑造作用最大,水位再升高,水流漫过河滩,造床作用反而会削弱。

在水流和泥沙长期的相互作用下,河床将形成与水力条件和泥沙条件相适应的一定几何形态，例如断面形状、河床比降等。这种河床的几何形态与水力、泥沙条件之间的关系称为河相关系。目前，根据观测资料，建立了河相关系的经验公式。在桥涵水文计算中，常用的河相关系式有下列两个。

一、断面宽深比 α

$$\alpha=\frac{\sqrt{B}}{\overline{H}} \tag{3—5}$$

式中 B——河槽宽度(m)；

$\overline{H}$——平滩水位时的平均水深(m)。

宽深比 α 的大小，在一定程度上可以反映河段的稳定性程度。α 值越大，河槽越宽浅，河床的稳定性就越差。稳定性河段的 α 为 2～5，次稳定性河段为 5～20，变迁性河段为5～30，游荡性河段为 15～40。《公路工程水文勘测设计规范》与《铁路工程水文勘测设计规范》的一般冲刷计算就应用了这一概念。

二、稳定河宽 B

根据俄罗斯中亚细亚冲积河流的资料，得到稳定河宽 B 与造床流量 Q 以及河床比降 i 的关系式，即

$$B=\xi\frac{Q^{0.5}}{i^{0.2}} \tag{3—6}$$

式中 ξ——稳定河宽系数，稳定沙质河段为 1.0～1.3，不稳定河段为 1.3～1.7。

复习思考题

3—1 怎样在地图上确定流域图形？

3—2 桥涵水文计算中为什么要将河床断面分为河滩、主槽？怎样确定河滩、主槽？

3—3 河床演变是如何形成的？影响河床演变的主要因素有哪些？

3—4 什么是河相关系？什么是造床流量？

第四章　水文观测与形态勘测

第一节　水 文 观 测

水文观测包括水位观测与流速测量，它们是获得第一手资料的重要手段。

一、水位观测

水位是河流最基本的水文因素，水位观测是水文检测中一项最基本且非常重要的项目。如果发生错误，会影响其他水文要素的结果。为了确定桥孔的流量与水位，可以在桥位处设立水尺观测水位。水位通常根据水面切于水尺上的读数来观测。水尺的形式和水准尺相类似，固定在木桩上。一些重要的河流都设有水位观测站，有些既有桥梁的水尺甚至就设在桥墩上，如图 4—1 所示。

用水尺观测水位，在水位平稳时，每日 8 时观测一次；水面变化缓慢时，每日 8 时、20 时观测两次；日间或夜间有缓慢的涨落时，每日 2 时、8 时、14 时、20 时观测四次水尺。读数的间隔时间随着水位变化的增加而加密，以测得完整的水位变化过程。如洪水期间，观测次数要求增多，例如每小时、每半小时、每若干分钟观测一次，以能测得各次峰谷和完整的水位变化过程为原则。

日平均水位计算分为算术平均法和面积包围法两种。当一日内水位平稳、或虽有变化，但观测时距相等，则可将各次观测值相加，除以观测次数，即为日平均水位。当一日内水位变化较大，而且观测时距不等，应用面积包围法计算，即将本日由 0 时至 24 时水位过程线所包围的面积，除以一日总时间而求得，如图 4—2 所示。

图 4—1　水尺设在桥墩上

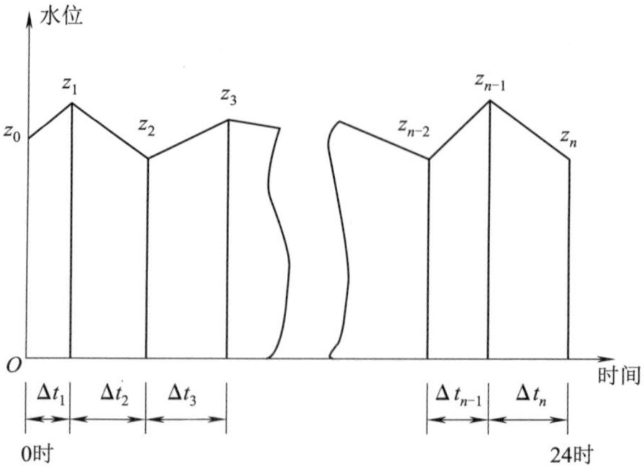

图 4—2　面积包围法计算日平均水位示意

根据水位观测成果，以观测日期为横坐标，以每日平均水位为纵坐标，绘制水位变化曲线。

根据多年水位观测资料，可以研究该河流各次洪水的变化规律。

此外，还要设立比降水尺，观测两个测流断面之间的水面落差，用以计算两断面之间的比降。

水文测流断面和水尺布置如图 4—3 所示。在水文站上常采用自动记录水位计，自动连续记录水位变化曲线。

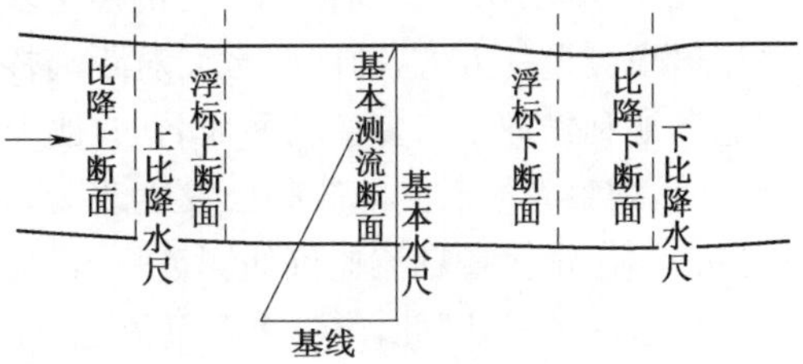

图 4—3 水文站测流断面和水尺布置

二、流速测量

为了比较精确地测得河流在不同水位时的流量，需进行流速测量。

河流断面上各点的流速并不一致，因受河岸摩擦力的影响，岸边水流的流速较之河道中间的流速为小；因受河床摩擦力的影响，河底的流速较之河流表面的流速为小。水流断面的最大流速一般是在最大水深处的水面附近，图 4—4 为通畅河流的等流速线断面分布图。

图 4—5 为垂线流速分布图，靠近河底处因河床摩擦力的影响，流速最小，向上逐渐增加，但水面因受空气的阻力，流速并非最大。实验证明：最大流速是在水面下 $0.2h$ 处（h 为水深）；$0.6h$ 处的流速约等于该垂线上的平均流速。

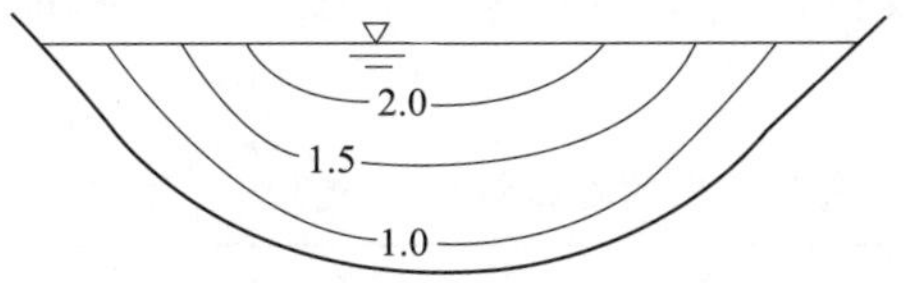

图 4—4 等流速线断面分布

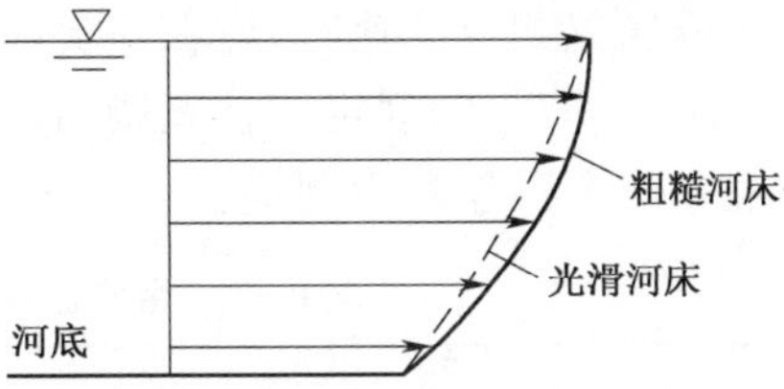

图 4—5 垂线流速分布

测量流速常用的方法有浮标法与流速仪法两种。

用浮标测量流速时，可在河段上选 AA'、BB'、CC' 三个断面，如图 4—6 所示。在基线点 D 上安置经纬仪或平板仪，观测浮标经过各断面线时的位置（即 S 值）。在三个断面的两端点上各竖立标杆，由该断面的观测员记录浮标经过该断面的时间。载浮标的小船在断面 AA' 上游 20 m 处，由一岸向对岸行驶，每隔一定距离放出不同颜色的浮标。在每次放浮标时，鸣声举旗，使岸上的观测员注意。浮标经过各个断面时，观测员记录时间及浮标颜色，仪器观测者绘出浮标的位置。据此就可计算出流速。

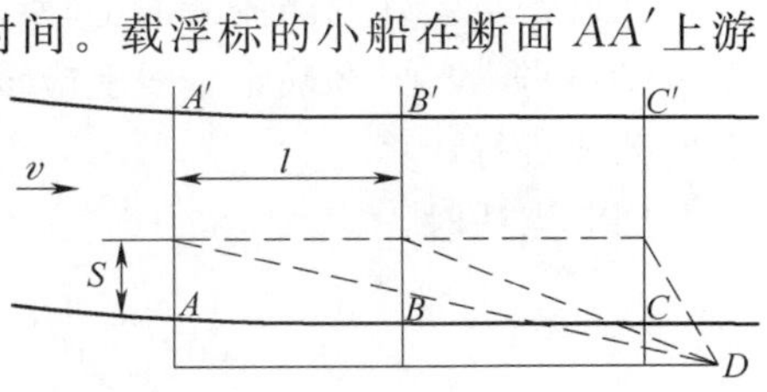

图 4—6 用浮标测量流速

用浮标测得的是水面流速，该流速较之平均流速为大。水面流速乘以 0.8～0.9 的系数后，即为平均流速，可视风向、风力的影响而定。

采用流速仪测定流速，可以得到的更精确的数据，并能测得水面下任何距离处的流速。流速仪的种类较多，图 4—7 所示的直读式流速仪是一种可以精确测量水流速度的仪器，由一个涡轮位移传感器和一根有水深刻度的可伸缩直杆组成，顶端带有数字显示功能。该仪器可给出水流的平均速度，广泛应用于各种水流的测速工作。仪器利用涡轮传感器实现精确的速度测定。水流带动涡轮沿摩擦很小的轴转动，旁边的磁性金属在涡轮转动时会产生电信号脉冲，通过转换装置可以将转速转换成水流速度在手柄屏幕上显示出来。

图 4—8 所示为目前使用广泛的声学多普勒点式流速仪,简称 ADV,是运用多普勒声学的原理,采用遥距测量的方式,利用超声波对距离探头一定距离的采样点进行测量。所谓多普勒效应是为纪念奥地利物理学家多普勒而命名的,他于 1842 年首先提出了这一理论,即当波源和观察者有相对运动时,观察者接收到的波频已发生改变,声波频率在声源移向观察者时变高,在声源远离观察者时变低。声学多普勒流速仪的测量是由传感器探头发射超声波,遇到控制体后反射,并由接受探头接受反射的信号,因此,声学多普勒流速仪测量实际是控制体与发射探头的相对运动速度。

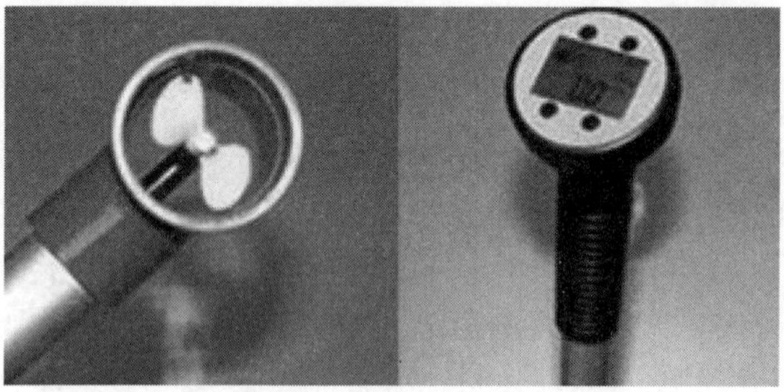

图 4—7 直读式流速仪

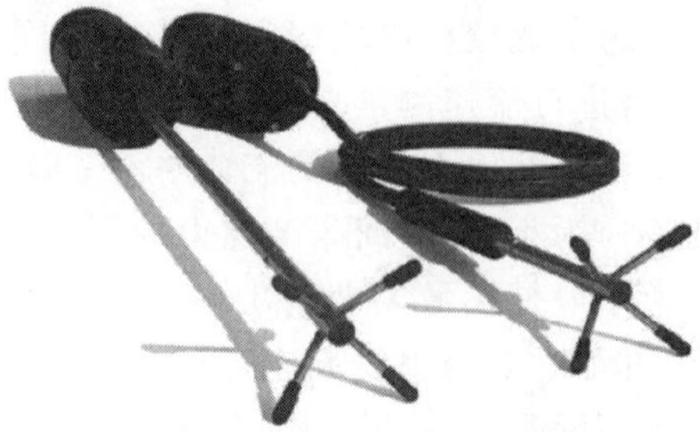

图 4—8 声学多普勒点式流速仪 ADV

采用流速仪测定流速时,应在河流断面上布置若干条施测垂线。主槽范围内的垂线数目一般不少于表 4—1 的规定。在宽阔河滩上垂线数目每公里不宜少于 5 个。一个断面上所有垂线均应在一个工作日内测毕。

表 4—1 用流速仪测流速时主槽范围内的垂线数目

主槽宽度/m	主槽内最少垂线数/条	主槽宽度/m	主槽内最少垂线数/条
100 以内	5	600～1 000	11
100～300	7	1 000 以上	14(但不少于每 200 m 一条)
300～600	9		

在已经布置好的测流断面上,乘小船自一岸向对岸前进,每到一条拟测的垂线处,先测水深,然后根据表 4—2 确定垂线上应该施测的流速点数与位置。每条垂线上的平均流速,按下面的公式进行计算:

用 5 点法时:

$$\overline{v}_m=\frac{1}{10}(v_{0.0}+3v_{0.2}+3v_{0.6}+2v_{0.8}+v_{1.0}) \tag{4—1a}$$

用 3 点法时:

$$\overline{v}_m=\frac{1}{3}(v_{0.2}+v_{0.6}+v_{0.8}) \tag{4—1b}$$

用 2 点法时:

$$\overline{v}_m=\frac{1}{2}(v_{0.2}+v_{0.8}) \tag{4—1c}$$

用 1 点法时:

$$\overline{v}_m=v_{0.6} \tag{4—1d}$$

式中 $\overline{v}_m$——垂线平均流速(m/s)；

$v_{0.0}$，$v_{1.0}$——水面及河底测点实测流速(m/s)；

$v_{0.2}$，$v_{0.6}$，$v_{0.8}$——0.2 倍、0.6 倍、0.8 倍垂线水深处测点实测流速(m/s)，水深均由水面垂直向下计算。

表 4—2 垂线上测速点数与位置

垂线上的水深 h/m	垂线上的施测的点数	各测点的位置(从水面算起的深度)
>10	5	水面，$0.2h$，$0.6h$，$0.8h$，$h-\Delta$
3～10	3	$0.2h$，$0.6h$，$0.8h$
1.5～3	2	$0.2h$，$0.8h$
<1.5	1	$0.6h$

注：Δ 为流速仪净空，视流速仪尺寸而定。

可以使用无人船调查系统作水文勘测，它搭载有单波束测深仪和多波束测深仪、ADVP 声学多普勒流速剖面仪，使得水文测量更简单、更精确。

三、流量计算

河流流量为过水断面面积与断面平均流速的乘积。过水断面内的流速分布是不均匀的，而上述流速测量的方法，只能测得某点的流速或水面流速，不能直接得到断面平均流速，也不能直接利用实测流速计算断面平均流速。因此，流量的计算需采用间接的分块计算方法：以流速测量垂线为界，将过水面积划分成许多较小的面积(称为部分面积)，各部分面积的平均流速等于相邻垂线平均流速的算术平均值，先计算各个部分面积的流量，再把各个部分面积的流量总和作为全断面的流量。

用流速仪测流速可按下列步骤计算流量：

(1)计算各个部分面积的断面平均流速 v_i(称为部分平均流速)。岸边或死水边的部分平均流速，等于自岸边或死水边起第一条测速垂线的垂线平均流速乘以系数 α，死水边取系数 $\alpha=0.6$，斜坡岸边取系数 $\alpha=0.7$，陡岸边取 $\alpha=0.8$(不平整的)或 0.9(光滑的)。断面中间的部分平均流速，等于相邻两垂线平均流速的算术平均值。

(2)计算各个部分面积的流量 Q_i(称为部分流量)。部分流量等于部分面积 ω_i 与部分平均流速 v_i 的乘积：

$$Q_i=\omega_i v_i \tag{4—2}$$

(3)计算全断面的流量 Q：

$$Q=\sum_{i=1}^{n}Q_i \tag{4—3}$$

则全断面的过水面积 ω 和断面平均流速 v 应为

$$\omega=\sum_{i=1}^{n}\omega_i \tag{4—4}$$

$$v=\frac{Q}{\omega} \tag{4—5}$$

水面浮标测出的流速为水面流速，不是断面平均流速，计算流量应采用系数 K_f 进行修正。

$$Q=K_f Q_f \tag{4—6}$$

式中 Q——全断面实际流量(m^3/s)；

Q_f——全断面按浮标测流速所得流量(m^3/s);

K_f——浮标系数,一般水深较大的河为 0.85～0.9,小河为 0.75～0.85。

四、水位流量关系曲线

河流中的水流量随水位而变化,表明水位和流量有密切的关系。在断面形状、河床粗糙度和水面比降不变的条件下,过水面积 ω 和平均流速 v 都是水位 H 的函数,即 $\omega=f_1(H)$,$v=f_2(H)$,而流量 $Q=\omega v$,所以流量也是水位的函数,即 $Q=f(H)$。以水位为纵坐标,流量为横坐标,将相应的水位和流量点绘在坐标纸上,通过点群中心的曲线即为水位流量关系曲线。为了相互校核,可将 $Q=f(H)$、$\omega=f_1(H)$、$v=f_2(H)$三条曲线绘在同一张坐标纸上,如图 4—9所示。同一水位时,图中流量应等于对应过水面积和对应流速的乘积。

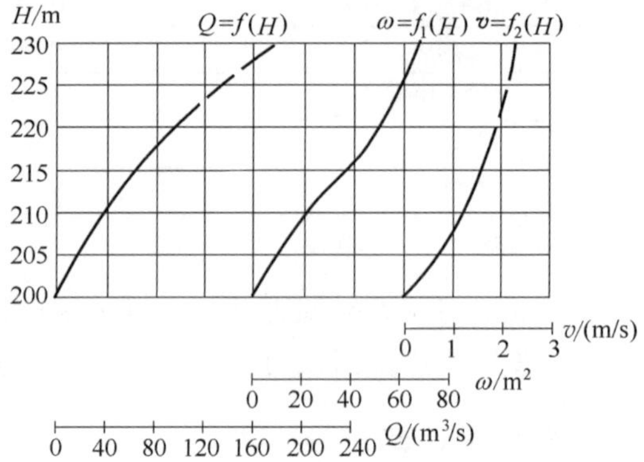

图 4—9　水位与流量、过水面积、流速关系曲线

水文测流断面的这些曲线,一般都根据流速仪测流资料点绘,浮标测流资料可作参考。

天然河流中水位与流量的关系受很多因素影响,并非稳定的单一曲线关系,因而水位和流量的实测点一般比较散乱,必须对各种影响因素进行分析,对水位加以修正,才能建立稳定良好的水位与流量关系曲线。

为了推求实测范围以外的水位与流量关系,往往需将实测的水位流量关系曲线加以延长,一般可借助水位面积关系曲线和水位流速关系曲线来延长。$\omega=f_1(H)$曲线可根据实测断面计算的过水面积进行延长,$v=f_2(H)$曲线可根据已知的粗糙系数 n 和水面比降 i 以谢才—曼宁公式(见形态勘测部分)计算的流速值进行延长,然后利用$Q=\omega v$ 的关系,就可以将原有的 $Q=f(H)$曲线加以延长,如图 4—9 中的虚线所示。

水位与流量关系曲线能反映天然河流中水位与流量的变化规律,可作为水文分析的依据。对于一个特定的河流横断面,可以利用水位与流量关系曲线推求某一水位相应的流量或某一流量相应的水位。在桥梁水文工作中,有较大用处。

【算例 4—1】 某河床断面如图 4—10 所示,各测点坐标见表 4—3,当水位标高为98.00 m 时,测得各分块面积与流速见表 4—4。试求此时的过水面积 ω、流速 v 与流量 Q。

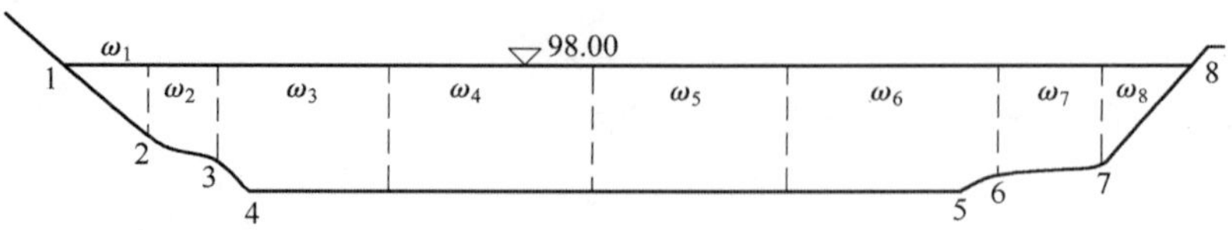

图 4—10　某河床断面(单位:m)

表 4—3　某河床断面坐标

点　号	1	2	3	4	5	6	7	8
距起点距离/m	0.0	9.93	14.42	16.10	60.99	64.64	71.65	78.38
标高/m	101.98	93.39	92.23	90.33	90.19	91.94	92.52	100.67

表 4—4　各分块面积与流速

测流速分区序号	ω_1	ω_2	ω_3	ω_4	ω_5	ω_6	ω_7	ω_8
面积 ω_i/m^2	11.52	23.30	90.11	97.50	97.0	104.1	40.45	13.70
平均流速 v_i/(m/s)	0.94	1.10	1.33	1.32	1.33	1.34	1.10	0.90

【解】 过水面积：　$\omega=\sum\omega_i=477.68(m^2)$

流量：　$Q=\sum\omega_i v_i=610.33(m^3/s)$

平均流速：　$v=\dfrac{Q}{\omega}=1.278(m/s)$

第二节　形态勘测

一、形态勘测的目的

桥涵水文计算中，常用形态勘测法确定历史上某次洪水的流量、水位等水文资料。桥位往往离水文站较远，不能直接使用水文站的资料，常通过桥址处河床断面进行勘测，利用经验公式计算得到历史上某次洪水的水文资料，在与同次洪水的水文站观测资料建立相应联系后，达到利用水文站观测资料来确定桥位处设计流量、相应流速和相应水位的目的。

二、稳定均匀流河段的流量

1. 稳定均匀流河段流量计算的依据

可以认为大多数桥梁位于稳定均匀流河段。可以利用水力学中的谢才—曼宁公式确定它们的历史洪水流量，谢才—曼宁公式为

$$v=\frac{1}{n}R^{2/3}I^{1/2} \tag{4—7}$$

式中　v——过水断面的平均流速(m/s)；

n——粗糙系数，又称为糙率；

I——水力坡度，即水流纵向坡度；

R——水力半径(m)，$R=\omega/\chi$，(其中χ 为湿周，即过水断面中水流与周界接触的周长)。当河槽宽度与平均水深之比大于 10 时，可用平均水深替代。

根据水力学中流量的定义，有

$$Q=v\omega \tag{4—8}$$

式中　Q——计算断面的流量(m^3/s)；

ω——计算断面的过水断面面积(m^2)。

将式(4—7)代入式(4—8)，得到利用形态勘测资料求某次洪水流量的计算公式为

$$Q=\frac{1}{n}R^{2/3}I^{1/2}\omega \tag{4—9}$$

当计算断面可明显地分成左滩、主槽、右滩时，由于各部分的参数差别较大，应分别对待。全断面流量为各部分流量之和，即

$$Q=Q_1+Q_2+Q_3=\sum_{i=1}^{3}\frac{1}{n_i}R_i^{2/3}I^{1/2}\omega_i \tag{4—10}$$

式中　n_i——断面的第 i 个部分(左滩、主槽、右滩)的糙率；

R_i——断面的第 i 个部分(左滩、主槽、右滩)水力半径(m);

ω_i——断面的第 i 个部分(左滩、主槽、右滩)断面面积(m^2);

I——水力坡度,认为断面各部分的水力坡度相同。

谢才—曼宁公式是由水力学试验中得出的,它适合计算明渠中的均匀稳定流。在利用式(4—10)计算河流断面流量时,形态断面应尽可能接近均匀稳定流的条件。

2. 对形态断面(《公路工程水文勘测设计规范》中称为水文断面)的要求

计算流量所依据的断面称为形态断面,通常用一个主要断面,用以推算流量,另一个为辅助断面,用以核对计算结果。利用水力学中的谢才—曼宁公式确定某次历史洪水流量,形态断面应尽量接近明渠均匀流的条件,选择形态断面时应注意以下几点:

(1)形态断面(水文断面)宜选在洪痕分布较多、河岸稳定、冲淤不大、泛滥宽度较小、无死水和回流、断面比较规则的顺直河段上,宜与流向垂直。

(2)形态断面(水文断面)应在桥位上、下游各测绘一个,之间没有较大的支流汇入;对河面不宽的中桥,可只测绘一个;当桥位断面符合形态断面条件时,可以当作形态断面。

(3)测绘范围:平原宽滩河流测至历史最高洪水泛滥线以外 50 m;山区河流测至历史最高洪水位以上 2~5 m。

(4)绘制内容:应标出河床地面线、滩槽分界线、植被和地质情况、糙率、测时水位、施测时间、历史洪水位及发生年份、其他特征水位等。滩槽分界线应在现场确定。

3. 河段比降测绘要求

(1)测绘范围。不小于水文断面下游 1 倍河宽,水文断面上游 2 倍河宽。

(2)测绘内容。河床比降线、测时水面比降线、历次洪水比降线、水文断面及桥位断面位置。

4. 调查历史洪水发生的年份和历史洪水水位

调查历史洪水年份的目的是确定这次洪水的经验频率。可以请当地老居民结合历史上的大事件(如战争、天灾、婚丧等)进行回忆。

历史洪水可能会留下痕迹,可以找见证人进行指认。在既有桥梁的墩台上或河岸的地物(大树、岩石等)上,可以找到历史洪水留下的水位痕迹,如图 4—11 所示。辨认地形地物上的形态特征,也可以判断出历史洪水的痕迹。岩石上上黄下白或黑白分明的分界线、岩缝里或树洞中洪水留下的泥沙、已有建筑的变色线及遗留物等都可以作为历史洪水水位点的调查对象。

图 4—11　河岸上洪水留下的痕迹

我国是历史悠久的文明古国，一些历史资料，如地方志、石刻碑文，甚至宫廷奏章等都可以找到历史洪水资料。另外，沿河的水文站也能提供宝贵资料。

历史洪水发生的年份和水位是确定该次洪水周期和流量的重要依据，必须深入现场多方取证，认真测量历史洪水水位点的平面位置和高程，确保资料的可靠性。

5. 确定糙率系数

糙率系数 $1/n$ 与糙率 n 互为倒数。式(4—7)中的糙率 n 表征了河床的粗糙程度，即河床表面形态对水流的阻碍作用，其取值的大小直接影响到历史洪水流量的确定，必须在现场上根据实际情况予以确定。影响糙率系数的因素很多，包括植被、水深、洪水坡度、河床质、含沙量、宽深比等。为便于勘测中选定糙率系数，我国公路、铁路部门就西北、中南、华东、西南分地区整编了实测的河流洪水糙率系数表，可查阅有关的桥涵水文手册。表 4—5 和表 4—6 列出了《铁路工程水文勘测设计规范》(TB 10017)附录 D 的天然河道洪水糙率系数。表 4- 7列出了公路桥涵设计手册之《桥位设计》中人工河渠及排水沟糙率。

表 4—5　天然河道洪水糙率系数(河槽部分)

河段平面及水流状态	河床质的组成及起伏情况	岸壁及植被情况	$1/n$
河段顺直或下游略有扩散，断面宽敞、规则、水流流畅的河段	砂质或土质，河底平顺	平顺的土岸或人工堤防	55(45 ～65)
		略有坍塌的土岸或长稀疏杂草的平顺土岸	50(40 ～60)
	卵石、圆砾河床，河底较平顺	砂、圆砾河岸或平整的岩岸	45(36 ～54)
		不够平整的岩岸或生长中密灌丛的河岸	40(32 ～48)
	卵石、块石河床；生长水生植物的河床	不平顺的砂砾河岸；风化剥蚀的岩岸	35(28 ～42)
		不平顺的河岸或生长中密灌丛的河岸	30(24 ～36)
河段上、下游接弯道或下游有卡口、支流汇入等来水影响；复式断面河段；水流不够通畅的河段	砂、圆砾河床，边滩交错	有坍塌的土岸或砂砾河岸；风化岩岸	45(36 ～54)
		不平顺的岩岸或生长中密灌丛的河岸	40(32 ～48)
	卵石、圆砾河床，不够平顺；生长中密水生植物的河床	岩岸或不平顺的卵石、圆砾河岸	35(28 ～42)
		不平顺的岩岸或生长中密灌丛的河岸	30(24 ～36)
	卵石、块石、漂石河床，间有深坑、石梁或生长水生植物的河床	参差不齐的卵石、圆砾河岸或土岸；略有凹凸的岩岸	25(20～30)
		参差不齐的岩岸或灌木丛生的河岸	20(16 ～24)
山区峡谷河；急弯间的河段或弯曲河段；阻塞的复式断面河段水流曲折不畅、流向紊乱的河段	砂、圆砾河床，边滩，沙洲犬牙交错	人工堤防强制弯曲者	35(28 ～42)
		有矶石或丁坝挑流者	30(24 ～36)
	卵石、圆砾河床，起伏不平，或生长水生植物河床	参差不齐的卵石、圆砾河岸或生长中密灌丛的河岸	25(20 ～30)
		参差不齐的岩岸或灌木丛生的河岸	20(16 ～24)
	卵石、块石、大漂石河床，石梁、跌水、孤石交错，或水生植物稠密，阻水严重的河床	参差不齐的岩岸或灌木丛生的河岸	15(12 ～18)
		两岸时有岩嘴突出，很不平顺，形成强烈斜流、回水、死水的河岸	12(10～ 14)

表 4—6　河滩糙率系数

滩地植被情况	平面及水流状态	1/n
基本无植物或仅生稀疏草丛的河滩	平面顺直,纵向平坦,水流通畅,没有串流且滩宽不大者	25(20～30)
	下游有束水影响,水流不够通畅;水流虽通畅但河滩甚宽者(滩宽在槽宽的 3 倍以上)	20(15～25)
生长有中等密度植物或垦为耕地的河滩	下游无束水影响,河滩甚宽或有束水影响,滩宽较窄	15(12～18)
	平面不够顺直,下游有束水影响,河滩甚宽	10～13
生长有稠密灌木丛或草林木丛生,阻水严重的河滩		7～10

表 4—7　渠道糙率表

渠道特征			糙率 n 灌溉渠道	糙率 n 退水渠道
土质渠道	1. 输水流量大于 25 m^3/s 的渠道	(1)平整顺直、养护良好	0.020	0.022 5
		(2)平整顺直、养护一般	0.022 5	0.025
		(3)渠床多石、杂草丛生、养护较差	0.025	0.027 5
	2. 输水流量为 1～25 m^3/s 的渠道	(1)平整顺直、养护良好	0.022 5	0.025
		(2)平整顺直、养护一般	0.025	0.027 5
		(3)渠床多石、杂草丛生、养护较差	0.027 5	0.030
	3. 输水流量小于 1 m^3/s 的渠道		0.025	0.027 5
	4. 毛渠		0.030	
石质	5. 经过良好整修的表面		0.022 5	
	6. 经过中等整修,无凸出部分的表面		0.030	
	7. 经过中等整修,有凸出部分的表面		0.030～0.035	
	8. 未经整修,有凸出部分的表面		0.035～0.045	
有护面渠道	9. 抹光的水泥护面		0.012	
	10. 不抹光的水泥护面		0.014	
	11. 砌砖护面		0.013	
	12. 光滑的混凝土护面		0.015	
	13. 料石砌护		0.015	
	14. 粗糙的混凝土护面		0.017	
	15. 卵石铺砌		0.022 5	
	16. 浆砌块石护面		0.025 0	
	17. 干砌块石护面		0.033	
木渠道	18. 刨光木板		0.013	
	19. 未刨光木板		0.014	
	20. 钉有木条的木板		0.016	

6. 确定河槽与河滩

按式(4—10)计算复式河槽断面的流量时，将河槽与河滩分开计算，应在现场划分河槽与河滩。为此，需要综合上下游较长一段河道的水流趋势、地形地貌及河床变迁情况等来考虑。一般可以下列情况来判断(图 3—1)：

(1)一般常年有水或普通洪水即淹没的部分是河槽。河滩只在高水位时才淹没。

(2)河床横断面地面线有突变处常是河滩与河槽的分界点。

(3)一般卵石外露的部分是河槽，细砂覆盖、长有杂草或灌木丛等植物、水流缓慢部分为河滩。

(4)洪水期间河床表面有泥沙移动的部分为河槽，无泥沙移动的部分为河滩。这一点是河槽与河滩的本质区别。

7. 流量计算

(1)确定水力半径

计算形态断面流量涉及水力半径 R。取平均水深 $\overline{h}=\omega/B$(ω 为过水断面面积，B 为水面宽度)，对于 $B/\overline{h}>10$ 的形态断面，可取 $R=\overline{h}$。否则按 $R=\omega/\chi$ 计算。

可以测量过水断面面积 ω 和湿周χ，也可以梯形公式计算这两项指标。如图 4—12 所示，图中 H_{T} 为平滩水位高程，L_i 为测量起点到 i 点的水平距离，y_i 为 i 点的高程。主槽左滩交点序号为 n_z，主槽右滩交点序号为 n_y，则平滩水位时湿周χ 和过水断面面积 ω 为

$$\chi=\sum_{i=n_z}^{n_y-1}\sqrt{(L_{i+1}-L_i)^2+[(H_{\mathrm{T}}-y_i)-(H_{\mathrm{T}}-y_{i+1})]^2}$$

$$\omega=\sum_{i=n_z}^{n_y-1}[(H_{\mathrm{T}}-y_i)+(H_{\mathrm{T}}-y_{i+1})]\times(L_{i+1}-L_i)/2$$

(2)确定水力坡度

水力坡度又称水面比降。由于天然河槽的洪水不完全符合均匀流的条件，其水面比降随水位而变化，每次洪水的比降可能各不相同。依靠形态勘测资料计算流量时，应采用断面处的洪水比降。具体做法是先将勘测到的历史洪水水位点绘于桥位平面图上，并把它们投影到河流的中泓线上。再按各个洪水位点的高程 H_i 和它沿中泓线上的距离 L_i，点绘于河床纵断面图上，如图 4—13 所示，然后利用同次历史洪水各水位点的连线，按式(3—1)计算其对应的洪水比降。

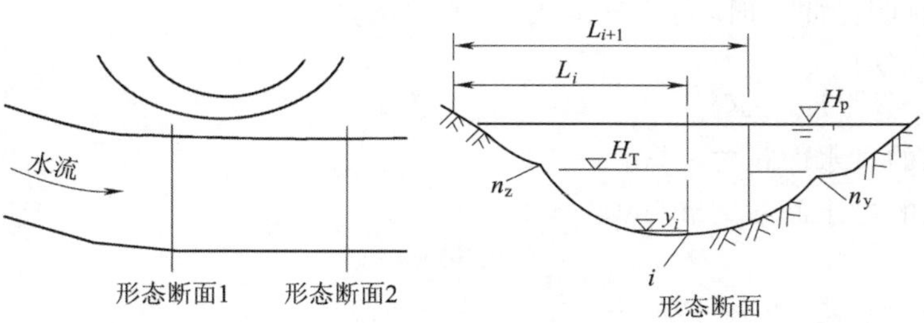

图 4—12 桥位平面示意

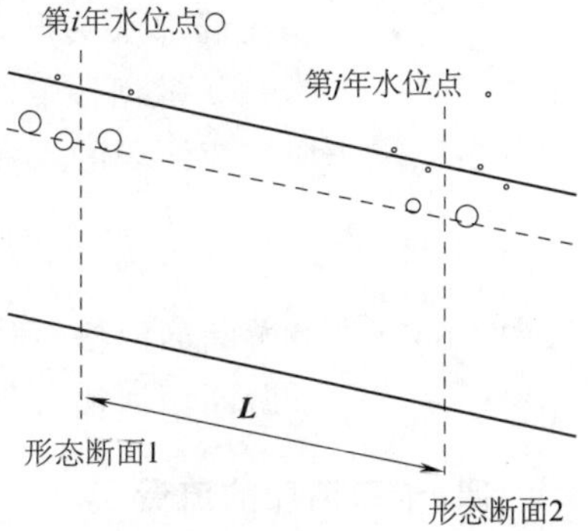

图 4—13 河床纵断面示意

确定洪水比降时,应采用历史洪水位点的走向线,而不能只依靠断面上下游两点作出判断。还可以用常水位线和河底线作参考。甚至在顺直河段上,若缺少洪水比降资料,可以用河底比降代替洪水比降。

三、恒定非均匀流河段的流量

当调查的历史洪水位处于河床断面形状和面积相差较大的恒定非均匀流河段时(例如河段为扩散河段或收缩河段),可按下列公式计算历史流量:

$$Q=\overline{K}\sqrt{\frac{\Delta H}{l-\left(\frac{1\pm\xi}{2g}\right)\left(\frac{\overline{K}^2}{\omega_1^2}-\frac{\overline{K}^2}{\omega_2^2}\right)}} \tag{4—11}$$

$$\Delta H=H_1-H_2 \tag{4—12}$$

$$\overline{K}=\frac{1}{2}(K_1+K_2) \tag{4—13}$$

$$K_1=\frac{1}{n_{c1}}\omega_{c1}R_{c1}^{\frac{2}{3}}+\frac{1}{n_{t1}}\omega_{t1}R_{t1}^{\frac{2}{3}} \tag{4—14}$$

$$K_2=\frac{1}{n_{c2}}\omega_{c2}R_{c2}^{\frac{2}{3}}+\frac{1}{n_{t2}}\omega_{t2}R_{t2}^{\frac{2}{3}} \tag{4—15}$$

式中 H_1,H_2——上、下游断面的水位(m);

ΔH——上、下游断面的水位差(m);

l——上、下游断面间的距离(m);

ω_1,ω_2——上、下游断面的总过水面积(m^2);

ω_{c1},ω_{t1}——上游断面河槽、河滩的过水面积(m^2);

ω_{c2},ω_{t2}——下游断面河槽、河滩的过水面积(m^2);

R_{c1},R_{t1}——上游断面河槽、河滩的水力半径(m);

R_{c2},R_{t2}——下游断面河槽、河滩的水力半径(m);

n_{c1},n_{t1}——上游断面河槽、河滩的糙率;

n_{c2},n_{t2}——下游断面河槽、河滩的糙率;

K_1,K_2——上、下游断面的输水系数(m^3/s);

$\overline{K}$——上、下游断面输水系数的平均值(m^3/s);

g——重力加速度,取 9.8 m/s^2;

ξ——局部水头损失系数,收缩河段取 0~0.1;逐渐扩散河段取 0.3~0.5;突然扩散河段取 0.5~1.0。式中收缩河段用 $1+\xi$,扩散河段用 $1-\xi$。

当稳定非均匀流河段的水面有明显曲折时,其流量按式(4—16)试算。

$$H_1=H_2+\frac{Q^2}{2}\left[\left(\frac{1}{K_1^2}+\frac{1}{K_2^2}\right)l-\frac{(1-\xi)}{g}\left(\frac{1}{\omega_1^2}-\frac{1}{\omega_2^2}\right)\right] \tag{4—16}$$

式中 ω_1——上游断面河槽、河滩的过水面积之和(m^2);

ω_2——下游断面河槽、河滩的过水面积之和(m^2)。

四、卡口河段的流量

当历史水位位于卡口河段,当断面束窄形成卡口,可根据卡口上、下游水位按式(4—17)计算流量：

$$Q=\omega_2\sqrt{\frac{2g(H_1-H_2)}{\left(1-\frac{\omega_2^2}{\omega_1^2}\right)+\frac{2gl\omega_2^2}{K_1K_2}}} \tag{4—17}$$

式中　H_1,ω_1——卡口上游断面的水位(m)、过水断面面积(m^2)；

H_2,ω_2——卡口下游断面的水位(m)、过水断面面积(m^2)；

K_1,K_2——卡口上、下游断面的输水系数(m^3/s)。

【算例 4—2】　某桥梁跨越一条平原河流，桥位河段基本顺直，上游有河湾，河床平坦，两岸较为整齐，无坍塌现象。河槽土质为砂砾，河岸生长灌木，河槽表层为砂和淤泥，水生植物阻水严重。实测桥位处河流横断面如图 4—14 所示，可作为均匀稳定流的形态断面进行流量计算。经调查确定了河槽与河滩的分界点为点 3 和点 6。选定糙率为：河槽 $n_c=1/20$，河滩 $n_t=1/12$。调查的历史洪水位为 98 m。洪水比降 $I=0.000\,4$，试求其相应的历史洪水流量。

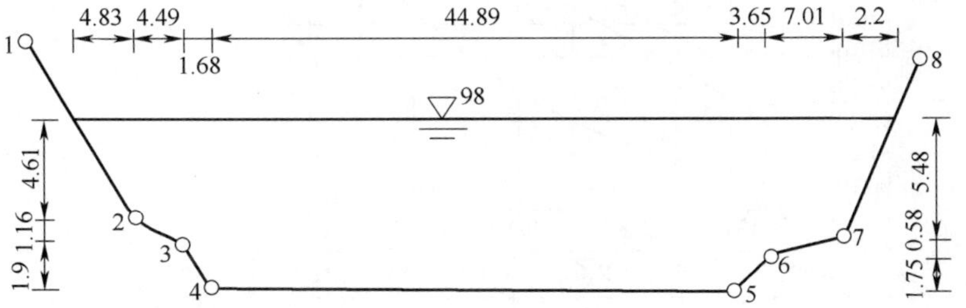

图 4—14　河床断面计算图(单位：m)

【解】

(1)左河滩部分

湿周：　$\chi=\sqrt{4.83^2+4.61^2}+\sqrt{4.49^2+1.16^2}=11.31(m)$

面积：　$\omega=4.83\times4.61/2+(4.61+4.61+1.16)\times4.49/2=34.44(m^2)$

水力半径：　$R=\omega/\chi=3.045\,1(m)$，　$R^{2/3}=2.101\,0(m)$

根据式(4—9)得流量：

$$Q=12\times2.101\times0.02\times34.44=17.37(m^3/s)$$

(2)河槽部分

湿周：　$\chi=\sqrt{1.68^2+1.9^2}+44.89+\sqrt{3.65^2+1.75^2}=51.47(m)$

面积：　$\omega=(5.77+7.67)\times1.68/2+(7.67+7.81)\times44.89/2+(7.81+6.06)\times3.65/2=384.05(m^2)$

水力半径：　$R=\omega/\chi=384.05/51.47=7.461\,6(m)$，　$R^{2/3}=3.818\,7(m)$

流量：　$Q=20\times3.818\,7\times0.02\times384.05=586.63(m^3/s)$

(3)右河滩部分

湿周：　$\chi=\sqrt{7.01^2+0.58^2}+\sqrt{2.2^2+5.48^2}=12.94(m)$

面积：　$\omega=(6.06+5.48)\times7.01/2+2.2\times5.48/2=46.48(m^2)$

水力半径：　$R=46.48/12.94=3.59206(m)$，　$R^{2/3}=2.3455(m)$

流量：　$Q=12\times2.3455\times0.02\times46.48=26.16(m^3/s)$

(4)全断面部分

总流量：

$$Q=17.37+586.63+26.16=630.16(m^3/s)$$

过水面积：

$$\omega=34.33+384.05+46.48=464.86(m^2)$$

平均流速：

$$v=630.16/464.86=1.3556(m/s)$$

此断面的水位关系曲线如图4—15所示。

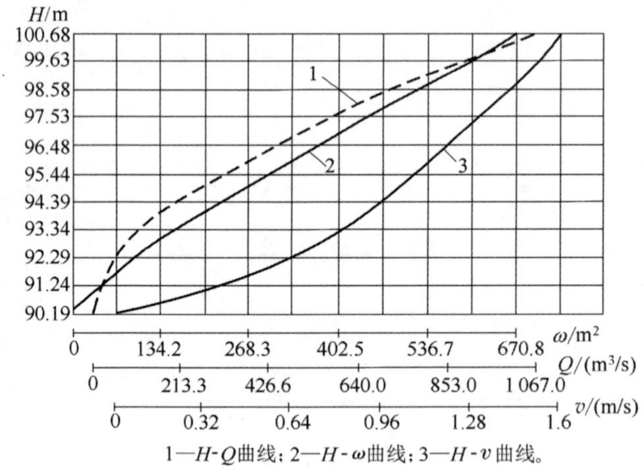

图4—15　断面的水位关系曲线

复习思考题

4—1　某桥形态断面如图4—16所示，位于上游120 m处，测得断面见表4—8，桥前水面坡度为0.0029835；一般河流，河岸有灌木，水中有水草，水流受阻严重。主河槽河底为粒径100 mm的圆砾石。测线流速见表4—9。试求水位标高为31 m时通过的流量Q、流速v、过水断面面积ω，并标到图4—17上。

表4—8　复习思考题4—1断面测点

距起点(m)	0.1	6.5	8.75	14.42	21.63	23.93	30.92	33.96
标高(m)	31.84	31.04	28.48	27.3	27.3	28.48	28.99	31.04
			左滩点			右滩点		

表4—9　测线流速

编　号	1	2	3	4	5	6	7
测线流速/(m/s)	0.7	2.0,1.6	2.5,2.3,2.0	2.5,2.3,2.0	2.4,2.3	1.8	1.78

4—2　(接复习思考题 4—1)若取形态断面河滩糙率系数为 12,利用谢才—曼宁公式反算主槽糙率系数。

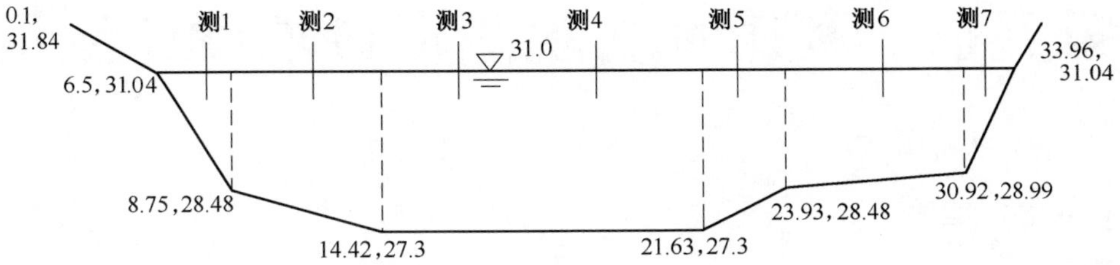

图 4—16　形态断面及测速线位置

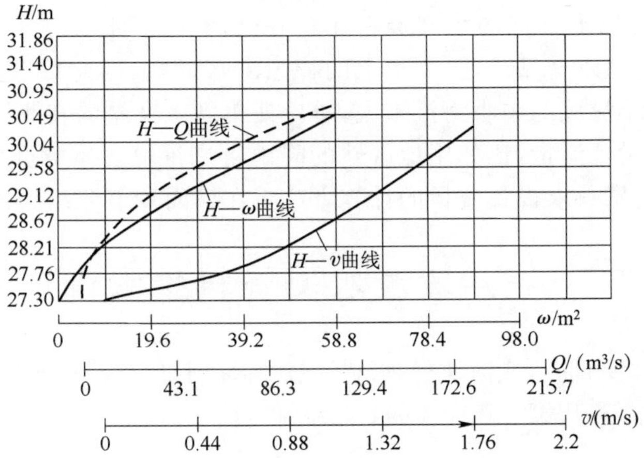

图 4—17　形态断面水位关系曲线

4—3　水文观测包括哪些项目？简述常用的测量手段。

4—4　用流速仪测流速时,为什么要以点控制线和以线控制面？如何控制？

4—5　形态勘测时对形态断面的要求是什么？

4—6　介绍一般河流的垂线流速分布特征。

第五章　利用水文观测资料求设计流量

引　　言

设计流量是桥涵水文检算的重要参数。求设计流量的方法较多，常用的是利用水文观测资料或雨量资料求设计流量。由于桥梁和涵洞所在地区、河流情况不同，搜集到的水文资料也不同。一般来说，中等以上河流的水文资料比较齐全，有附近水文站历年来最大洪水流量资料，甚至可以调查到建造水文站之前，历史上的特大洪水资料，因此可以利用流量观测资料推求设计流量。而对于小流域的中小河流来说，难以搜集到水文站的实测洪水资料，那么就需要通过其他方法来推算设计流量，比如用地区性的降雨量来推算。本章介绍利用水文观测资料求设计流量，利用雨量资料求设计流量的计算方法将在后面章节介绍。

第一节　利用流量观测资料推求设计流量

桥梁工作者通过水文调查，或向铁路、水利、城建等部门寻求资料，搜集多年的年最大洪水流量观测的系列资料，然后运用第一章介绍的数学统计方法，可以推求得到桥梁的设计洪水流量。

一、经验频率曲线

在水文计算中，若每年取一个最大的洪峰流量 Q_m，满足概率统计理论中随机变量的定义，则 Q_m 是一个随机变量。

按照统计理论中介绍的方法，可以把各年的年最大洪峰流量 Q_m 作为样本。这些样本可以在建立了桥位处流量与最近水文站相应流量的关系后获得；也可以利用桥位处的观测资料求得。它们中的某个样本值也可以是形态勘测的结果。

在这里有两点需要强调：

(1)应将样本点(Q_m，p_m)点绘在海森机率格纸上，而不是点绘在普通的直角坐标纸上。年最大洪峰流量的样本点点绘在海森机率格纸上，虽然不可能得到一条直线，但可以得到一系列走向接近直线的离散点(参见算例 5—1 的图 5—1)。

(2)每年取一个最大的洪峰流量，而不是每月取一个最大的洪峰流量。随机变量样本之间应当相互独立。试设想某年 5 月 30 日发生了当月最大的流量 Q_5，到同年 6 月 2 日还没有退完时洪水又开始上涨，到 6 月 3 日达到 Q_6。如果取 Q_5、Q_6 作为样本，则 Q_5、Q_6 不满足相互独立的条件，因为它们是一场洪水的两个峰值。若取年最大洪峰流量 Q_m 作为样本就没有这个问题。

二、理论频率曲线

因为设计流量往往是小频率的相应值，需要对经验频率曲线外延才能得到。即使在海森机率格纸上，经验频率曲线也只是接近直线的一条曲线，外延的任意性较大，这是经验频率曲线最大的局限性。

为了解决经验频率曲线存在外延任意性大的问题，在水文统计中常用比较合乎水文规律的概率密度函数 $f(x)$来描述这种规律，借以求解累积频率曲线 $p(x)$，以便使计算方法规范化。由此所得的 $p(x)$简称为理论频率曲线。

我国通常采用皮尔逊(K. Pearson)Ⅲ型曲线，即式(1—15)作理论频率曲线。

三、适线法确定的理论频率曲线

式(1—15)涉及的统计参数 $\overline{Q}$、C_v 可直接按式(1—4)、式(1—5)计算。

用样本代替总体会带来误差，按样本计算得出的 C_v有误差。若使用式(1—6)计算 C_s，涉及 C_v 的 3 次方，放大了误差。在样本总数 n 小于 100 的情况下，通常不直接使用式(1—6)计算 C_s，而用适线法确定 C_s 值。适线法的具体做法为以下三大步。

第一步：按式(1—4)计算 $\overline{Q}$；按式(1—5)计算 C_v。

第二步：假定若干个 C_s，通过查表 1—1 和式(1—15)，计算并绘制出若干组理论频率曲线。选定 C_s 时，应注意到 C_s 的取值范围

$$2C_v \leqslant C_s \leqslant \frac{2C_v}{1-K_{\min}} \qquad (5—1)$$

第三步：在这若干组理论频率曲线中，目估出与经验频率点吻合得最好的一条，该曲线就是用适线法确定的理论频率曲线。

在上述计算绘图过程中有三点值得注意。

首先，要把经验点群和理论频率曲线绘制在海森机率格纸的坐标纸上，因为流量 Q 服从皮尔逊Ⅲ型曲线，所以它的理论频率曲线在海森机率格纸上呈近似直线的形式，便于目估选定。

其次，因为设计流量取自于小频率区段，在适线中应特别强调小频率区段中理论频率曲线与经验点群的吻合程度，而对频率较大区段的吻合程度则可以适当放松。

第三，适线法最终目标是选取一条理论频率曲线，并使它与经验点群吻合，通常的手法是保留 $\overline{Q}$ 和 C_v 的计算值，而变动 C_s 的值。但有时也可以修改 $\overline{Q}$、C_v 之值，使之达到最佳效果。

【算例 5—1】 某桥有 28 年连续的年最大洪峰流量数据见表 5—1，试确定其理论频率曲线。

表 5—1　某桥的年最大洪峰流量

顺序号	按年份顺序排列		按大小排列	经验频率/% $p_m=\frac{m}{n+1}\times 100\%$
	年份/年	流量/(m^3/s)	流量/(m^3/s)	
1	1995	15	263	3.4
2	1996	24	255	6.9
3	1997	56	236	10.3
4	1998	14	173	13.8
5	1999	18	160	17.2
6	2000	1	151	20.7
7	2001	2	147	24.1
8	2002	147	137	27.6

续上表

顺序号	按年份顺序排列		按大小排列	经验频率/%
	年份/年	流量/(m^3/s)	流量/(m^3/s)	$p_m=\frac{m}{n+1}\times 100\%$
9	2003	26	113	31.0
10	2004	113	71	34.5
11	2005	137	56	37.9
12	2006	71	54	41.4
13	2007	42	42	44.8
14	2008	173	38	48.3
15	2009	20	38	51.7
16	2010	5	26	55.2
17	2011	10	24	58.6
18	2012	7	20	62.0
19	2013	160	18	65.5
20	2014	54	15	69.0
21	2015	236	14	72.4
22	2016	255	14	75.9
23	2017	38	10	79.3
24	2018	38	10	82.8
25	2019	14	7	86.2
26	2020	263	5	89.7
27	2021	10	2	93.1
28	2022	151	1	96.6

【解】 本例分七步求解。

第一步,把流量 Q_i 按流量大小递减顺序重新排列,如表 5—1 中的第 4 列。

第二步,用维泊尔公式计算经验频率:

$$p_m=\frac{m}{n+1}$$

式中 n——样本总数,在本例中为年最大洪峰流量的个数;

m——样本 Q_m 所在顺序号,见表 5—1 中的第 1 列,将 p_m 值列于表 5—1 中的第 5 列。

第三步,将各流量样本值和相应的经验频率值 p_m 点绘于海森机率格纸上,如图 5—1 中的离散点[(Q_m, p_m), $m=1,2,\cdots,n$]。这些离散点组成一条经验频率曲线。

第四步,计算统计参数:

$$\overline{Q}=\frac{1}{n}\sum_{i=1}^{n}Q_i=\frac{2\,100}{28}=75(\mathrm{m^3/s})$$

$$C_v=\frac{1}{\overline{Q}}\sqrt{\frac{\sum_{i=1}^{n}(Q_i-\overline{Q})^2}{n-1}}=1.063\,6$$

第五步,计算两组理论频率曲线,计算过程列于表 5—2。

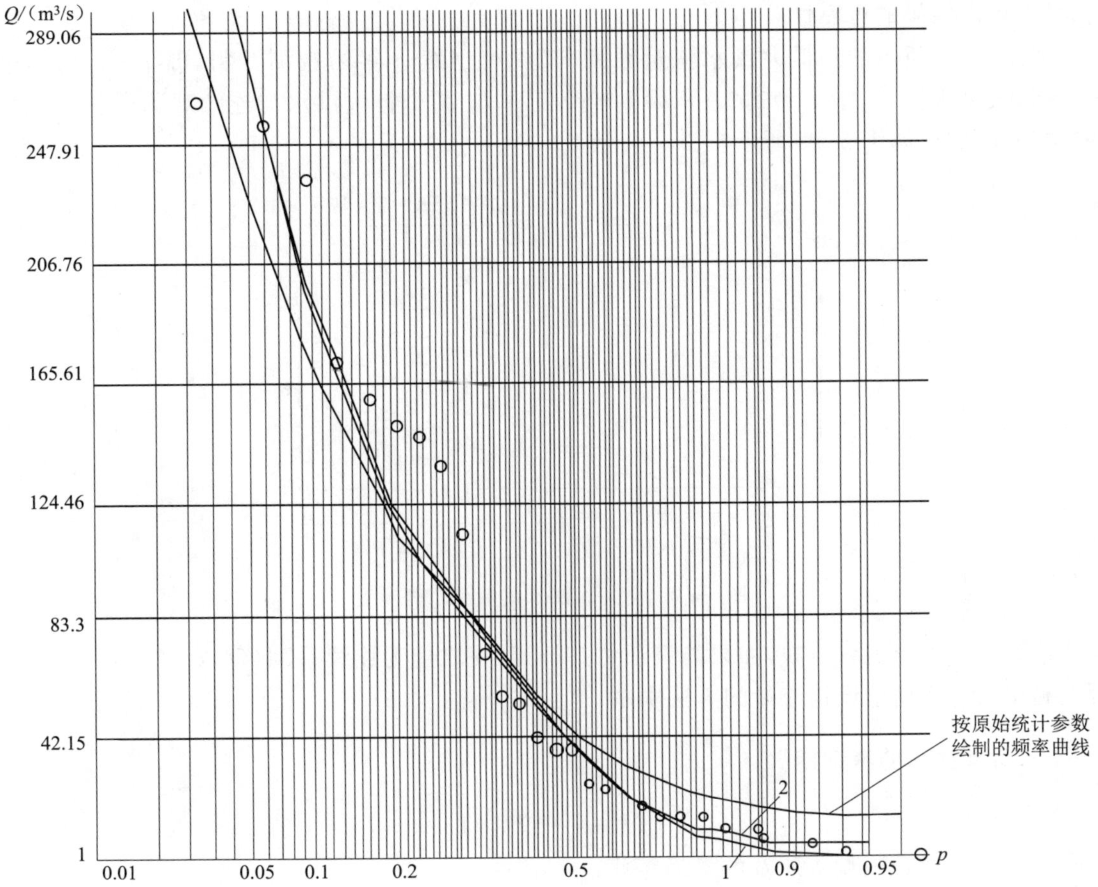

图 5—1　某桥流量频率曲线图

表 5—2　计算过程

p/%		1	5	10	20	50	75	95	曲线号
$\overline{Q}=75$	φ_p	3.97	2.01	1.21	0.46	−0.38	−0.64	−0.71	1
$C_v=1.4$	K_p	6.56	3.81	2.69	1.64	0.47	0.10	0.01	
$C_s=2.8$	Q_p	492	286	202	123	35	8	1	
$\overline{Q}=75$	φ_p	4.05	2.00	1.18	0.42	−0.39	−0.62	−0.67	2
$C_v=1.4$	K_p	6.67	3.80	2.65	1.59	0.45	0.13	0.06	
$C_s=3$	Q_p	500	285	199	119	34	10	5	

第六步，将这两组理论频率曲线绘制在图 5—1 上。

第七步，选择一条最合适的曲线。在图 5—1 中，以 $\overline{Q}=75$，$C_v=1.4$，$C_s=2.8$ 的曲线 1 与经验点群吻合得较好，最终确定其为选定的理论频率曲线，本例不但修改了 C_v，也修改了 C_s。该桥百年一遇的流量为 492 m^3/s。

第二节　含特大洪水系列的频率分析方法

我国河流的连续观测资料都不多。若能用形态勘测、查史料或其他方法获得特大洪水资料,可以提高结果的可靠性。

如图 5—2 所示的年最大洪水流量系列,其中有连续 n 年的观测资料(q_i,$i=1,2,3,\cdots,n$);有特大洪水资料(Q_j^{T},$j=1,2,\cdots,a$)a 年;a 年中,有 l 个特大洪水与连续观测资料(一般系列)中的 q 重复,如图 5—2 所示。

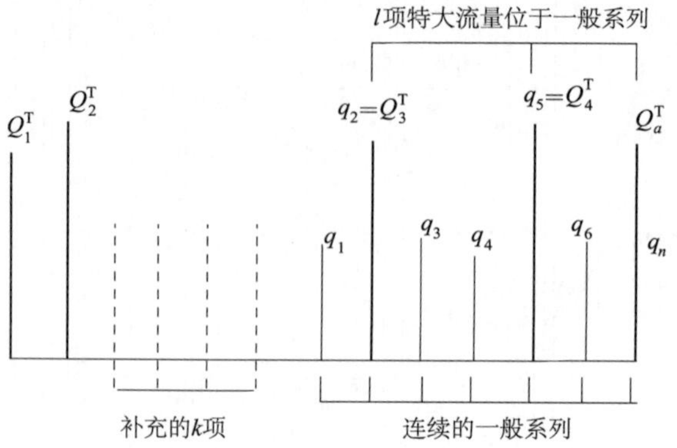

图 5—2　含特大洪水的流量系列示意

系列中有 k 年资料空缺,如果能设法将其补齐,使之成为连续系列(Q_i,$i=1,2,\cdots,N$),就可以利用连续系列求设计流量的方法求解。

一、特大洪水的考证期 N

$$N=T_2-T_1+1 \tag{5—2}$$

式中　T_1——考证或调查所及的最远年代;

T_2——连续系列中的最后年代。

二、经验频率估算

对于 a 项特大洪水 Q_M^{T},有

$$p_M=\frac{M}{N+1} \qquad (M=1,2,\cdots,a) \tag{5—3}$$

对于其余($n-l$)项观测洪水 p_{m_1},有

$$p_{m_1}=\frac{a}{N+1}+\left(1-\frac{a}{N+1}\right)\frac{m_1-l}{n-l+1} \qquad (m_1=l+1,l+2,\cdots,n) \tag{5—4}$$

三、统计参数估算

对于空缺的 k 项,假定这 k 项的平均值等于连续系列(不含 l 项重叠值)的平均值,其均方差等于连续系列(不含 l 项重叠值)的均方差。这样补齐后,组成连续的计算系列(Q_i,$i=1,2,3,\cdots,N$)。

计算系列的总流量由三部分组成。

第一部分为特大洪水系列(含重叠的 l 项)Q^{T} 之和:

$$R_Q=\sum_{j=1}^{a}Q_j^{\mathrm{T}}$$

第二部分为实测系列(不含重叠的 l 项)q_j 之和:

$$R_q = \sum_{j=1}^{n-l} q_j = (n-l)\overline{q}$$

式中，$\overline{q} = \dfrac{1}{n-l}\sum\limits_{j=1}^{n-l} q_j$，$\overline{q}$ 为实测系列(不计重叠的 l 项)的平均值。

第三部分为补齐的 k 项空缺值之和 R_k。因为 $k=N-[a+(n-l)]$，根据假定，这 k 项的平均值就是 $\overline{q}$，则有

$$R_k = \{N-[a+(n-l)]\}\overline{q}$$

计算系列 Q_i 的总流量

$$\begin{aligned}\sum_{i=1}^{N} Q_i &= R_Q + R_q + R_k \\ &= \sum_{j=1}^{a} Q_j^T + (n-l)\overline{q} + (N-a-n+l)\overline{q} \\ &= \sum_{j=1}^{a} Q_j^T + (N-a)\overline{q}\end{aligned}$$

将 $\overline{q} = \dfrac{1}{n-l}\sum\limits_{j=1}^{n-l} q_j$ 代入，得计算系列 Q_i 的总流量为

$$\sum_{i=1}^{N} Q_i = \sum_{j=1}^{a} Q_j^T + (N-a)\frac{1}{(n-l)}\sum_{j=1}^{n-l} q_j$$

计算系列 Q_i 的平均值为

$$\overline{Q} = \frac{1}{N}\sum Q_i = \frac{1}{N}\left(\sum_{j=1}^{a} Q_j^T + \frac{N-a}{n-l}\sum_{j=1}^{n-l} q_j\right) \tag{5—5}$$

同理可得计算系列 Q_i 的变异系数为

$$C_v = \frac{1}{\overline{Q}}\sqrt{\frac{1}{N-1}\left[\sum_{j=1}^{a}(Q_j^T - \overline{Q})^2 + \frac{N-a}{n-l}\sum_{j=1}^{n-l}(q_j - \overline{Q})^2\right]} \tag{5—6}$$

四、设计流量计算

在确定了平均值 $\overline{Q}$，变异系数 C_v 后，可用适线法寻找一条与经验点配合得最好的理论频率曲线，确定设计流量。其步骤与本章第一节[算例 5—1]的步骤相同。

第三节　有少量流量资料时设计流量的计算

如果只有少量水文资料，因样本数量不够，不能直接用本章第一节的方法确定设计流量和水位，但可以根据皮尔逊Ⅲ型曲线只依靠 $\overline{Q}$、C_v、C_s 三个参数的原理，适当估计这些参数后，求得可靠性较差的设计流量。

一、估算参数求设计流量

1. 平均流量 $\overline{Q}$ 的估算

从均值的抽样误差大小来看，对于固定的水文站，其误差随观测年数的变化不大，表明 $\overline{Q}$ 值是比较稳定的。如果在桥位附近的水文资料中，能获得 10 年以上的年最大流量值，则可以考虑

直接计算 $\overline{Q}$ 值,但必须检查资料的代表性,根据其观测期处于本地区连续丰水年或枯水年情况,对计算结果作适当的调整。若能查到年代较远的几次历史洪水流量,再结合短期资料进行计算,则可提高 $\overline{Q}$ 值的可靠性。对于10年以下的观测资料,所计算 $\overline{Q}$ 值只能参考,不宜直接使用。

2. 变异系数 C_v 和偏差系数 C_s 的估算

如有10年左右的流量观测资料,同时又调查到几个比较可靠的历史洪水流量,就可以采用适线法推求 C_v 和 C_s 值。如果只有10年左右的流量观测资料,则以适线法推求的 C_v 和 C_s 值只能作参考,不能直接使用。

邻近河流有较长期(20年以上)的流量观测资料,而且流域特征和降雨情况如果差别不大时,可以直接采用邻近河流的 C_v 和 C_s 值;如果差别较大,可根据 C_v 和 C_s 的地区变化规律,适当调整后采用。

3. 利用估算参数求设计流量

三个参数 $\overline{Q}$、C_v 和 C_s 确定后,即可利用式(5—7)计算频率为 p 的设计流量。

$$Q_p=\overline{Q}(1+\psi_p C_v)=K_p\overline{Q} \tag{5—7}$$

二、利用比较可靠的历史流量求设计流量

如果从历史文献或用形态勘测方法求得几个比较可靠的历史流量,并能设法确定其重现期时,可以用以下两种方法确定其设计洪水流量。

第一种方法是直接将历史资料点绘到海森机率格纸上,目估出流量—频率曲线,并将其外延,粗略估计出设计洪水流量。

第二种方法为试算法,由式(5—7)则有

$$Q_p=K_p\overline{Q} \tag{5—8}$$

$$\overline{Q}=Q_p/K_p \tag{5—9}$$

根据地区经验资料适当选取 C_v、C_s,针对 m 个比较可靠的历史资料(Q_i,p_i),可以计算出 m 个 K_p,用式(5—9)计算出 m 个相应的 $\overline{Q}$。若这 m 个 $\overline{Q}$ 相差较大,则调整 C_v、C_s 值,直到求得的 m 个 $\overline{Q}$ 值相近为止。有了 $\overline{Q}$、C_v、C_s,则不难用式(5—7)求得设计流量,计算过程如图5—3所示。

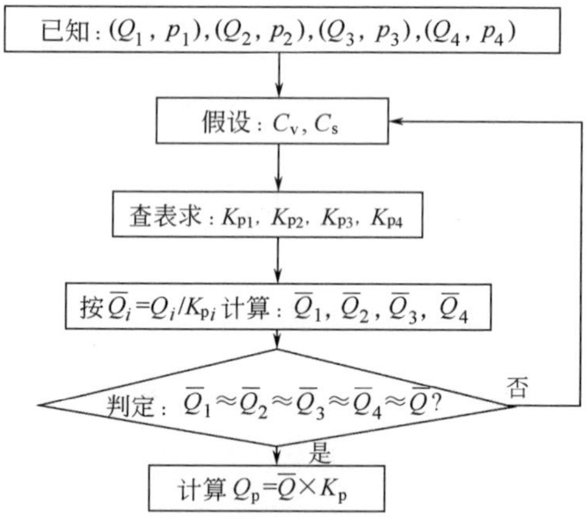

图5—3　试算法求设计流量

如果找不到实测资料和历史资料,大中桥的设计流量也可以应用地方法或铁路部门研制的铁一院法、铁二院法、铁三院法、铁四院法计算,详见第七章。

第四节　利用水位观测资料计算设计流量

桥址附近河床断面规则并有多年历史洪水水位资料时,可用有关频率计算规定直接推算设计水位。

这种用水位作随机变量的统计方法在使用起来十分方便。在求得计算频率的水位后,可

根据 $H—Q$(水位—流量)的经验曲线求得相应的设计流量。

下面应用实例来说明计算设计流量的方法。

某桥从 1986 年开始至 2022 年勘测时止，每天有早、中、晚三次水位观测资料，但缺少 1990 年、1997 年、1999 年和 2000 年的资料，见表 5—3。现在需要修建第二线桥梁。既有线桥梁修建较早，其设计流量不太合乎实际情况，需要重新确定设计流量。

表 5—3 的资料为原始观测资料，观测点在桥墩上，十分宝贵，应加以利用。对于所缺 1990 年、1997 年、1999 年、2000 年的 4 年资料应设法补充。为此，在桥址下游约 4 km 处水文站找到 1991 年至 2000 年的年最大流量资料，见表 5—4。

表 5—3　由既有桥观测资料中整理出的年最高水位值

年份/年	1986	1987	1988	1989	1990	1991	1992	1993	1994	1995	1996	1997	1998
水位/m	40.76	44.26	43.56	41.26	?	40.76	41.96	35.86	40.56	39.46	43.46	?	45.96
年份/年	1999	2000	2001	2002	2003	2004	2005	2006	2007	2008	2009	2010	2011
水位/m	?	?	40.06	38.46	43.06	44.66	39.56	40.46	40.72	42.02	43.62	43.79	40.79
年份/年	2012	2013	2014	2015	2016	2017	2018	2019	2020	2021	2022		
水位/m	41.82	38.97	41.79	45.79	45.79	37.69	43.09	36.29	39.29	41.19	43.79		

注：表中？表示资料缺失。

表 5—4　桥址下游 4 km 处的年最大洪峰流量

年份/年	1991	1992	1993	1994	1995	1996	1997	1998	1999	2000
流量/(m^3/s)	7 440	6 690	4 610	7 580	7 120	9 190	9 100	1 2800	9 820	8 970
相应水位/m	40.76	41.96	35.86	40.56	39.46	43.46	?	45.96	?	?

注：表中？表示资料缺失。

因为桥址与水文站之间没有支流汇入，水文站的流量系列就是桥址处的流量系列。

由于表 5—4 的水位较高，流量较大，在点绘到坐标纸上后，发现在流量 Q 与 H 之间存在线性相关关系，可以用统计中的回归分析方法，得出 H 与 Q 之间的回归式为

$$H=a+bQ$$

式中，a、b 为统计参数，根据回归方法，有

$$b=\frac{\sum_{i=1}^{n}(Q_i-\overline{Q})(H_i-\overline{H})}{\sum(Q_i-\overline{Q})^2}$$

$$a=\overline{H}-b\overline{Q}$$

式中，$\overline{H}$、$\overline{Q}$ 为相关资料 H、Q 的平均值，本例按表 5—3 与表 5—4 中数据计算，有

$$H=30.981\,6+0.001\,235Q \tag{5—10}$$

将表 5—4 中 1997 年、1999 年、2000 年的流量 Q 代入式(5—10)，得相应于 1997 年、1999 年、2000 年的最大洪峰流的桥址处洪水水位分别为 42.22 m、43.11 m、42.06 m。

在表 5—3 的系列中，还缺少 1990 年的年最大洪峰水位，根据当地老人回忆，1990 年桥址处年最大洪水与其他年相比，既不太大也不太小，所以取 1986 年至 2022 年的平均值补充，其值为 41.61 m。

用水位 H 作为统计对象作统计，得出图 5—4 所示的理论频率曲线，查图 5—4，得百年一

遇水位为 46.86 m。利用式(5—10)反算得设计流量 $Q_p=12\ 857\ m^3/s$。

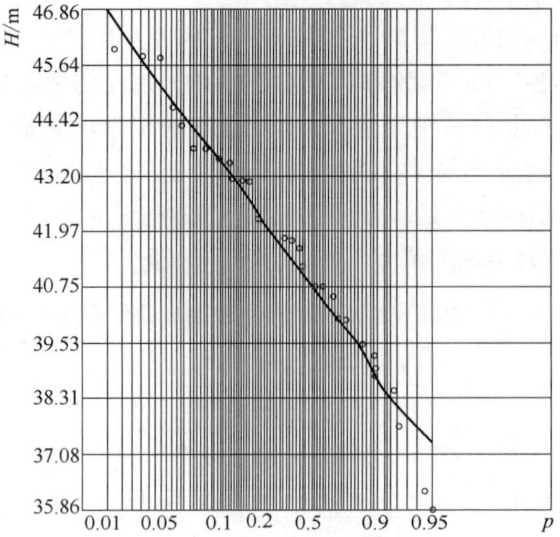

图 5—4 水位理论频率曲线

第五节 水库调蓄作用

在桥址上游修有若干水库是常有的事情。当上游水库的出库洪水与区间洪水(水库大坝与桥梁之间的洪水)汇合后,洪峰变低,洪水过程线较正常洪水过程线变得平坦,在到达桥址时,洪峰流量已发生很大变化。常用以下方法计算设计流量。

一、流域面积比例法

当水库控制面积较大,区间面积相对较小,或主要来水位于骨干水库上游时,可应用此法。此法的出发点是将河道控制断面处的洪峰流量,按比例在区间面积和水库控制面积间进行分配,水库削峰作用以乘削减系数($Q_{出}/Q_{入}$)的形式加以考虑。

当控制断面上游有一座水库时:

$$Q_j'=Q_j\left(1-\frac{F_1}{F}\right)+Q_j\frac{F_1}{F}\frac{Q_{1出}}{Q_{1入}}$$

上式等号右边第一项为区间来水形成的部分,第二项为水库上游来水经水库调蓄作用,河槽汇流后到达控制断面的部分。整理后,得

$$Q_j'=Q_j\left[1-\left(1-\frac{Q_{1出}}{Q_{1入}}\right)\frac{F_1}{F}\right]$$

当流域内有两座水库时:

$$Q_j'=Q_j\left[1-\left(1-\frac{Q_{1出}}{Q_{1入}}\right)\frac{F_1}{F}-\left(1-\frac{Q_{2出}}{Q_{2入}}\right)\frac{F_2}{F}\right] \tag{5—11}$$

其余类推。

式中 Q_j'——考虑水库调蓄作用后,控制断面的流量(m^3/s);

Q_j——不考虑水库调蓄作用,控制断面的流量(m^3/s);

$Q_{i出}$——遭遇设计洪水时,各骨干水库最大下泄流量(m^3/s);

$Q_{i入}$——各骨干水库入库最大设计流量(m^3/s)；

F_i——各骨干水库控制流域面积(km^2)；

F——桥址上游流域面积(km^2)。

二、区间来水同频率控制法

当区间面积较大或区间为洪水的主要来源时，应用此法比较合适。由于洪水主要来自区间，可以认为，区间洪水与没有水库时的频率相同，而上游骨干水库的相应洪水可视为上述两部分的差。水库的削峰作用也以乘削减系数($Q_{出}/Q_{入}$)的形式加以考虑。当上游有一座水库时：

$$Q_j' = Q_{j区} + (Q_j - Q_{j区})\frac{Q_{1出}}{Q_{1入}} \tag{5—12}$$

当上游有几座水库时：

$$Q_j' = Q_{j区} + (Q_j - Q_{j区})\frac{F_1 Q_{1出}}{\sum F_i Q_{1入}}$$

整理后，有

$$Q_j' = Q_{j区} + \frac{Q_j - Q_{j区}}{\sum F_i}\left(F_1\frac{Q_{1出}}{Q_{1入}} + F_2\frac{Q_{2出}}{Q_{2入}} + \cdots\right) \tag{5—13}$$

式中，$Q_{j区}$为与设计流量同频率的区间流量；其他符号的意义见式(5—11)。

如果桥址距坝址较近，中间没有支流汇入，流入面积增加不超过10%时，设计流量可以近似采用同频率的水库下泄流量。

坝桥区间流量计算的方法很多，如洪水演进法等，可以参阅《铁路工程技术手册　桥涵水文》。

第六节　水库溃坝流量计算

水坝溃坝有多种形式，有全坝崩溃的，有局部溃坝的，有溃坝到河底的，有溃坝残留水坝底部的。图5—5为瞬间局部水坝溃坝不到底的情景。

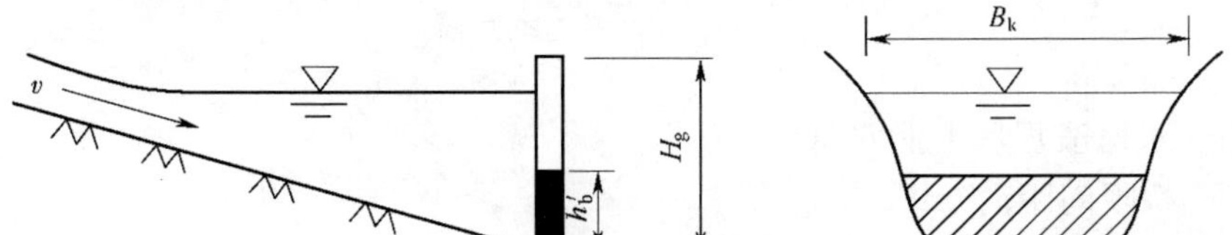

图5—5　瞬间局部水坝溃坝不到底的情景

目前计算溃坝流量的公式有理论公式与经验公式。

一、经验公式

《公路工程水文勘测设计规范》使用经验公式计算溃坝流量。

$$Q_{kh} = 0.27\sqrt{g}\left(\frac{l_k}{B_k}\right)^{1/10}\left(\frac{B_k}{b_k}\right)^{1/3} b_k(h_b - k_0 h_b')^{3/2} \tag{5—14}$$

式中　Q_{kh}——坝址处溃坝最大流量(m^3/s)；

g——重力加速度，取 9.81 m/s^2；

h_b——溃坝时坝体上游水深(m)，对未溃水库检算时，可以采用坝高值；

h_b'——溃坝后坝体残留高度(m)，当无法估计时，可以不计；

k_0——修正系数，$k_0=1.4\left(\frac{b_k h_b'}{B_k h_b}\right)^{1/3}$，若 $k_0>0.94$，取 $k_0=0.94$；

l_k——库区长度(m)，可采用坝址断面至库区上游端部淹没宽度突然变小处的距离，或按式(5—15)计算：

$$l_k=\frac{W\times 10^4}{h_b\times B_k} \tag{5—15}$$

其中 W——水坝库容($10^4 m^3$)，

B_k——坝长(m)，当 $l_k/B_k>5$ 时，按 $l_k/B_k=5.0$ 计算；

b_k——坝体决口门的平均宽度(m)，当计算的 b_k 大于坝长时，按坝长取值。对混凝土重力坝，b_k 取为坝长。对土坝和堆石坝：当 $W>10^6$ m^3 时，$b_k=K_1K_2W^{1/4}\cdot B_k^{1/7}h_b^{1/2}$；当 $W\leqslant 10^6$ m^3 时，$b_k=K_1K_3(Wh_b)^{1/4}$。其中，K_1 为安全系数，按路线等级及坝体质量取 1.1～1.3；K_2 为坝体建材系数，对均质土壤取 2，其他建材取 1.2；K_3 材质系数，质量好的取 6.6，质量差的取 9.1。

(1)若桥梁位于库区内，且水库校核洪水频率低于桥梁标准时，则溃坝后库区内桥梁通过的最大流量 Q_k 为

$$Q_k=Q_{kh}\frac{W_q}{W-W_h} \tag{5—16}$$

式中 W_q——桥前溃坝水位时的库容(10^4 m^3)；

W——坝址以上溃坝水位时的总库容(10^4 m^3)；

W_h——坝体残留高度部分的库容(10^4 m^3)。

(2)若桥梁位于库区下游，且水库校核洪水频率低于桥梁标准时，则溃坝后通过的桥下流量为

$$Q_k'=\frac{W_{ks}}{\frac{W_{ks}}{Q_{kh}}+\frac{l_{bq}}{\overline{v}K_0}} \tag{5—17}$$

式中 W_{ks}——水库溃坝后下泄水量(m^3)；

l_{bq}——桥坝间距离(m)；

$\overline{v}$——河道最大断面实测洪水流速(m/s)，无资料时，山区取 3.0～5.0 m/s，山前区取 2.0～3.0 m/s，平原区取 1.0～2.0 m/s；

K_0——调整系数，山区取 1.1～1.5，山前区取 1.0，平原区取 0.8～0.9。

二、理论公式

除了经验公式以外，《铁路工程水文勘测设计规范》还列出了计算溃坝流量的理论公式

$$Q_g=K_0\sqrt{g}b_g H_s^{3/2} \tag{5—18}$$

式中 Q_g——坝址处溃坝最大流量(m^3/s)；

H_s——溃坝时坝体上游水深(m)，对未溃水库检算时，可以采用坝高值；

K_0——系数，从表 5—5 查取；

b_g——坝体决口门的平均宽度(m)。

对土坝和堆石坝：

$$当\ W>10^6\ m^3\ 时，\quad b_g=K_1K_2W^{1/4}B_g^{1/7}H_g^{1/2}$$

$$当\ W\leqslant 10^6\ m^3\ 时，\quad b_g=K_1K_3(WH_g)^{1/4}$$

式中，H_g 为坝高(m)；B_g 为坝长或坝址断面附近库区宽度(m)。

对混凝土重力坝：b_g＝坝长。

如计算得的 b_g 大于坝长 B_g 时，按 $b_g=B_g$ 计算。

表 5—5　K_0 值表

B_g/b_g	1	2	3	4	5	6	7	8	9
K_0	0.296 3	0.368 7	0.410 1	0.438 2	0.460 3	0.475 9	0.489 5	0.500 8	0.510 5
B_g/b_g	10	11	12	13	14	15	16	17	18
K_0	0.520 6	0.526 6	0.533 1	0.541 0	0.544 5	0.549 8	0.554 1	0.558 4	0.562 5
B_g/b_g	19	20	21	22	24	26	28	30	
K_0	0.566 0	0.569 2	0.572 6	0.575 0	0.581 0	0.587 4	0.592 4	0.596 0	

可以分别按理论公式和经验公式计算溃坝流量后，再经分析比较后确定采用值。

第七节　桥涵设计洪水频率标准

桥涵及附属工程的安全性与设计流量有关，若选的设计洪水频率过小，相应的设计流量较大，虽然桥涵的安全性好，但投资过大。若选的设计洪水频率偏大，则相应的设计流量较小，投资不大，但安全性较差。因此，恰当确定设计洪水的频率标准，对工程投资和工程安全非常重要。

因为频率 p 的倒数为重现期 T，工程上常用重现期来联系设计流量。例如，通常把 $p=1\%$的流量称为百年一遇的流量，即每一百年可能遇到大于或等于这个流量的机会为一次。可能某个百年出现不止一次，可能其他百年不出现一次，但就平均说来一百年可能出现一次。由此可见，在引入设计频率的概念后，设计流量成了一个比较抽象的指标。

公路桥涵的设计洪水频率与铁路桥涵的设计洪水频率略有差别。

一、公路桥涵设计洪水频率标准

我国《公路工程水文勘测设计规范》规定了公路桥涵的设计洪水频率，见表 5—6。

表 5—6　公路桥涵的设计洪水频率

构造物名称	公路等级				
	高速	一级	二级	三级	四级
特大桥	1/300	1/300	1/100	1/100	1/100
大、中桥	1/100	1/100	1/100	1/50	1/50
小　桥	1/100	1/100	1/50	1/25	1/25
涵洞及小型排水构造物	1/100	1/100	1/50	1/25	不作规定
路　基	1/100	1/100	1/50	1/25	按具体情况确定

《公路工程水文勘测设计规范》规定，对于二级公路的特大桥和三、四级公路的大桥，在河床比降大、易于冲刷的情况下，宜提高一级设计洪水频率验算基础冲刷深度。

二、铁路桥涵设计洪水频率标准

我国《铁路工程水文勘测设计规范》规定了设计铁路桥涵的洪水频率，见表 5—7。

表 5—7　铁路桥涵、路基洪水频率标准

铁路等级	设计洪水频率			检算洪水频率
	桥梁	涵洞	路基	特大桥(或大桥)属于技术复杂、修复困难或重要者
高速铁路、城际铁路、市域(郊)铁路，Ⅰ、Ⅱ级铁路，重载铁路	1 /100	1 / 100	1 / 100	1 / 300
Ⅲ级铁路	1 / 100	1 / 50	1 / 100	1 / 300
Ⅳ级铁路	1 / 50	1 / 50	1 / 50	1 / 100
≥5 Mt 铁路专用线	1 / 100	1 / 50	1 / 50	—
<5 Mt 铁路专用线	1 / 50	1 / 50	1 / 50	—

本表取自《铁路工程水文勘测设计规范》第 1.0.5 条表 1.0.5—1。有关使用本表的一些具体规定，这里未详细列出，可直接查阅该规范。

【算例 5—2】 接第四章算例 4—1，试求跨越此河段的一级铁路大桥的设计流量 Q_p。

【解】 因为是一级铁路大桥，查表 5—7，其设计洪水频率为 1/100，由例 5—1 已知其百年一遇的流量为 492 m^3/s，该桥的设计流量用百年一遇的流量，即 $Q_p=492\ m^3/s$。

复习思考题

5—1　(接复习思考题 4—2)应用适线法计算表 5—8 流量系列的平均值、变异系数、偏差系数和一般大桥的设计流量。

表 5—8　历史流量系列表

年份/年	1950	1951	1952	1953	1954	1955	1956	1957	1958	1959	1960	1961
流量/(m^3/s)	70	34	50	43	48	65	54	12	28	39	56	68
年份/年	1962	1963	1964	1965	1966	1967	1968	1969	1970	1971	1972	
流量/(m^3/s)	47	33	22	7	86	56	36	25	16	73	42	

5—2　为什么不直接使用统计参数确定理论频率曲线，而要使用适线法？

5—3　使用适线法时，要注意哪些要点？

5—4　制定我国铁路桥涵设计洪水频率标准的依据是什么？

5—5　请利用图书资料查询美国、英国、俄罗斯等国家的铁路桥涵设计洪水频率标准，比较它们的相同点和不同点。

第六章　大中桥的桥位选择和孔径检算

第一节　桥 位 选 择

一、桥位选择的一般规定

选择桥位一般应注意以下几点：

(1)水文、地质和技术复杂的特殊大桥的桥位，应在已定线路大方向的前提下，根据河流形态、水文、地质、通航条件、地面设施、施工条件以及与地方经济发展的关系等，在较大范围内作全面的技术、经济比较后确定。方案比选结果相仿时，应优先采用水文及地质条件较好的桥位。

(2)一般特大桥和大中桥的桥位应配合线路走向，在适当范围内根据河段的水文、地形、地质、地物等特征，经综合比选确定。

(3)桥涵孔径设计应保证设计洪水、流冰、流木、泥石流及其他漂流物安全通过，保证桥头路堤不致漫决，并应考虑水陆交通和排灌的需要，以及建桥后引起的河势变化对上下游农田房舍的影响。

(4)天然河道不宜改移或开挖。有技术依据和能改善行洪条件、桥涵工作状况，并符合环保要求时方可考虑改移或开挖。

(5)增建第二线上的桥梁应与既有线桥平行，桥、台、孔跨顺水流方向相对应，上下游桥台间又筑有河堤连接时，则上游桥之壅水值与单线桥相同。壅水高可通过水工模型试验确定。

(6)增建第二线桥涵时，既有桥涵的基础埋深与防护应符合铁路现行规范的有关规定。

(7)并行增建第二线时宜拉开线间距或对桥梁基础进行防护。

(8)泥石流地区桥渡净空，应根据泥痕高度、残留层厚度、沟床淤积高度、设计年限内累计淤积厚度、输移大漂石所需高度、涌浪和堵江高度等综合确定。

二、一般河段上的桥位选择

1. 桥位选择在水文方面应符合下列要求：

(1)桥位应选在河道顺直，槽深、主流稳定，河槽通过流量较集中的河段上，不宜选在不稳定的河汊、泥沙冲淤严重、水流汇合口、急弯卡口、旧河道和具有滞洪作用的河段或洼地上。

(2)水深流急的山区峡谷河段上，桥位宜选在可以一孔跨越处。否则，桥位宜选在河谷比较开阔、水深较浅和流速较缓处。

(3)桥位选择应注意河道的自然演变和修桥后对天然河道的影响。

(4)平原分汊河段上的桥位宜选在深泓线分汊点以上或深泓线汇合点以下处。平原蜿蜒河段上的桥位应注意可能的河湾下移。

(5)桥梁轴线宜与中、高水位时的流向正交。斜交时应考虑水流对孔径及墩台、基础设计的影响。

(6)城市和重要工业区有特殊防洪要求时,桥位宜选在其上游跨越。

(7)结冰河流上的桥位不宜选在容易发生冰塞、冰坝的河段上。

2. 桥位选择应符合下列要求:

(1)应利用山嘴、高地等不易冲刷的稳定河岸作为桥头的依托。公铁两用桥的桥位宜选在两岸地形较高并便于和既有公路或规划公路网连接的地点。

(2)应避开上下游有山嘴、石梁等干扰水流畅通的地形。

(3)冲积扇上宜选在上游狭窄河段或下游收缩河段,不宜跨越中游扩散河段。

(4)应考虑施工场地、材料运输和施工架梁等方面的要求。

3. 通航河流上的桥位选择应符合下列要求:

(1)应选在航道比较稳定的河段上。

(2)应远离滩险、弯道和汇流口。

(3)应选在船队编组或排编组场的上游,与既有水工设施、港口作业区和锚地保持一定距离。

(4)桥位处应有足够的通航净空。

(5)内河航道新建桥梁与既有上下游桥梁的距离,应满足《内河通航标准》(GB 50139)的要求。

三、特殊地区的桥位选择

1. 泥石流地区的桥位选择应符合下列规定:

(1)应选在沟床固定、主流较稳定、水流较顺直处,并宜与主流正交。

(2)不应选在沟床纵坡由陡变缓地段。

(3)严禁开挖设桥,不得改沟合并设桥。

(4)泥石流发育强烈的形成区不应设桥、路基。

(5)线路跨越泥石流流通区时,桥位应选在流通区的直线段并避开弯道的转折处,泥石流强烈发育的流通区不应在河道中设置桥墩。

(6)线路通过泥石流堆积区时,桥位宜避开扇腰、扇顶部位,宜选在扇缘或其扇尾部位。线路应沿等高线定线,桥梁宜分散设置,如堆积扇临近大河受到水流切割时,桥位选定应考虑切割的发展,留有安全的距离。冲积扇上宜选在上游狭窄河段或下游收缩河段,不宜跨越中游扩散河段。

2. 岩溶地区的桥位选择应符合下列规定:

(1)线路跨越岩溶丘陵区峰间谷地时,桥位不宜选在漏斗、落水溶洞、溶泉、地下通道及暗河露头处。如经综合选线必须在该处设桥时,应探明岩溶的位置和水文条件,采取相应的工程措施。

(2)岩溶坍陷区的桥位应选在工业或民用取水点所形成的地下水位下降漏斗范围以外,覆盖土层较厚、土层稳固、洞穴和地下水位稳定处。如坍陷范围小,可采用单跨桥跨越。应选在沟床固定、主流较稳定、水流较顺直处,并宜与主流正交。

(3)暗河范围内不宜设桥,也不宜靠近或与暗河走向平行。不能避开设桥时,应使桥位垂直或以较大斜交角度通过。

3. 感潮河段上的桥位不宜选在涌潮区段或紧邻挡潮闸的地段,并应避开凹岸和滩岸消长多变的地段。

4.水利化地区的桥位选择应符合下列规定：

(1)线路不宜在地势低洼的蓄洪区、滞洪区和分洪区通过。否则，应考虑桥渡受淹后的影响。

(2)桥位不宜选在水闸、引水或分洪口门等水利工程附近。不可避免时应考虑相互的影响。

(3)河网地区应与当地水利和航运规划相配合，线位宜选在地形较高处，不宜选在淤泥或土质特殊松软的地段。

(4)线路跨越灌溉渠网时，不宜破坏原有排灌系统，必要时可与当地水利部门相配合改造优化排灌系统。

5.水库地区的桥位选择应符合下列规定：

(1)水坝上游库区内，桥位宜选在库面较窄、岸坡稳定、泥沙沉积较小的地段。封冻地区桥位不应选在回水末端、容易形成冰坝的地段。

(2)水坝下游桥位应离开坝址有相当距离，并注意坝下冲刷的影响。

(3)已建大坝已划定管理和保护范围的，桥位应避开大坝管理和保护范围。

6.海湾地区的桥位选择应符合下列规定：

(1)宜选在有岛屿相连的地段。

(2)宜选在桥轴线与海流流向接近正交的地段。

(3)宜选在海岸基本稳定，泥沙来源少、沿岸泥沙流弱的地段，不宜选在两股或多股泥沙流相汇的地段。

7.车站范围内的桥位选择应符合下列规定：

(1)桥涵应与站房、股道、排洪系统密切配合，不宜将天然水流改至站外。站内改沟合并应全面规划，使水流畅通。

(2)站内泥石流沟或流量较大的河沟上建桥时，桥上应尽量减少站房和股道的布置。

(3)应考虑当地交通的合理需要，适当设置农业机械、人畜车辆通行的立交桥。季节性的排洪桥涵有条件时可兼做立交桥使用。

8.既有线及增建第二线的线间距，应考虑通航和城市防洪要求、既有桥工作情况、桥梁基础结构状态、地质条件、施工和行车干扰等因素，必要时还应与有关部门协商后确定。

9.改建既有线时，既有桥若与既有线的平纵断面配合合理且无显著缺陷，又无足够依据时，不宜轻易改移、封闭或缩孔。

第二节　铁路桥梁的孔径布置

设计水位上两桥台前缘之间(埋入式桥台则为两桥台护坡坡面之间)的水面宽度习惯称为桥孔长度 l，扣除全部桥墩宽度(顺桥方向)后则称为桥孔净长 l_j。桥孔长度的确定，首先应满足排洪和输沙的要求，保证设计洪水及其所挟带的泥沙从桥下顺利通过，并应综合考虑桥孔长度、桥前壅水和桥下冲刷的相互影响。

一、确定设计流速

设计流速不一定是天然河槽相应于设计水位和设计流量所对应的流速。它是设计者在考虑投资与安全等综合因素后，在布置桥梁孔径确定实际过水断面时选定的一个流速。

《铁路工程水文勘测设计规范》规定，对河滩较小，压缩不多的河段，可采用通过设计流量时河槽的天然平均流速；当河滩很大时，按经验确定。

设计流速一般不超过河床土的不冲刷流速 v_b，在河床与水流的自动调节作用下，若取的设计流速超过 v_b，则河床压缩较多，洪水会冲刷河床，直到露出新一层的河床质，这样扩大了流水断面，v_b 也就发生了量的变化。

二、用冲刷系数法确定桥梁孔径

铁路部门常用这种方法确定桥梁孔径。《铁路工程水文勘测设计规范》第 6.4.3 条中，冲刷系数 P 的定义可用式(6—1)来表达。

$$P=\frac{\omega_x}{\omega_g} \tag{6—1}$$

式中 ω_g——桥下供给过水断面面积(m^2)，不包括桥墩阻水面积，当桥址上、下游有阻水山包或其他挡水建筑物时，桥下供给过水面积应扣除其影响部分；

ω_x——桥下需要过水断面面积(m^2)，即

$$\omega_x=\frac{Q_p}{v_p\cos\alpha}$$

其中 v_p——设计流速(m/s)，

Q_p——设计流量(m^3/s)，

α——水流方向与桥梁轴线法线之间的夹角(°)。

从式(6—1)可见，冲刷系数是表示桥下设计需要过水断面面积与桥下实有供给过水断面面积之比，不足的部分靠冲刷河床来扩大过水面积。冲刷系数愈大，桥梁对河流压缩愈大，故可以用它来协助决定桥孔径大小。

《铁路工程水文勘测设计规范》第 6.4.2 条规定了各种类型河流的容许冲刷系数值，见表 6—1。由于引用了冲刷系数 P，故人们也称这种孔径计算方法为冲刷系数法。

表 6—1　容许冲刷系数 P

<table>
<tr><th colspan="2">河流类别</th><th>冲刷系数</th><th>附注</th><th colspan="2">河流类别</th><th>冲刷系数</th><th>附注</th></tr>
<tr><td rowspan="2">山区</td><td>峡谷区</td><td>≤1.2</td><td>无滩</td><td rowspan="3">山前区</td><td rowspan="2">稳定河段</td><td rowspan="2">≤1.4</td><td rowspan="2">—</td></tr>
<tr><td>开阔区</td><td>≤1.4</td><td>有滩</td></tr>
<tr><td colspan="2">平原区</td><td>≤1.4</td><td>—</td><td>变迁性河段</td><td>按地区经验确定</td><td>—</td></tr>
</table>

注：平原宽滩河流的平均水深小于或等于 1.0 m 时，容许冲刷系数可大于表列数值。

第三节　公路桥梁的孔径布置

目前，公路部门常用以下两种方法计算桥孔长度。

一、用过水面计算桥孔长度

这种方法的原理与《铁路工程水文勘测设计规范》中的冲刷系数法相同。它的实质是根据水流的连续性原理，求出桥下顺利宣泄设计洪水时所需要的最小过水面积，用以控制桥孔的最小长度。

经过长期观察，人们认识到，建桥后桥墩台压缩了过水面积，桥下流速增大，桥下河槽开始冲刷，水深增加，桥下的过水断面面积又逐渐扩大，桥下流速也逐渐降低，河槽的冲刷也相应减缓，最终停止。桥梁刚建好，还没有通过洪水时，有

$$\omega_q=\omega_j+\omega_d \tag{6—2}$$

式中　ω_q——冲刷前桥下毛过水面积(m^2)；

ω_d——冲刷前桥墩所占的桥下平均面积(m^2)；

ω_j——冲刷前桥下净过水面积(m^2)，即

$$\omega_j=\omega_y+\omega_x \tag{6—3}$$

其中　ω_y——冲刷前桥下有效过水积(m^2)，

ω_x——冲刷前墩台侧面涡流所占的桥下过水面积(m^2)。

使用桥下过水断面面积折减系数 μ 来反映墩台侧面涡流的影响，即

$$\mu=\frac{\omega_y}{\omega_j} \tag{6—4}$$

根据研究发现，折减系数 μ 与流速 v_p 与桥墩净间距 l_j 有关，即

$$\mu=1-0.375\frac{v_p}{l_j} \tag{6—5}$$

引入桥墩面积对过水断面面积的折减系数 λ，来反映墩台阻水的影响，即

$$\lambda=\frac{\omega_d}{\omega_q} \tag{6—6}$$

对于浅水桥梁可近似认为

$$\lambda=\frac{b}{l_d} \tag{6—7}$$

式中　b——桥墩宽度(m)；

l_d——桥墩中心间距(m)。

为了推算冲刷后(一般冲刷完成以后)的桥下过水断面面积，引用冲刷系数 $P=\frac{\omega_{冲后}}{\omega_{冲前}}$。由于冲刷前后的流量不变，也可以写成 $P=\frac{v_{冲前}}{v_{冲后}}$，因而冲刷前的桥下平均流速为冲刷后的 P 倍。

根据水力学的连续性原理，可得

$$\begin{aligned}Q_p&=\omega_y v_{冲前}=(\mu\omega_j)\times(Pv_p)=\mu\times(\omega_q-\omega_d)Pv_p\\&=\mu(\omega_q-\lambda\omega_q)Pv_p=\mu(1-\lambda)\omega_q Pv_p\end{aligned}$$

所以

$$\omega_q=\frac{Q_p}{\mu(1-\lambda)Pv_p} \tag{6—8}$$

式中冲刷系数 P 表示桥下河槽的冲刷程度(对冲刷后的桥下断面而言)，也表示桥孔对河流的压缩程度(对冲刷前的桥下断面而言)，是桥孔长度计算的控制因素，应结合桥位河段的类

型以及桥前壅水和桥下冲刷的要求选定。

利用式(6—8),即可求出桥下通过设计洪水时所需要的最小毛过水面积 ω_q。

然后,在桥位断面图(河段横断面图)上布设选定的桥孔设计方案,计算实有的桥下毛过水面积,若等于或稍大于上述公式计算的 ω_q,则表明设计方案符合所需的桥下最小过毛水面积,这时实有的桥孔长度 l 即为所求的桥孔长度。否则,应重新选定桥孔设计方案,重复上述计算,直到符合桥下最小毛过水面积的要求为止。对于桥孔轴线与水流方向斜交的桥梁,实有的桥下过水面积应以垂直于水流方向的投影面来计算。

二、用经验公式计算桥孔长度

《公路工程水文勘测设计规范》作了以下规定:

(1)对于峡谷性河段上的桥梁,要求按地形布置桥孔,一般可不作桥孔最小净长度计算。

(2)对于开阔、顺直微弯、分汊、弯曲河段及滩、槽可分的不稳定河段,桥孔最小净长度:

$$l_j = K_q \left(\frac{Q_p}{Q_c}\right)^{n_3} B_c \tag{6—9}$$

式中 l_j——桥孔最小净长度(m);

Q_p——设计流量(m^3/s);

Q_c——河槽流量(m^3/s);

B_c——河槽宽度(m);

K_q,n_3——系数和指数,按表6—2采用。

表6—2 K_q、n_3 值

河段类型	K_q	n_3
开阔、顺直微弯河段	0.84	0.90
分汊、弯曲河段	0.95	0.87
滩、槽可分的不稳定河段	0.69	1.59

(3)对于宽滩河段,桥孔最小净长度:

$$l_j = \frac{Q_p}{\beta \cdot q_c} \tag{6—10}$$

$$\beta = 1.19 \left(\frac{Q_c}{Q_t}\right)^{0.10} \tag{6—11}$$

式中 β——水流压缩系数;

q_c——河槽平均单宽流量[$m^3/(s \cdot m)$];

Q_t——河滩流量(m^3/s)。

其他符号意义同式(6—9)。

(4)对于滩、槽难分的不稳定河段,桥孔最小净长度:

$$l_j = C_p B_0 \tag{6—12}$$

式中 C_p——洪水频率系数,即

$$C_p = \left(\frac{Q_p}{Q_{2\%}}\right)^{0.33}$$

式中　$Q_{2\%}$——频率为2%的洪水流量(m^3/s)；

B_0——基本河槽宽度，即

$$B_0 = 16.07\left(\frac{\overline{Q}^{0.24}}{\overline{d}^{0.3}}\right)$$

式中　$\overline{Q}$——年最大流量平均值(m^3/s)，

$\overline{d}$——河床泥沙平均粒径(mm)。

其他符号意义同式(6—9)。

这些经验公式具有一定的理论依据，是根据我国公路桥梁的实际资料制订的，形式简单，便于应用。计算结果是通过设计洪水时所需要的桥孔最小净长度，桥孔设计方案的实际桥孔净长度应稍大于公式计算的 l_j；而且是桥孔轴线与水流方向正交的桥孔净长度，斜交时应予换算。

影响桥孔净长的因素较多，除进行必要的桥长计算外，尚应结合桥位地形、断面形态、河床地质、桥前壅水、冲刷深度、桥头引道、填土高度等综合确定桥孔最小净长度。

设有堤防的河流及宽滩河流，当桥前壅水影响城镇、堤防和农田房舍安全时，可按桥前容许壅水高度计算确定桥孔最小净长度。

桥孔最小净长度确定后，即可根据断面形态、主流位置、通航要求、河床演变趋势、基础地质等，尽量选用合理的标准跨径，在桥址纵断面上和桥址地形图上进行合理的桥孔布置，使桥下实际的水面宽度等于或稍大于计算的桥孔最小净长度。桥孔布置时，应先河槽后河滩，这样才能满足排洪输沙的需要，确保桥梁的安全。

第四节　大中桥孔径检算的内容

如果河道上没有修建桥梁，水流会保持相对稳定的流速 v_t，河道在冲刷与淤积方面也保持相对稳定。修建桥梁后，如果河道压缩较多，水流会产生变化，如图6—1所示。

由于水流受阻，桥梁上游的流速 v_s 开始变慢，$v_s < v_t$，水流的动能转化成势能，在桥梁上游出现壅水现象。实测表明，最大壅水高度 ΔZ_m 往往出现在桥梁上游不远处(B 断面)，最大壅水高度点附近河底出现少量淤积。而桥下壅水高度 ΔZ(D 断面)不大于最大壅水高度 ΔZ_m。

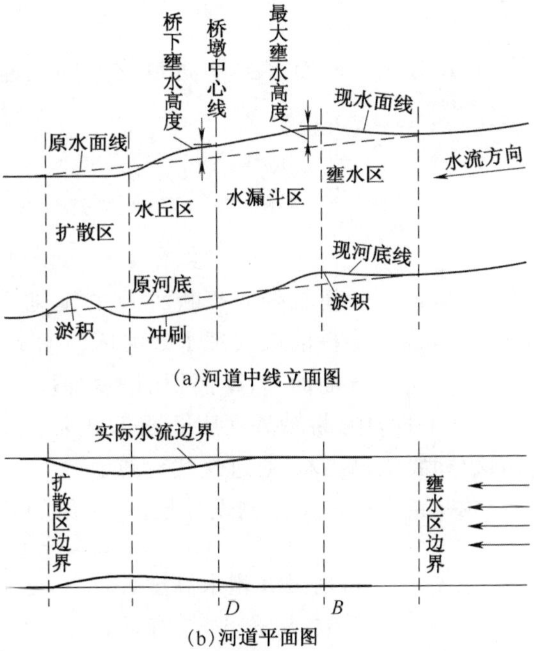

图6—1　桥梁使河道水流变化示意

水流在获得最大壅水高度后，为了恢复建桥前的稳定水流状况，会以较大的流速 v_s 通过桥梁，$v_s > v_t$。此时，桥下出现冲刷，只有当表面露出新的河床质，而 v_s 不足以冲动露出的新河床质时，桥下河床冲淤才达到新的平衡。由于河道水流状况受流量大小、水流方向等很多因素的影响，这种平衡是暂时的,变化才是永恒的。

由于建桥使河道水面和河床发生变化,因此大中桥的孔径检算就包括了水位检算与墩台基础埋置深度的检算。

第五节　大中桥的水位检算

以设计流量 Q_p 通过桥梁时,在桥前将产生壅水高度 ΔZ,除此以外还有其他许多因素影响桥梁水位。洪水期间伴有风暴,大风可引起浪高 Δl 和波浪壅高;如果桥梁建在河湾上(这应尽量避免),由于离心力的影响,弯道外侧的水面比内侧的水面高,这是河湾引起的超高;涨水时,河心水面比河岸水面高,这是水拱;局部股流壅高、床面淤高、漂浮物高度、北方河流的流冰等都影响桥梁水位。

一、设计流量通过桥孔时的壅水高度

桥前壅水曲线的形状有很多,各种规范也采用不同的形状估算桥前最大壅水高度 ΔZ_m。

1.计算桥前最大壅水高度的理论基础

河流上建桥后,由于桥梁墩台压缩了桥轴处的河床断面 D,桥前最大壅水发生在断面 B,如图 6—1 所示。断面 B 与断面 D 的能量方程为

$$Z_B+\frac{\alpha_B v_B^2}{2g}=Z_D+\frac{\alpha_D v_D^2}{2g}+h_f$$

式中　Z_B, Z_D——断面 B、断面 D 的位置水头;

h_f——断面 B 与断面 D 间水头损失。

假设 $\alpha_B=\alpha_D=1$,从断面 B 到断面 D 按渐变考虑,所以只需计算沿途损失 h_f。

$$h_f=\frac{v^2 l}{C^2 R}$$

式中,v、R 分别为断面 B 到断面 D 之间的流速、水力半径的平均值,C 为谢才系数($m^{\frac{1}{2}}/S$),其计算式为 $C=\frac{1}{n}\sqrt[6]{R}$。

$$\Delta Z_m=Z_B-Z_D=\frac{1}{2g}(v_D^2-v_B^2)+\frac{v^2 l}{C^2 R}=\frac{Q^2}{\varepsilon}\left[\frac{1}{2g}\left(\frac{1}{\omega_D^2}-\frac{1}{\omega_B^2}\right)+\frac{l}{\omega^2 C^2 R}\right] \tag{6—13}$$

式中　v_D, ω_D——桥轴处河床断面 D 的流速、面积;

v_B, ω_B——桥前最大壅水处河床断面 B 的流速、面积;

ω——断面 B、D 面积的平均值。

式(6—13)中,桥轴处河床断面 D 的流速、面积已知,但桥前最大壅水处河床断面 B 的流速、面积却要依靠 ΔZ_m 通过迭代计算。

2.《铁路工程水文勘测设计规范》采用的简化公式

$$\Delta Z_m=\eta(\overline{v}_m^2-\overline{v}^2) \tag{6—14}$$

式中　ΔZ_m——桥前最大壅水高度(m);

η——系数,从表 6—3 查得;

$\overline{v}_m$——桥下平均流速(m/s),按表 6—4 计算;

$\overline{v}$——断面平均流速(m/s)，为设计流量被全河过水断面(包括边滩和河滩)除得之商。

表 6—3　η 系数

河段特性	河滩路堤阻挡的流量和设计流量的比值	η
河滩很小的山区河流	≤10%	0.05
河滩较小的半山区河流	11%～30%	0.07
有中等河滩的平原河流	31%～50%	0.10
河滩较大的低洼地区河流	>50%	0.15

表 6—4　桥下平均流速表

土　质	土　的　名　称	颗粒直径/mm	$\overline{v}_m$
松软土	淤泥、细粒砂、中粒砂、松软的淤泥质砂土等	1 及以下	$\overline{v}_m=v_p$
中等土	砂砾、小卵石、圆砾、中等密实的砂黏土和黏土等	1～25	$\overline{v}_m=v_p\times\frac{2P}{P+1}$
密实土	大卵石、漂石、密实的黏土等	25 以上	$\overline{v}_m=P\times v_p$

3. 桥下壅水高度 ΔZ

观测表明，最大壅水高度发生在桥前不远的地方，如图 6—1 所示。可以根据水流状况选取桥下壅水高度 ΔZ：

一般河流，$\Delta Z=\Delta Z_m/2$；

山区和山前区河流，洪水涨落快，历时短，河床土不易冲刷，$\Delta Z=\Delta Z_m$；

平原河流，洪水涨落慢，河床土松软易冲刷，$\Delta Z=0$。

4. 壅水曲线

可以使用水力学中“水面曲线绘制方法”计算出壅水曲线。但工程上往往将它看成二次抛物线，这样壅水曲线全长 l_y 为

$$l_y=\frac{2\Delta Z_m}{i_0} \tag{6—15}$$

式中　i_0——桥址河段的天然比降。

二、波浪高度

对在水库、湖泊或设计洪水持续时间较长的桥梁进行设计时，必须考虑波浪高度。

图 6—2 为在固定点利用波浪自记器实际测量到的波面图，水平轴表示时间，竖向轴表示波面相对于静止水面的铅直距离。图 6—2 表明，自然的波浪不是理想中的正弦波或其他规则函数，它只有统计规律。确定浪高最好的办法是调查，但调查往往比较困难，人们便探求浪高计算的经验公式。目前，国内外计算浪高的公式有几十种，这些经验公式有各自适应的条件。对于水域狭长、水流流动的桥位而言，南京水利科学研究院与原华东水利学院的公式比较合适，《铁路工程水文勘测设计规范》采用了其方法。计算分三步进行。

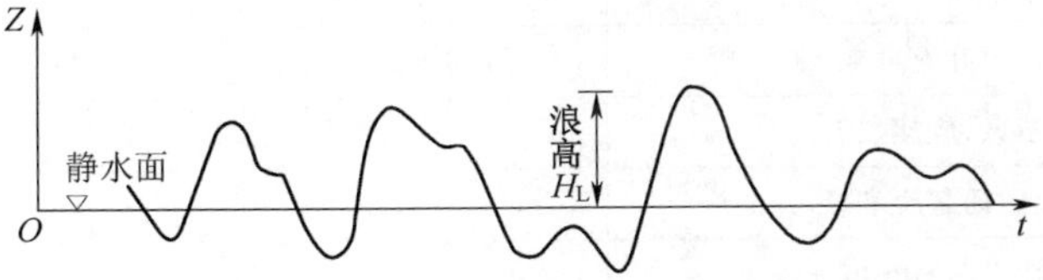

图 6—2　实际测量到的波浪图

第一步：确定波浪的平均高度。

$$\overline{H}_b=\frac{0.13\tanh\left[0.7\left(\frac{g\overline{h}_D}{\overline{v}_w^2}\right)^{0.7}\right]\tanh\left[\frac{0.0018\left(\frac{gD}{\overline{v}_w^2}\right)^{0.45}}{0.13\tanh\left[0.7\left(\frac{g\overline{h}_D}{\overline{v}_w^2}\right)^{0.7}\right]}\right]}{\frac{g}{\overline{v}_w^2}} \tag{6—16}$$

式中 $\overline{H}_b$——波浪的平均高度(m)；

D——计算浪程(m)，对于开阔水域，一般沿波浪方向，由水平泛滥边缘至计算点距离；

g——重力加速度，取 9.81m/s^2；

$\overline{h}_D$——沿浪程的平均水深(m)；

$\overline{v}_w$——风速(m/s)，在计算点设计水位水面以上 10 m 高度处，多年所测洪水期间自记 2 min 年平均最大风速的平均值，也可由自记 10 min 风速按式(6—17)计算：

$$\overline{v}_w=\frac{\overline{v}_{w0}-0.8}{0.88} \tag{6—17}$$

其中 $\overline{v}_{w0}$——风速(m/s)，水面以上 10 m 高度处，多年所测洪水期间自记 10 min 平均最大风速的平均值。

第二步：计算累积频率为 1% 的波浪高度 $H_{b,1\%}$。

浅水情况，即 $\frac{\overline{H}_b}{\overline{h}_D}\geqslant 0.1$ 时，$H_{b,1\%}=2.3\overline{H}_b$；

深水情况，即 $\frac{\overline{H}_b}{\overline{h}_D}<0.1$ 时，$H_{b,1\%}=2.42\overline{H}_b$。

第三步：计算浪高 H_L，通常以静水面以上的波浪高度计入其影响(图 6—2)，约为波高的 2/3。

$$H_L=\frac{2}{3}H_{b1\%} \tag{6—18}$$

式(6—17)的风速 $\overline{v}_{w0}$ 是实测值，要求在洪水期间桥址水面以上10 m高度进行测量，测量指标是“自记10 min平均最大风速”，取多年测量样本的平均值作为风速 $\overline{v}_{w0}$ 的计算值。实际测量时难度较大，可以查找当地气象资料确定。表 6—5 为根据风力现象估计风速值的参考表。

表 6—5　参考风速

陆地地面征象	范围/(m/s)	中速/(m/s)	换算成 km/h
静，烟直上	0.0～0.2	0.1	小于 1
烟能表示风	0.3～1.5	0.9	1～5
人面感觉有风，树叶有微响	1.6～3.3	2.5	6～11
细小树枝摇动不息，旌旗展开	3.4～5.4	4.4	12～19
小树枝摇动不息，扬起土和纸	5.5～7.9	6.7	20～28
小树摇动，内陆水面有小波	8.0～10.7	9.4	29～38

续上表

陆地地面征象	范围/(m/s)	中速/(m/s)	换算成 km/h
大树枝摇动，电线响，举伞难	10.8～13.8	12.3	39～49
全树摇动，大枝下弯，步行难	13.9～17.1	15.5	50～61
可折毁树枝，人向前阻力很大	17.2～20.7	19.0	62～74
烟囱及平顶屋损坏，小屋破坏	20.8～24.4	22.6	75～88
拔起树木，毁坏建筑，陆上少见	24.5～28.4	26.5	89～102
陆上很少，有则损失重大	28.5～32.6	30.6	103～117
陆上绝少，其摧毁力极大	＞32.6	＞30.6	＞117

三、其他因素

1. 河湾超高

河湾超高是指水流在弯曲河段上流动时，由于运动的水流在弯曲河道上所受的离心力作用，使凹岸的水面标高比凸岸高 Δh_c，形成水面横比降，如图 6—3 所示。河湾处的水位超高值可按式(6—19)计算。

$$\Delta h_c = \frac{Bv^2}{gR_c} \tag{6—19}$$

式中　Δh_c——河湾水位超高值(m)；

v——断面平均流速；

B——水面宽度(m)，如滩地有密草、丛林或死水时，该部分水面宽应予扣除；

R_c——河凸凹岸曲率半径的平均值(m)。

计算桥面高程时，可计入河湾水位超高值的二分之一。

2. 急流河槽中桥墩的水流冲击高度

急流河槽修建桥梁后，桥梁上游的河槽不出现壅水，但会出现桥墩迎水面水流溅起的冲击高度 Δh_d，如图 6—4 所示。在确定桥面高程时，不计壅水高度 ΔZ，而以水流冲击高度计入。墩前水流冲击高度 Δh_d，由动量方程和连续方程求得

$$\Delta h_d = 0.5\left[\left(h_0^2 + 16h_0\frac{v_0^2}{2g}\right)^{0.5}\right] - 1.5h_0 \tag{6—20}$$

式中　Δh_d——急流河槽中桥墩的水流冲击高度(m)；

h_0——墩前河槽的天然水深(m)；

v_0——墩前河槽的天然流速(m/s)。

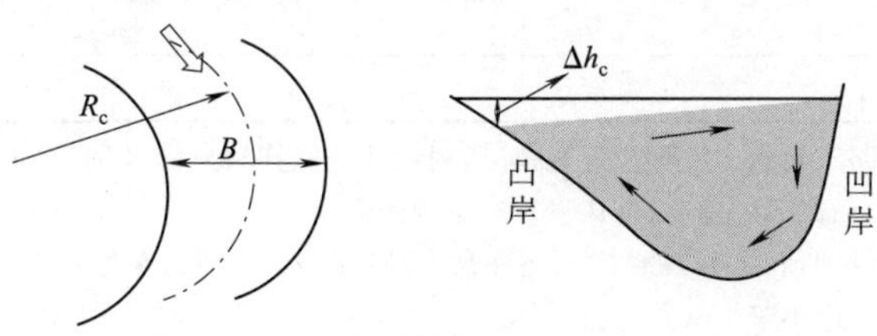

图 6—3　弯道离心力引起河湾超高

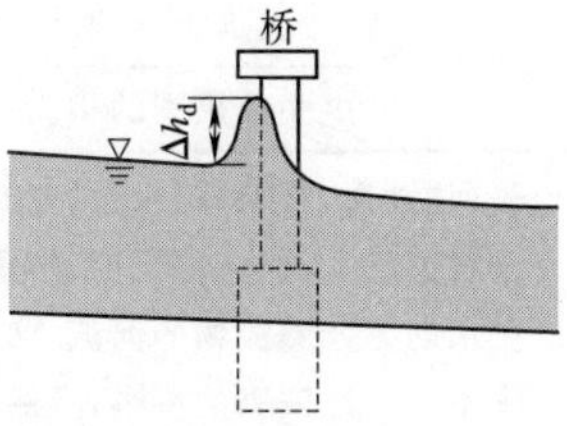

图 6—4　急流河槽水流冲击高度

四、水位检算

大中桥的水位通常由桥面最低高程控制。在设计流量通过桥梁时，设计水位到梁底还要留有一定的安全储备。如果是流冰河流，应按流冰水位检算；如果为通航河流还要按通航净空考虑。若是河流不仅过洪，还要流冰、通航，则三者都要考虑，按最不利情况确定桥面最低高程。

1. 不通航河流由水位控制的桥面最低高程

$$H_{\min} = H_S + \sum \Delta h + \Delta h_j + \Delta h_0 \tag{6—21}$$

式中 $H_{\min}$——桥面最低高程(m)；

H_S——设计流量 Q_p 通过天然河道桥址处的水位标高(m)；

$\sum \Delta h$——设计流量 Q_p 通过桥梁时的桥前壅水高度 ΔZ、浪高 H_L、波浪壅高、河湾超高、水拱、局部股流壅高、床面淤高、漂浮物高度等，这里有的指标可以计算求得，有的指标则要靠调查确定；

Δh_j——不通航河流的公路桥桥下净空高度见表 6—6，不通航河流的铁路桥设计净空高度见表 6—7；

Δh_0——桥梁上部构造(包括桥面铺装层)建筑高度。

表 6—6 不通航河流公路桥桥下设计净空高度

桥梁部位	按设计水位计算的桥下净空安全值/m	按最高流冰水位计算的桥下净空安全值/m
梁底	0.50	0.75
支座垫石顶面	0.25	0.5
拱脚	0.25	0.25

注：(1)无铰拱的拱脚可被洪水淹没，淹没高度不宜超过拱圈矢高的 2/3；拱顶底面至设计水位的净高不应小于 1 m。

(2)山区河流水位变化大，可适当加大桥下净空高度。

表 6—7 不通航河流铁路桥桥下设计净空高度

序号	桥的部位		高出设计水位加 Δh 后的最小高度/m	高出检算水位加 Δh 后的最小高度/m
1	梁底	一般情况	0.50	0.25
		洪水期有大漂流物	1.50	1.00
		有泥石流	1.00	—
2	支承垫石顶		0.25	—
3	拱肋或拱圈的拱脚		0.25	—

注：(1)表列“设计(或检算)水位”是指相应于《铁路工程水文勘测设计规范》所列设计或检算频率的水位。Δh 是指相应于根据河流具体情况分别考虑壅水、浪高、局部股流壅高、河床淤积等影响的高度。

(2)洪水期无大漂流物的河流，实体无铰拱桥(拱肋和拱圈)的拱脚，允许被“设计水位＋Δh”的水位所淹没，但此水位不应超过矢高的一半，且距拱顶的净高不应小于 1 m。

(3)有严重泥石流时或钢桥下在洪水期有大漂流物通过时，可根据具体情况，采用大于表列的净空高度。

2. 按流冰水位控制的桥面最低高程

$$H_{min}=H_{SB}+\Delta h_j+\Delta h_0 \tag{6—22}$$

式中　H_{SB}——设计流量 Q_p 通过天然河道桥址处的最高流冰水位(m),应考虑床面淤高。

其他符号意义见式(6—21)。

3. 通航河流的桥面最低高程

$$H_{min}=H_{th}+H_m+\Delta h_0 \tag{6—23}$$

式中　H_{th}——设计最高通航水位(m);

H_m——通航净空高度(m),表 6—8 列出了各级航道的通航净空高度。

表 6—8　各级航道的通航净空高度

<table>
<tr><th rowspan="2">航道等级</th><th rowspan="2">驳船吨级</th><th rowspan="2">船队尺度/(m×m×m)
(长×宽×吃水)</th><th colspan="4">天然及渠化河流/m</th><th colspan="4">限制航道/m</th></tr>
<tr><th>净高
H_m</th><th>净宽
B_m</th><th>上底宽
b</th><th>侧高
h</th><th>净高
H_m</th><th>净宽
B_m</th><th>上底宽
b</th><th>侧高
h</th></tr>
<tr><td rowspan="4">Ⅰ</td><td rowspan="4">3 000</td><td>(1)350×64.8×3.5</td><td>24</td><td>160</td><td>120</td><td>7</td><td></td><td></td><td></td><td></td></tr>
<tr><td>(2)271×48.6×3.5</td><td rowspan="3">18</td><td>125</td><td>95</td><td>7</td><td></td><td></td><td></td><td></td></tr>
<tr><td>(3)267×32.4×3.5</td><td>95</td><td>70</td><td>7</td><td></td><td></td><td></td><td></td></tr>
<tr><td>(4)192×32.4×3.5</td><td>85</td><td>65</td><td>8</td><td>18</td><td>130</td><td>100</td><td>7.0</td></tr>
<tr><td rowspan="3">Ⅱ</td><td rowspan="3">2 000</td><td>(1)316×32.4×3.4</td><td rowspan="2">18</td><td>105</td><td>80</td><td>6</td><td></td><td></td><td></td><td></td></tr>
<tr><td>(2)245×32.4×3.4</td><td>90</td><td>10</td><td>8</td><td></td><td></td><td></td><td></td></tr>
<tr><td>(3)180×14.0×2.6</td><td>10</td><td>50</td><td>40</td><td>6</td><td>10</td><td>65</td><td>50</td><td>6.0</td></tr>
<tr><td rowspan="4">Ⅲ</td><td rowspan="4">1 000</td><td>(1)243×32.4×2.0</td><td rowspan="4">10</td><td></td><td></td><td></td><td rowspan="4">10</td><td></td><td></td><td></td></tr>
<tr><td>(2)238×21.6×2.0</td><td>70</td><td>55</td><td>6</td><td>85</td><td>65</td><td>6</td></tr>
<tr><td>(3)167×21.6×2.0</td><td>60</td><td>45</td><td>6</td><td>50</td><td>40</td><td>6</td></tr>
<tr><td>(4)160×10.8×2.0</td><td>40</td><td>30</td><td>6</td><td></td><td></td><td></td></tr>
<tr><td rowspan="3">Ⅳ</td><td rowspan="3">500</td><td>(1)160×21.6×1.6</td><td rowspan="3">8</td><td>60</td><td>50</td><td>4</td><td></td><td></td><td></td><td></td></tr>
<tr><td>(2)112×21.6×1.6</td><td>50</td><td>41</td><td>4</td><td rowspan="2">8</td><td>80</td><td>66</td><td>3.5</td></tr>
<tr><td>(3)109×10.8×1.6</td><td>35</td><td>29</td><td>5</td><td>45</td><td>37</td><td>4.0</td></tr>
<tr><td rowspan="3">Ⅴ</td><td rowspan="3">300</td><td>(1)125×18.4×1.3</td><td rowspan="2">8</td><td>46</td><td>38</td><td>4</td><td></td><td></td><td></td><td></td></tr>
<tr><td>(2)89×18.4×1.3</td><td>38</td><td>31</td><td>4.5</td><td>8</td><td>75～77</td><td>62</td><td>3.5</td></tr>
<tr><td>(3)89×9.2×1.3</td><td>8.5</td><td>28～30</td><td>25</td><td>5.5,3.5</td><td>8,5</td><td>38</td><td>32</td><td>5,3.5</td></tr>
<tr><td rowspan="4">Ⅵ</td><td rowspan="4">100</td><td>(1)361×5.5×2.0</td><td rowspan="2">4.5</td><td></td><td></td><td></td><td></td><td>18～22</td><td>14～17</td><td>3.4</td></tr>
<tr><td>(2)154×14.6×1</td><td>22</td><td>17</td><td>3.4</td><td></td><td></td><td></td><td></td></tr>
<tr><td>(3)65×6.5×1</td><td rowspan="2">6.0</td><td rowspan="2">18</td><td rowspan="2">14</td><td rowspan="2">4</td><td rowspan="2">6.0</td><td>25～30</td><td>19</td><td>3.6</td></tr>
<tr><td>(4)74×6.4(7.5)×1</td><td>28～30</td><td>21</td><td>3.4</td></tr>
<tr><td rowspan="3">Ⅶ</td><td rowspan="3">50</td><td>(1)273×48×1.75</td><td rowspan="2">3.5</td><td></td><td></td><td></td><td rowspan="2">3.5</td><td>18</td><td>14</td><td>2.8</td></tr>
<tr><td>(2)200×5.4×0.8</td><td>14</td><td></td><td>2.8</td><td>18</td><td>14</td><td>2.8</td></tr>
<tr><td>(3)60×6.5×0.7</td><td>4.5</td><td>18</td><td>14</td><td>2.8</td><td>4.5</td><td>25～30</td><td>19</td><td>2.8</td></tr>
</table>

注:表中符号的意义见图 6—5。

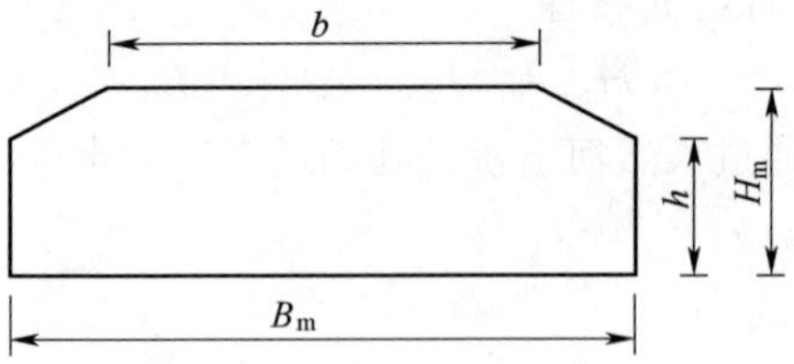

图 6—5 通航净空示意

【算例 6—1】 (接第五章【算例 5—2】)该桥的设计流量用百年一遇的流量 $Q_p=492\ m^3/s$。形态断面位于桥梁上游 56 m,其水位关系曲线见第四章【算例 4—2】。桥梁为拱桥,如图 6—6 所示,勘测时河底线坐标见表 6—9,实测浪高 $H_L=0.32$ m。桥前水面坡度为 0.000 4,河滩糙率系数为 1/12,河槽糙率系数为 1/20。每孔桥墩台间距为 20.6 m,桥梁与水流正交。河流为一般丘陵区河流,桥下河床为粗砂夹砾石。

圆端形桥墩宽 2 m,顺水流长度为 3 m;基础为矩形沉井,顺桥宽 4 m,顺水流长度6 m,基础顶标高 90 m;1 号墩基础底标高 83.5 m,2 号墩基础底标高 84.7 m。拱顶标高为 100.0 m;拱脚标高 96 m;1 号墩轴线距起点距离为 30 m。桥址处糙率系数与形态断面相同,主槽在 $x=14.8$ m 与 $x=66.67$ m 之间。试检算水位标高。

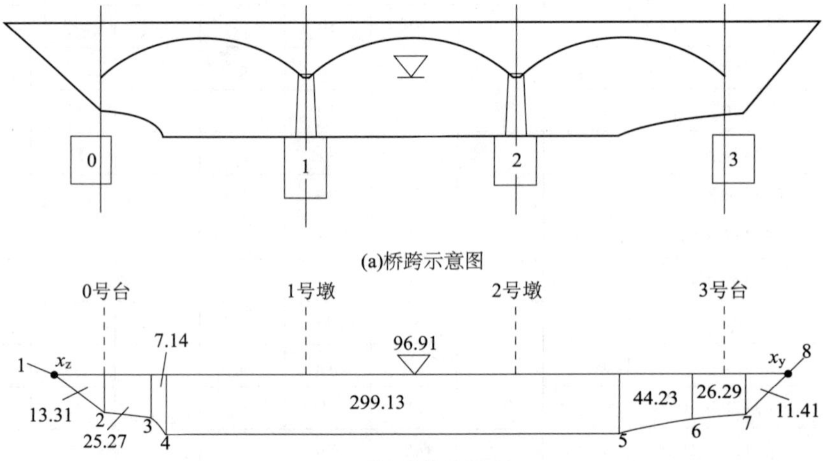

(a)桥跨示意图

(b)面积计算示意图

图 6—6 桥梁示意(单位:m)

表 6—9 算例桥勘测时河底线坐标

点号	1	x_z(左岸)	2	3	4	5	6	7	x_y(右岸)	8
x/m	0.53	4.15	9.78	14.80	15.98	59.49	66.67	71.79	76.42	79.17
y/m	99.95	96.91	92.18	91.57	90.14	89.93	91.57	91.98	96.91	99.84

【解】 (1)确定形态断面上设计流量通过时的水位标高 H_p^X

由形态断面水位关系曲线(图 4—15),得设计流量通过时的水位标高 $H_p^X=96.928$ m。

(2)确定设计流量通过时桥址断面的水位标高 H_p

因为河道接近均匀稳定流河道,所以

$$H_p=H_p^X-i\times l=96.928-0.000\ 4\times 56=96.91(\text{m})$$

(3)计算桥下河床断面(水位标高 96.91 m)

水位标高 96.91 m 与左岸交点 x_z：

$$x_z=\frac{(x_2-x_1)}{(y_2-y_1)}\times(y_1-H_p)+x_1$$
$$=\frac{(9.78-0.53)}{(99.95-92.18)}\times(99.95-96.91)+0.53$$
$$=4.15(\text{m})$$

水位标高 96.91 m 与右岸交点 x_y：

$$x_y=\frac{(x_8-x_7)}{(y_8-y_7)}\times(H_p-y_7)+x_7$$
$$=\frac{(79.17-71.79)}{(99.84-91.98)}\times(96.91-91.98)+71.79$$
$$=76.42(\text{m})$$

利用梯形公式 $\omega_i=(2\times H_p-y_{i+1}-y_i)\times(x_{i+1}-x_i)/2$ 计算各部分面积。

$$\omega_1=(2\times96.91-92.18-96.91)\times(9.78-4.15)/2=13.31(\text{m}^2)$$
$$\omega_2=(2\times96.91-91.57-92.18)\times(14.8-9.78)/2=25.27(\text{m}^2)$$
$$\omega_3=(2\times96.91-90.14-91.57)\times(15.98-14.8)/2=7.14(\text{m}^2)$$
$$\omega_4=(2\times96.91-89.93-90.14)\times(59.49-15.98)/2=299.1(\text{m}^2)$$
$$\omega_5=(2\times96.91-91.57-89.93)\times(66.67-59.49)/2=44.23(\text{m}^2)$$
$$\omega_6=(2\times96.91-91.98-91.57)\times(71.79-66.67)/2=26.29(\text{m}^2)$$
$$\omega_7=(2\times96.91-96.91-91.98)\times(76.42-71.79)/2=11.41(\text{m}^2)$$

ω_1是点 2 与左岸交点 x_z间的过水面积，ω_7是点 7 与右岸交点 x_y间的过水面积。

桥下左滩过水面积 $\omega_z=13.31+25.27=38.6(\text{m}^2)$

桥下主槽过水面积 $\omega_{zh}=7.14+299.1+44.23=350.5(\text{m}^2)$

桥下右滩过水面积 $\omega_y=26.29+11.41=37.7(\text{m}^2)$

(4)按《铁路工程水文勘测设计规范》计算桥前壅水高度

桥下过水断面面积：

$$\omega_x=38.6+350.5+37.7=426.8(\text{m}^2)$$

0 号桥台阻水面积为 $\omega_{d0}=\omega_1=13.31\ \text{m}^2$。

1 号桥墩阻水面积为 $\omega_{d1}=(H_p-H_{d1})\times b_{d1}$，其中 H_p 为设计水位标高(96.91 m)，H_{d1} 为 1 号桥墩墩底标高(90 m)，b_{d1} 为 1 号桥墩平均宽度(2.0 m)，将以上数据代入，则

$$\omega_{d1}=(96.91-90.0)\times2=13.82(\text{m}^2)$$

2 号桥墩阻水面积计算方法与 1 号墩相同。$\omega_{d2}=\omega_{d1}=13.82\ \text{m}^2$。

3 号桥台阻水面积包括两部分，第一部分为 $\omega_6=26.29(\text{m}^2)$中的一部分，为 8.8 m^2(计算过程略)，第二部分为 $\omega_7=11.41\ \text{m}^2$，则

$$\omega_{d3}=8.8+11.41=20.21(\text{m}^2)$$

全桥墩台阻水面积：

$$\omega_d=\omega_{d0}+\omega_{d1}+\omega_{d2}+\omega_{d3}$$
$$=13.31+13.82+13.82+20.21=61.16(\text{m}^2)$$

扣除墩台阻水面积后的桥下净面积为

$$\omega_g = 426.8 - 61.16 = 365.6(m^2)$$

河槽天然平均流速：

$$\overline{v} = \frac{Q_p}{\omega_x} = \frac{492}{426.8} = 1.15(m/s)$$

采用河槽天然平均流速为设计流速 $v_p = 1.15(m/s)$

按式(6—1)计算冲刷系数：

$$P = \frac{\omega_x}{\omega_g} = \frac{426.8}{365.6} = 1.17$$

由于桥下河床为粗砂夹砾石，查表 6—4 计算桥下平均流速：

$$\overline{v}_m = v_p \times \frac{2P}{P+1} = 1.15 \times \frac{2\times 1.17}{1.17+1} = 1.24(m/s)$$

河滩靠左岸边的流速 v_z 和河滩靠右岸边的流速 v_y 不会大于桥下平均流速河 $\overline{v}_m$，所以河滩路堤阻挡的流量：

$$Q_z = \omega_1 v_z + \omega_7 \times v_y < (\omega_1 + \omega_7) \times \overline{v}_m = (13.31 + 11.41) \times 1.24 = 30.6(m^3)$$

$$\frac{Q_z}{Q_p} < \frac{30.6}{492} = 0.06$$

河滩路堤阻挡的流量和设计流量的比值小于 10%，查表 6—3，$\eta = 0.05$。

按式(6—13)计算桥前最大壅水高度：

$$\Delta Z_m = \eta(\overline{v}_m^2 - \overline{v}^2) = 0.05 \times (1.24^2 - 1.15^2) = 0.01(m)$$

因为河流为一般丘陵区河流，取桥前壅水高度为桥前最大壅水高度的一半：

$$\Delta Z = 0.5 \times \Delta Z_m = 0.005(m)$$

4. 检算标高

最高水位

$$H_s = H_p + \Delta Z + H_L = 96.91 + 0.005 + 0.32 = 97.24(m)$$

拱脚标高为 96 m，可被洪水淹没。因本桥为无铰拱，满足规范要求：淹没高度(97.24－96＝1.24 m)不超过拱圈矢高的三分之二(2.27 m)；拱顶底面至设计水位的净高(100－97.24＝2.76 m)不小于 1 m。

第六节　桥下河床冲刷计算

根据长期观察总结，桥下河床变形可以分解成以下三类变形：

(1)河道自然演变引起的河床变形，其中深槽变动引起的冲刷为自然冲刷。

(2)桥渡使水面变窄后引起的河床变形，称为一般冲刷。

(3)桥墩阻水，墩周围水流结构变化引起墩周围的冲刷，称为局部冲刷。

其中，天然冲刷是指河段上即使不建桥，受天然或其他人为因素的影响，水流与泥沙运动经常处于不平衡状态，河床因此发生冲刷或者淤积；而一般冲刷和局部冲刷则为桥渡引起的河床冲刷，即建桥后扰动水流，引起河床泥沙输运而产生的河床面降低现象。这三类变形在时间和空间上相互关联。但为了研究方便，作以下假定：一般冲刷先发生，而且最大一般冲刷深度就发生在桥墩处，局部冲刷在一般冲刷的基础上继续发生，并达到极大值。这就是桥渡冲刷的最不利组合。

一、一般冲刷的机理

一般冲刷发展过程为：河道修建桥梁后，压缩河道的横断面，使过流面积减小，从而流速增大，水流的挟沙能力增强，因此桥下断面发生一般冲刷；随着冲刷的进行，河床降低，过流断面面积逐步增加，因此水流流速降低，水流的挟沙能力不断减弱，河床的冲刷也逐步变缓；直至水流流速降低到无法使河床泥沙发生起动，一般冲刷便停止了。

桥下一般冲刷计算公式是半经验半理论公式。本节主要介绍基于冲止流速原理建立的一般冲刷计算公式。

如图 6—7 所示，根据水流的连续性理论，建桥后桥下最大单位宽度上的流量 q_{max} 引起垂直线上深度的增大（即冲刷），直到深度达最大深度 h_p 为止。此时最大水深处的垂线平均流速为冲止流速 v_z。单位宽度下的过水断面面积为 $h_p\times1$，有 $q_{max}=v_z\times(h_p\times1)$，即

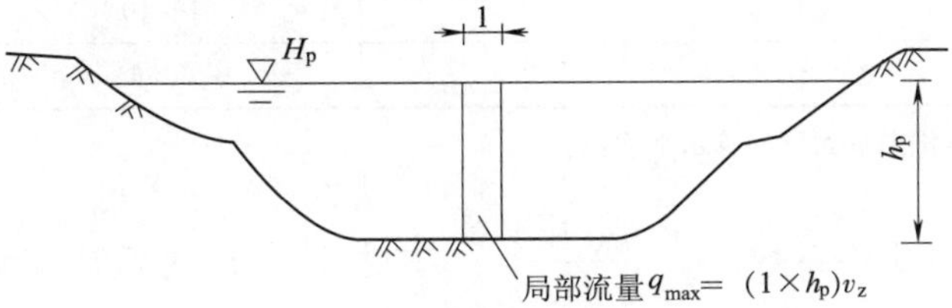

图 6—7　最深处单位宽度范围内的水流

$$h_p=\frac{q_{max}}{v_z} \tag{6—24}$$

桥下每单位宽度上的流量平均值为

$$\overline{q}=\frac{Q_p}{\mu l_j} \tag{6—25}$$

式中　Q_p——频率为 p 的设计流量（m^3/s）；

l_j——桥孔净长（m）；

μ——折减系数，见式（6—5）。

根据谢才—曼宁公式可知，单宽流量与相应垂线水深的 5/3 次方成正比，因此

$$\frac{q_{max}}{\overline{q}}=\left(\frac{h_{max}}{\overline{h}}\right)^{5/3} \tag{6—26}$$

式中，$\overline{h}$ 为相应于单宽流量平均值的水深（m）。

将式（6—25）代入式（6—26），得

$$q_{max}=\frac{Q_p}{\mu l_j}\left(\frac{h_{max}}{\overline{h}}\right)^{5/3} \tag{6—27}$$

式（6—27）为求解一般冲刷深度 h_{max} 的理论方程，习惯上 h_{max} 常用 h_p 代替。根据大量的观测资料，桥梁工作者在式（6—27）的基础上整理出一系列计算各种河床质的一般冲刷公式。

二、公路桥桥下河槽的一般冲刷公式

1. 非黏性土桥下河槽的一般冲刷公式——64—1 修正式

根据式（6—27）的模型，1964 年铁道部、交通部组织了联合攻关，得出了计算河槽桥孔一

般冲刷的计算式——64—1 式,《公路工程水文勘测设计规范》列出了它的修正式。

$$h_p=\left[\frac{A_d\dfrac{Q_2}{\mu B_{cj}}\left(\dfrac{h_{cm}}{h_{cq}}\right)^{5/3}}{E\,\overline{d}^{\,1/6}}\right]^{3/5} \tag{6—28}$$

式中 h_p——桥下一般冲刷后的最大水深(m);

B_{cj}——河槽桥孔部分的过水净宽(m);当桥下河槽能扩宽至全桥时,取全桥桥孔的过水净宽;

h_{cm}——桥下河槽断面上的最大水深(m);

h_{cq}——桥下河槽断面上的平均水深(m);

$\overline{d}$——河槽泥沙的平均粒径(mm);

E——与汛期含沙量有关的系数,可从表 6—10 中查得;

表 6—10 E 系数表

含沙量 ρ/(kg/m³)	<1.0	1~10	>10
E	0.46	0.66	0.86

注:表中含沙量 ρ 是历年汛期最大月的算术平均值。

A_d——单宽流量集中系数,$A_d=\left(\dfrac{\sqrt{B_z}}{H_z}\right)^{0.15}$,其中 B_z、H_z 为造床流量时的河宽和平均水深;对复式河床可按平滩水位计算,对于河槽宽浅的游荡河段、变迁河段,当 B_z 值过大或平滩水位不易确定时,或$A_d>1.8$ 时,可取$A_d=1.8$;

Q_2——桥下河槽部分通过的设计流量(m³/s),当桥下河槽能扩宽至全桥时,$Q_2=Q_p$;当桥下河槽不能扩宽至全桥时,则 Q_2 按下式计算:

$$Q_2=\frac{\omega_c C_c\sqrt{h_{cq}}}{\omega_c C_c\sqrt{h_{cq}}+\sum\omega_t C_t\sqrt{h_{tq}}}Q_p$$

其中 ω_c——桥下河槽部分过水面积(m²),

C_c——桥下河槽部分的谢才系数,

h_{cq}——桥下河滩部分的平均水深(m),

ω_t——桥下河滩部分过水面积(m²),

C_t——桥下河滩部分的谢才系数;

μ——桥墩水流侧向压缩系数:当单跨孔径 $l_0>45$ m 时,按式(6—5)计算;当单跨孔径 $l_0\leqslant 45$ m 时,按表 6—11 确定。

表 6—11 桥墩水流侧向压缩系数 μ(单跨孔径 $l_0\leqslant 45$ m 时)

设计流速 v_p /(m/s)	单跨孔径 l_0/m								
	≤10	13	16	20	25	30	35	40	45
<1.0	1.0	1.0	1.0	1.0	1.0	1.0	1.0	1.0	1.0
1.0	0.96	0.97	0.98	0.99	0.99	0.99	0.99	0.99	0.99
1.5	0.96	0.96	0.97	0.97	0.98	0.98	0.98	0.99	0.99
2.0	0.93	0.94	0.95	0.97	0.97	0.98	0.98	0.98	0.98

续上表

设计流速 v_p /(m/s)	单跨孔径 l_0/m								
	≤10	13	16	20	25	30	35	40	45
2.5	0.90	0.93	0.94	0.96	0.96	0.97	0.97	0.98	0.98
3.0	0.89	0.91	0.93	0.95	0.96	0.96	0.97	0.97	0.98
3.5	0.87	0.90	0.92	0.94	0.95	0.96	0.96	0.97	0.97
≥4.0	0.85	0.88	0.91	0.93	0.94	0.95	0.96	0.96	0.97

按式(6—28)计算桥下河槽的一般冲刷发生后，桥墩上游不远处，未受绕流影响的墩前流速(又称行近流速)v(m/s)为

$$v=E\,\overline{d}^{\,1/6}h_p^{2/3} \tag{6—29}$$

2. 非黏性土桥下河槽的一般冲刷公式——64—2 简化式

$$h_p=1.04\left(A_d\frac{Q_2}{Q_c}\right)^{0.9}\left[\frac{B_c}{(1-\lambda)\mu B_{cg}}\right]^{0.66}\times h_{cm} \tag{6—30}$$

式中　B_c——天然状态下河槽宽度(m)；

Q_c——天然状态下河槽部分通过的设计流量(m^3/s)；

B_{cg}——桥长范围内的河槽宽度，当河槽能扩宽至全桥时，取桥孔总长度(m)；

λ——设计水位下，在 B_{cg} 范围内，桥墩阻水总面积与过水断面之比。

按式(6—30)计算桥下河槽的一般冲刷发生后，墩前行近流速为

$$v=\frac{A_d^{0.1}}{1.04}\left(\frac{Q_2}{Q_c}\right)^{0.1}\left[\frac{B_c}{\mu(1-\lambda)B_{cg}}\right]^{0.34}\left(\frac{h_{cm}}{h_c}\right)^{2/3}v_c \tag{6—31}$$

式中　v_c——河槽平均流速(m/s)；

h_c——河槽平均水深(m)；

其他符号意义同前。

3. 黏性土桥下河槽的一般冲刷公式

$$h_p=\left[\frac{A_d\dfrac{Q_2}{\mu B_{cj}}\left(\dfrac{h_{cm}}{h_{cq}}\right)^{5/3}}{0.33\left(\dfrac{1}{I_L}\right)}\right]^{5/8} \tag{6—32}$$

式中　A_d——单宽流量集中系数，$A_d=1.0\sim1.2$；

I_L——冲刷范围内黏土的液性指数，I_L 取 0.16～1.19；

其他符号意义同前。

按式(6—32)计算桥下河槽的一般冲刷发生后，墩前行近流速为

$$v=\frac{0.33}{I_L}h_p^{3/5} \tag{6—33}$$

三、公路桥桥下河滩的一般冲刷公式

1. 非黏性土桥下河滩的一般冲刷公式

$$h_p=\left[\frac{\dfrac{Q_1}{\mu B_{tj}}\left(\dfrac{h_{tm}}{h_{tq}}\right)^{5/3}}{v_{H1}}\right]^{5/6} \tag{6—34}$$

式中 Q_1——桥下河滩部分通过的设计流量(m^3/s),即

$$Q_1=\frac{Q_{t1}}{Q_c+Q_{t1}}Q_p$$

其中 Q_{t1}——天然状态下桥下河滩部分通过的设计流量(m^3/s);

h_{tm}——桥下河滩的最大水深(m);

h_{tq}——桥下河滩的平均水深(m);

B_{tj}——河滩部分桥孔的过水净宽(m);

v_{H1}——河滩水深 1 m 时非黏性土的不冲刷流速(m/s),见表 6—12。

表 6—12 水深 1 m 时非黏性土的不冲刷流速 v_{H1}

河床泥沙		$\overline{d}$ /mm	v_{H1}/(m/s)
砂	细	0.05～0.25	0.35～0.32
	中	0.25～0.50	0.32～0.40
	粗	0.50～2.00	0.40～0.60
圆 砾	小	2.00～5.00	0.60～0.90
	中	5.00～10.0	0.90～1.20
	大	10～20	1.20～1.50
卵 石	小	20～40	1.50～2.00
	中	40～60	2.00～2.30
	大	60～200	2.30～3.60
漂 石	小	200～400	3.60～4.70
	中	400～800	4.70～6.00
	大	＞800	＞6.00

按式(6—34)计算桥下河滩非黏性土桥下的一般冲刷发生后,对应墩前行近流速为

$$v=v_{H1}h_p^{1/5} \tag{6—35}$$

2. 黏性土桥下河滩的一般冲刷公式

$$h_p=\left[\frac{\frac{Q_1}{\mu B_{tj}}\left(\frac{h_{tm}}{h_{tq}}\right)^{5/3}}{0.33\left(\frac{1}{I_L}\right)}\right]^{6/7} \tag{6—36}$$

式中,符号意义与式(6—32)和式(6—34)中的同名符号相同。

按式(6—36)计算桥下河滩黏性土的一般冲刷发生后,对应墩前行近流速为

$$v=\frac{0.33}{I_L}h_p^{1/6} \tag{6—37}$$

式(6—28)～式(6—37)是《公路工程水文勘测设计规范》所列计算公式。

四、铁路桥桥下一般冲刷公式

1. 非黏性土河槽一般冲刷计算公式

《铁路工程水文勘测设计规范》和《铁路桥梁检定规范》在计算非黏性土河槽一般冲刷时使用了 64—1 式。令式(6—28)中的 $\mu=1$,即为 64—1 式。

2. 黏性土桥下河槽的一般冲刷公式

令式(6—32)中的 $\mu=1$，即为《铁路工程水文勘测设计规范》计算黏性土河槽一般冲刷的计算式。

3. 非黏性土河滩一般冲刷计算公式

令式(6—34)中的 $\mu=1$，并且将 Q_1 乘 1.0～1.15 的河滩流量非均匀分配系数后，即为《铁路工程水文勘测设计规范》计算非黏性土河滩一般冲刷的计算式。

4. 黏性土河滩一般冲刷计算公式

令式(6—36)中的 $\mu=1$，即为《铁路工程水文勘测设计规范》计算黏性土河滩一般冲刷的计算式。

五、局部冲刷

在一般冲刷 h_p 发生后，水流以墩前行近流速 v 冲击桥墩。由于桥墩的阻水作用，桥墩周围的水流结构发生变化。如图 6—8 所示，墩前水面涌高，一部分水顺墩的迎水面下切，直至河底，引起反向漩涡。在墩侧河底，绕墩水流有与墩分离的倾向，形成斜轴漩涡。在墩底反向漩涡与墩侧斜轴漩涡共同作用下出现冲刷坑。只有当上游进入坑内的泥沙量等于漩涡搅起并被绕墩水流带走的泥沙量相等时，才达成平衡，此时的冲刷坑深度为局部冲刷深度 h_b。铁道部与交通部组织了联合攻关，于 1965 年完成了桥墩局部冲刷的研究。

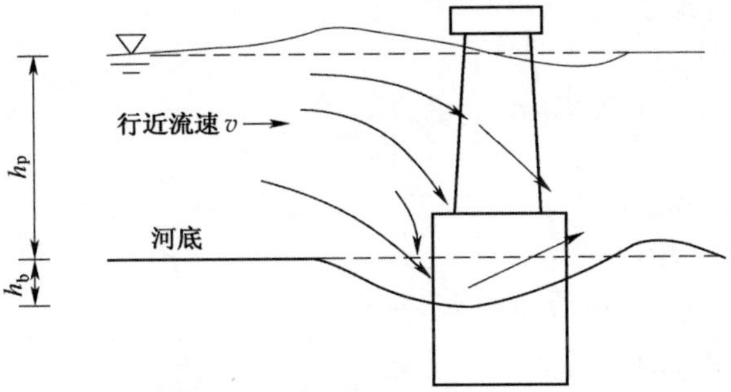

(a)局部冲刷水流立面图

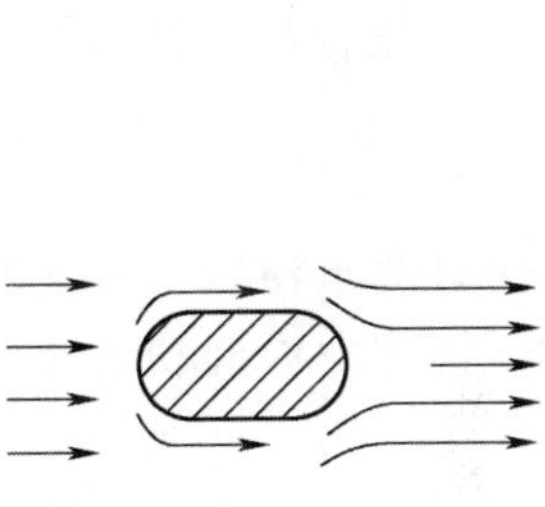
(b)局部冲刷水流平面图

图 6—8　局部冲刷机理

1. 非黏性土河床桥墩局部冲刷公式——65—1 修正式

《铁路工程水文勘测设计规范》和《公路工程水文勘测设计规范》都列出了以下计算公式。

$$h_b=K_\xi K_{\eta1}B_1^{0.6}(v-v_0'),\qquad v\leqslant v_0 \tag{6—38a}$$

$$h_b=K_\xi K_{\eta1}B_1^{0.6}(v_0-v_0')\left(\frac{v-v_0'}{v_0-v_0'}\right)^{n_1},\qquad v>v_0 \tag{6—38b}$$

式中　h_b——桥墩局部冲刷坑深度(m)；

K_ξ——墩形系数，见附录Ⅰ；

B_1——桥墩计算宽度(m)，见附录Ⅰ；

$K_{\eta1}$——河床颗粒的影响系数，即

$$K_{\eta1}=0.8\left(\frac{1}{\overline{d}^{0.45}}+\frac{1}{\overline{d}^{0.15}}\right)$$

式中　$\overline{d}$——计算点河床土平均粒径(mm)；

v_0——河床泥沙起动流速(m/s),即

$$v_0=0.0246\left(\frac{h_p}{\overline{d}}\right)^{0.14}\sqrt{332\overline{d}+\frac{10+h_p}{\overline{d}^{0.72}}} \tag{6—39}$$

v_0'——墩前泥沙起冲流速(m/s),即

$$v_0'=0.462\left(\frac{\overline{d}}{B_1}\right)^{0.06}v_0$$

n_1——指数,即

$$n_1=\left(\frac{v_0}{v}\right)^{0.25\overline{d}^{0.19}}$$

v——一般冲刷发生后的墩前行近流速,随一般冲刷公式选用不同的计算式。

2. 非黏性土河床桥墩局部冲刷公式——65—2 式

《公路工程水文勘测设计规范》列出了以下计算公式。

$$h_b=K_\xi K_{\eta 2}B_1^{0.6}h_p^{0.15}\left(\frac{v-v_0'}{v_0}\right),\quad v\leqslant v_0 \tag{6—40a}$$

$$h_b=K_\xi K_{\eta 2}B_1^{0.6}h_p^{0.15}\left(\frac{v-v_0'}{v_0}\right)^{n_2},\quad v>v_0 \tag{6—40b}$$

式中 h_b——桥墩局部冲刷坑深度(m);

K_ξ——墩形系数,见附录Ⅰ;

B_1——桥墩计算宽度(m),见附录Ⅰ;

$K_{\eta 2}$——河床颗粒的影响系数,即

$$K_{\eta 2}=\frac{0.0023}{\overline{d}^{2.2}}+0.375\overline{d}^{0.24}$$

式中 $\overline{d}$——计算点河床土平均粒径(mm);

v_0——河床泥沙起动流速(m/s),即

$$v_0=0.28(\overline{d}+0.7)^{0.5} \tag{6—41}$$

v_0'——墩前泥沙起冲流速(m/s),即

$$v_0'=0.12(\overline{d}+0.5)^{0.55}$$

n_2——指数,即

$$n_2=\left(\frac{v_0}{v}\right)^{0.23+0.19\times\lg\overline{d}}$$

v——一般冲刷发生后墩前行近流速,随一般冲刷公式选用不同的计算式。

3. 黏性土河床桥墩局部冲刷公式

《铁路工程水文勘测设计规范》和《公路工程水文勘测设计规范》列出了以下计算公式。

$$h_p/B_1\geqslant 2.5\text{ 时},\quad h_b=0.83K_\xi B_1^{0.6}I_L^{1.25}v \tag{6—42}$$

$$h_p/B_1<2.5\text{ 时},\quad h_b=0.55K_\xi B_1^{0.6}h_p^{0.1}I_L^{1.0}v \tag{6—43}$$

式中 I_L——冲刷范围内黏土的液性指数,在此取 0.16～1.48;

其他符号见式(6—38)。

六、冲刷计算的注意事项

1. 岩石中地基上的基础可能发生冲刷

大量调查表明,置于岩石中的基础(尤其是软质岩)有可能发生冲刷,设计时应注意。

2. 按地质层逐层计算

基础往往置于多层地质层中，如图 6—9 所示。无论是计算一般冲刷还是计算局部冲刷都要逐层计算。先假定冲刷线底部位于地质线 1 以上，使用粒径 $\overline{d}=d_1$ 计算。若计算出冲刷深度较大，冲刷线底部位于地质线 1 与地质线 2 之间，则应取粒径 $\overline{d}=d_2$ 计算，……，直到所取粒径为第 n 层的粒径，而计算出的冲刷线也位于本层地质线以上时，才可以认可此冲刷深度。

需要注意的是：当取 $\overline{d}=d_2$ 计算时，冲刷线在地质线 2 以下；就应取 $\overline{d}-d_3$ 计算，但此时冲刷线反而到地质线 2 以上了，这样就可以认定冲刷线就是地质线 2。

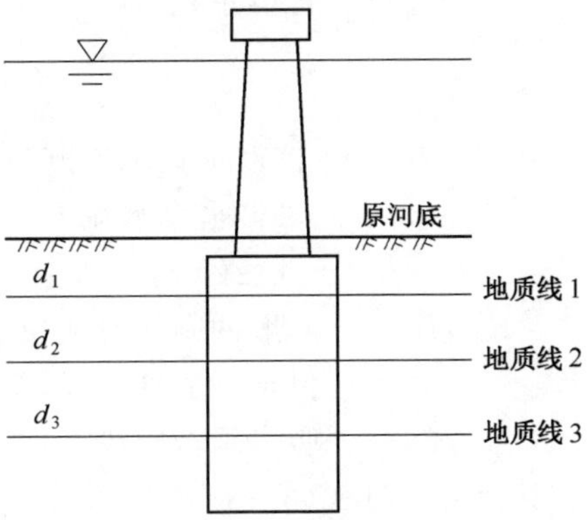

图 6—9　冲刷逐层计算示意

一些常用类型的墩型系数 K_ξ 和桥墩计算宽度 B_1 见附录Ⅰ。

3. 桩基础的局部冲刷计算

桩基础是大量采用的基础形式，桩基础的局部冲刷计算比较复杂，在此特别列出。在计算完一般冲刷深度 h_p 后，应根据一般冲刷深线标高 H_p 与桩基承台底标高 H_{cd} 的关系确定计算方法，如图 6—10 所示。

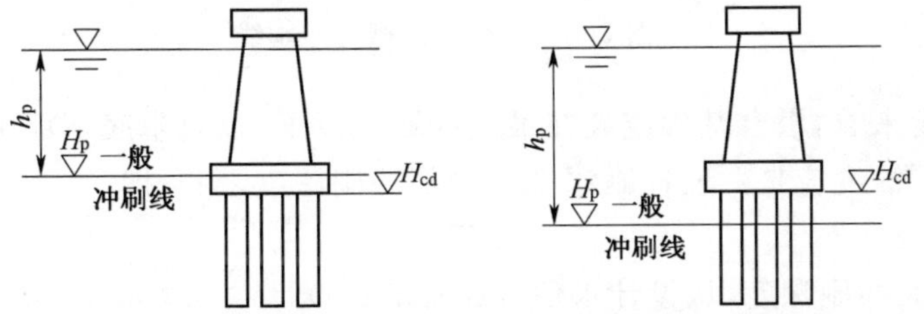

(a)一般冲刷线比承台底高　　(b)一般冲刷线比承台底低

图 6—10　桩基局部冲刷计算模型

第一种情况：一般冲刷深线标高 H_p 比桩基承台底标高 H_{cd} 高，按上部实体计算 h_b。

第二种情况：一般冲刷深线标高 H_p 比桩基承台底标高 H_{cd} 低，按式(6—44)计算 h_b：

$$h_b=(K'_\xi K_{m\phi}K_{h\phi}\phi^{0.6}+0.85K_{\xi1}K_{h2}B_1^{0.6})K_{\eta1}(v_0-v'_0)\left(\frac{v-v'_0}{v_0-v'_0}\right)^{n_1} \tag{6—44}$$

式中　$K_{h\phi}$——淹没柱体折减系数，即

$$K_{h\phi}=1.0-\frac{0.001}{\left(\frac{h_\phi}{h}+0.1\right)^2}$$

其中　h_ϕ——承台底到一般冲刷线的距离(m)，

h——一般冲刷发生后的水深(m)；

K'_ξ——单桩形状系数，按桩的形状，根据附录Ⅰ中的(1)、(2)、(3)、(5)确定，实际上常用圆柱，其值取 1；

$K_{m\phi}$——桩群系数,即

$$K_{m\phi}=1+5\left[\frac{(m-1)\phi}{B_m}\right]^2$$

其中 B_m——桩群垂直水流方向的分布宽度(m),

m——桩群垂直水流方向的排数,

ϕ——桩径(m);

$K_{\xi1}$,B_1——一般冲刷线可能位于承台底之上或之下,确定这两个参数时,就认为承台底位于一般冲刷线,按承台以上的桥墩基础形状来查附录Ⅰ;

K_{h2}——墩身承台减少系数,查附录Ⅰ中的(10);

其他符号见式(6—38)。

4. 墩台基础冲刷线

当桥下河槽稳定主泓不摆动时,如图6—11所示,河床各处冲刷最大深度连线就是冲刷线。当河槽中深泓摆动时,冲刷线为一水平线。它与设计水位平行,相距最大冲刷深 h_{pm}。

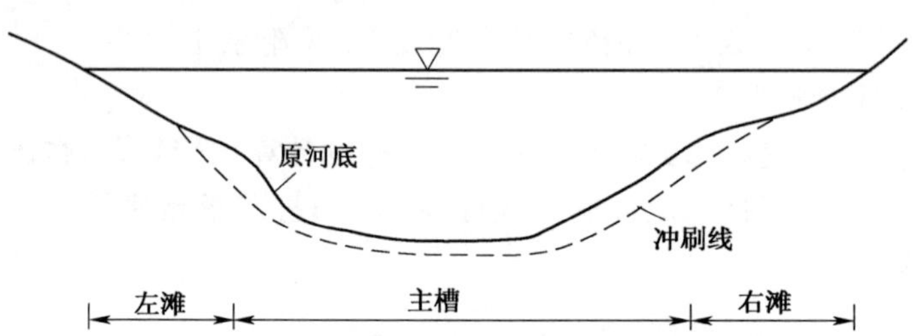

图6—11 稳定河槽的冲刷线

从冲刷的角度来看,墩台基础应放在最大冲刷线以下,以免基底下部土壤被冲走而产生墩台倾覆。最大冲刷深度应是一般冲刷深度与局部冲刷深度之和,即

$$h_{pm}=h_p+h_b \tag{6—45}$$

式中 h_{pm}——最大冲刷深度,从设计水位开始计算(m);

h_p——一般冲刷深度(m),从设计水位开始计算;

h_b——局部冲刷深度(m),从一般冲刷深度的标高开始计算。

七、基础埋置深度

最低冲刷线(而非天然河床)是设计条件下,跨河桥墩桥台周围的稳定床面,墩台基底应置于最低冲刷线以下一定的深度,称为基础埋深。从冲刷深度的角度来看基础埋置深度,应满足以下条件:

(1)在非岩石河床而无冲刷或无防冲铺砌处,基底埋在地面下的深度应不小于1.5 m(一般公路桥桥梁)或2 m(特殊大桥)。

(2)在非岩石河床有冲刷处,基底埋在墩台局部冲刷线下不小于表6—13、表6—14所列安全值。

岩石河床上的桥梁也应考虑冲刷的可能性,根据岩石的坚硬度、胶结物类别、风化程度及水深等分析确定冲刷深度,详见《公路工程水文勘测设计规范》。

表 6—13　公路桥非岩石河床墩台基底埋深安全值 h_m

总冲刷深度/m		0	5	10	15	20
安全值/m	大桥、中桥、小桥（不铺砌）	1.5	2.0	2.5	3.0	3.5
	特大桥	2.0	2.5	3.0	3.5	4.0

注：(1)总冲刷深度为自河床面算起的河床自然演变冲刷、一般冲刷与局部冲刷深度之和。

(2)表列数字为墩台基底埋入总冲刷深度以下的最小值。若设计流量、水位和原始断面资料无十分把握或河床演变尚不能获得准确资料时，其值可适当加大。

(3)桥位上下游有已建桥梁或属旧桥改建时，应调查旧桥的特大洪水冲刷情况，新桥墩台基础埋置深度应在旧桥最大冲刷深度上酌加必要的安全值。

表 6—14　铁路桥非岩石河床墩台基底埋深安全值

冲刷总深度/m			0	5	10	15	20
安全值/m	一般桥梁		2.0	2.5	3.0	3.5	4.0
	技术复杂、修复困难或重要的特大桥、大桥	设计流量	3.0	3.5	4.0	4.5	5.0
		检算流量	1.5	1.8	2.0	2.3	2.5

注：冲刷总深度为自河床面算起的一般冲刷深度与局部冲刷深度之和，并考虑深泓线可能摆动的影响。

【算例 6—2】　(接本章例 6—1)设计流量 $Q_p=492\ m^3/s$，桥位与水流正交。例 4—2 已经选定糙率为：河槽 $n_c=1/20$，河滩 $n_t=1/12$。1 号基础的基底标高为 83.5 m，标高86 m以上为细砂，粒径为 0.3 mm；标高 80～86 m 之间为中卵石，粒径为 50 mm，汛期含沙量 1～10 kg/m³。试检算基础埋置深度。

【解】　1.使用 64—1 修正式[式(6—28)]计算一般冲刷

(1)计算桥下各部分通过的流量

桥下各部分的湿周按式 $\chi_i=\sqrt{(x_{i+1}-x_i)^2+(y_{i+1}-y_i)^2}$ 计算。勘测时河底线坐标见表 6—9。

$$\chi_1=\sqrt{(x_2-x_z)^2+(y_2-y_z)^2}$$
$$=\sqrt{(9.78-4.15)^2+(92.18-96.91)^2}=7.4(m)$$

$$\chi_2=\sqrt{(x_3-x_2)^2+(y_3-y_2)^2}$$
$$=\sqrt{(14.8-9.78)^2+(91.57-92.18)^2}=5.1(m)$$

$$\chi_3=\sqrt{(x_4-x_3)^2+(y_4-y_3)^2}$$
$$=\sqrt{(15.98-14.8)^2+(90.14-91.57)^2}=1.9(m)$$

$$\chi_4=\sqrt{(x_5-x_4)^2+(y_5-y_4)^2}$$
$$=\sqrt{(59.49-15.98)^2+(89.93-90.14)^2}=43.5(m)$$

$$\chi_5=\sqrt{(x_6-x_5)^2+(y_6-y_5)^2}$$
$$=\sqrt{(66.67-59.49)^2+(91.57-89.93)^2}=7.4(m)$$

$$\chi_6=\sqrt{(x_7-x_6)^2+(y_7-y_6)^2}$$
$$=\sqrt{(71.79-66.67)^2+(91.98-91.57)^2}=5.1(m)$$

$$\chi_7=\sqrt{(x_y-x_7)^2+(y_y-y_7)^2}$$

$$=\sqrt{(76.42-71.79)^2+(96.91-91.98)^2}=6.8(\text{m})$$

χ_1是点 2 与左岸交点 x_z间的湿周,χ_7是点 7 与右岸交点χ_y间的湿周。

桥下左滩湿周 $\chi_z=7.4+5.1=12.5(\text{m})$

桥下主槽湿周 $\chi_{zh}=1.9+43.5+7.4=52.8(\text{m})$

桥下右滩湿周 $\chi_y=5.1+6.8=11.9(\text{m})$

【算例 6—1】已经计算出各部分过水断面面积:$\omega_z=38.6\ \text{m}^2$,$\omega_{zh}=350.5\ \text{m}^2$,$\omega_y=37.7\ \text{m}^2$。

桥下左滩水力半径 $R_z=\omega_z/\chi_z=38.6/12.5=3.1\ (\text{m})$

桥下主槽水力半径 $R_{zh}=\omega_{zh}/\chi_{zh}=350.5/52.8=6.6(\text{m})$

桥下右滩水力半径 $R_y=\omega_y/\chi_y=37.7/11.9=3.2(\text{m})$

利用式(4—7)计算各部分流速:

$$v=\frac{1}{n}R^{2/3}I^{1/2}=\frac{1}{n}R^{2/3}\times 0.000\ 4^{1/2}=0.02\times\frac{1}{n}\times R^{2/3}$$

$$v_z=0.02\times 12\times 3.1^{2/3}=0.51(\text{m/s})$$

$$v_{zh}=0.02\times 20\times 6.6^{2/3}=1.41(\text{m/s})$$

$$v_y=0.02\times 12\times 3.2^{2/3}=0.52(\text{m/s})$$

利用式(4—8)计算各部分流量:

$$Q_z=v_z\omega_z=0.51\times 38.6=19.7(\text{m}^3/\text{s})$$

$$Q_{zh}=v_{zh}\omega_{zh}=1.41\times 350.5=494.2(\text{m}^3/\text{s})$$

$$Q_y=v_y\omega_y=0.52\times 37.7=19.6(\text{m}^3/\text{s})$$

(2)计算桥下河槽部分通过的设计流量 Q_2

按桥址断面计算得到的流量与形态断面通过的流量 Q_p不相同,所以需要修正桥址断面流量,$Q_c=Q_{zh}=494.2\ \text{m}^3/\text{s}$,$Q_{t1}=Q_z+Q_y=19.7+19.6=39.3(\text{m}^3/\text{s})$。

$$Q_2=\frac{Q_c}{Q_c+Q_{t1}}Q_p=\frac{494.2}{494.2+39.3}\times 492=455.8(\text{m}^3/\text{s})$$

(3) 计算单宽流量集中系数 A_d

按平滩水位计算河宽,由【算例 6—1】知,主槽在 $x=14.8$ m 与 $x=66.67$ m 之间,所以主河槽宽:

$$B_z=66.67-14.8=51.87(\text{m})$$

平滩水位过水断面面积(近似按高度为点 4 处水深的梯形计算):

$$\begin{aligned}\omega_p&=\frac{[(x_6-x_3)+(x_5-x_4)]\times(y_3-y_4)}{2}\\&=\frac{[(66.67-14.8)+(59.49-15.98)]\times(91.57-90.14)}{2}\\&=68.2(\text{m}^2)\end{aligned}$$

按平滩水位计算平均水深:

$$H_z=\frac{\omega_p}{B_z}=\frac{68.2}{51.87}=1.31(\text{m})$$

$$A_d=\left(\frac{\sqrt{B_z}}{H_z}\right)^{0.15}=\left(\frac{\sqrt{51.87}}{1.31}\right)^{0.15}=1.29$$

(4) 计算河槽桥孔部分的过水净宽

桥墩宽度按 2 m 计算，则

$$B_{cj}=51.87-2\times2=47.87(\text{m})$$

(5)桥下河槽断面上的最大水深

河底最低高程 $y_{min}=y_5=89.93$，则

$$h_{cm}=H_p-y_{min}=96.91-89.93=6.98(\text{m})$$

(6)桥下河槽断面上的平均水深

$$h_{cq}=\frac{\omega_{zh}}{x_6-x_3}=\frac{\omega_{zh}}{B_z}=\frac{350.5}{51.87}=6.76(\text{m})$$

(7)与汛期含沙量有关的系数

因为汛期含沙量为 1～10 kg/m³，查表 6—10，取 $E=0.66$。

(8) 计算桥墩水流侧向压缩系数 μ

设计流速取平均流速

$$v_p=\frac{Q_p}{\omega_z+\omega_{zh}+\omega_y}=\frac{492}{38.6+350.5+37.7}=1.15(\text{m/s})$$

按设计流速 $v_p=1.15$ m/s，单跨孔径 $l_0=20$ m，查表 6—11 内插取 $\mu=0.98$。

(9)按式(6—27)计算桥下一般冲刷后的最大水深 h_p

假定一般冲刷线位于细砂层，$\overline{d}=0.3$ mm，则

$$h_p=\left[\frac{A_d\dfrac{Q_2}{\mu B_{cj}}\left(\dfrac{h_{cm}}{h_{cq}}\right)^{5/3}}{E\ \overline{d}^{\,1/6}}\right]^{3/5}=\left[\frac{1.29\times\dfrac{455.8}{0.98\times47.87}\left(\dfrac{6.98}{6.76}\right)^{5/3}}{0.66\times0.3^{1/6}}\right]^{3/5}=6.8(\text{m})$$

一般冲刷线标高 $=H_p-h_p=96.91-6.8=90.11(\text{m})>86(\text{m})$，假定正确。

(10)按式(6—29)计算桥下河槽的一般冲刷发生后，墩前行近流速

$$v=E\ \overline{d}^{\,1/6}h_p^{2/3}=0.66\times0.3^{1/6}\times6.8^{2/3}=1.9(\text{m/s})$$

2. 使用 65—1 修正式[式(6—38)]计算局部冲刷

(1)计算河床泥沙起动流速 v_0

假定最低冲刷线位于标高 86 m 以上，取 $\overline{d}=0.3$ mm，根据式(6—39)有

$$\begin{aligned}v_0&=0.0246\left(\frac{h_p}{\overline{d}}\right)^{0.14}\sqrt{332\overline{d}+\frac{10+h_p}{\overline{d}^{\,0.72}}}\\&=0.0246\times\left(\frac{6.8}{0.3}\right)^{0.14}\sqrt{332\times0.3+\frac{10+6.8}{0.3^{0.72}}}\\&=0.45(\text{m/s})\end{aligned}$$

(2) 确定墩形系数 K_ξ

圆端形桥墩宽 $b_1=2$ m，顺水流长度为 $l_1=3$ m；矩形基础顺桥宽 $b_2=4$ m，顺水流长度 $l_2=6$ m，基础顶标高为 90 m，一般冲刷线标高为 90.11 m。设计水位标高为 96.91 m。

设计水位标高到基础顶的距离 $h_1=96.91-90=6.91(\text{m})$。

基础顶到一般冲刷线的距离 $h_2=90-90.11=-0.11(\text{m})$，取 $h_2=0$。

$$h=h_1+h_2,\quad h_2/h=0$$

查附录Ⅰ序号 6 栏，由于 $h_2/h=0$，$K_{\xi1}=0.98$；

由于桥位与水流正交，$\alpha=0$，所以 $K_{\xi2}=0.99$。

$$K_{\xi}=K_{\xi1}K_{\xi2}=0.98\times0.99=0.97$$

(3)桥墩计算宽度 B_1

查附录Ⅰ序号6栏，由于桥位与水流正交，有

$$B_1=\frac{b_1h_1+b_2h_2}{h}=\frac{2\times6.91+4\times0}{6.91}=2(\text{m})$$

(4)河床颗粒的影响系数

$$K_{\eta1}=0.8\left(\frac{1}{\bar{d}^{0.45}}+\frac{1}{\bar{d}^{0.15}}\right)=0.8\times\left(\frac{1}{0.3^{0.45}}+\frac{1}{0.3^{0.15}}\right)=2.3336$$

(5)墩前泥沙起冲流速

$$v_0'=0.462\left(\frac{\bar{d}}{B_1}\right)^{0.06}v_0=0.462\times\left(\frac{0.3}{2}\right)^{0.06}\times0.45=0.186(\text{m/s})$$

(6)指数 n_1

$$n_1=\left(\frac{v_0}{v}\right)^{0.25\bar{d}^{0.19}}=\left(\frac{0.45}{1.9}\right)^{0.25\times0.3^{0.19}}=0.75$$

(7)桥墩局部冲刷

由于 $v>v_0$，利用式(6—38b)知：

$$\begin{aligned}h_{\text{b}}&=K_{\xi}K_{\eta1}B_1^{0.6}(v_0-v_0')\left(\frac{v-v_0'}{v_0-v_0'}\right)^{n_1}\\&=0.97\times2.3336\times2^{0.6}\times(0.45-0.186)\left(\frac{1.9-0.186}{0.45-0.186}\right)^{0.75}=3.6(\text{m})\end{aligned}$$

最低冲刷线标高＝96.91－6.8－3.6＝86.51(m)＞86(m)，说明假设正确。

3.检查基础埋置深度

冲刷总深度＝6.8＋3.6＝10.4(m)

最低冲刷线标高＝96.91－10.4＝86.51(m)

基础埋置深度＝86.51－83.5＝3.01 (m)

有关规范规定基础埋置深度不小于2.5 m，所以本算例基础埋置深度满足规范要求。

第七节　桥头引线路肩标高检算

在作桥头引线路肩标高检算以前，必须对洪水的流向、水位、流速等做充分的调查。除洪水水位以外，风浪的侵蚀对路堤也有较大影响。

一、影响路肩水位的因素

1. 设计流量对路肩水位的影响

可以引用大中桥流量统计的方法，对历史流量作统计，应用皮尔逊Ⅲ型曲线拟合求得设计流量，再根据形态断面的水位关系曲线确定桥头引线路肩的水位。也可以用历年的年最高水位作为随机变量，应用皮尔逊Ⅲ型曲线拟合直接求得设计水位。要特别注意的是：使用按流量系列可以计算出变异系数 C_v 和偏差系数 C_s，用历年的年最高水位也可以计算出变异系数 C_v

和偏差系数 C_s，但二者区别较大。

无论是以年最大流量为样本，还是以年最高水位为样本，其统计原理和步骤都与求桥梁断面流量的方法相同。

2. 浪袭高度的影响

在水库或开阔的河道中，风产生浪，河面水以波浪的方式前进。当波浪遇到路堤时，其动能转化成势能，产生浪袭高度（俗称爬高）$\Delta h'_p$，如图 6—12 所示。

在确定浪袭高度时，最好作实地调查。当调查困难时，可以按《铁路工程水文勘测设计规范》的公式估计浪袭高度。

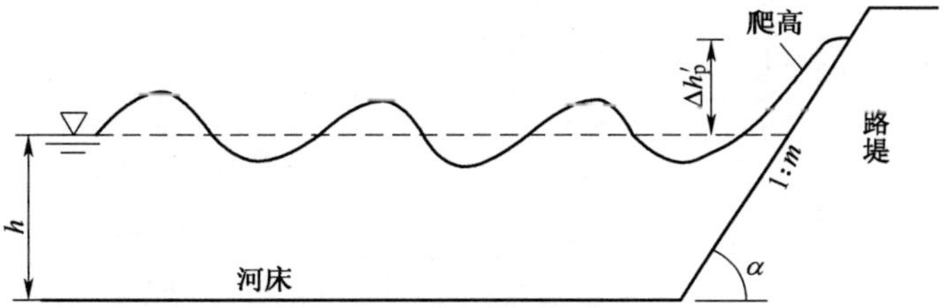

图 6—12　浪袭高度

$$\Delta h'_p = K_\Delta K_v R_0 H_{b,1\%} \tag{6—46}$$

式中　$\Delta h'_p$——自静止水面算起的波浪在边坡上的浪袭高度(m)；

K_Δ——边坡糙渗系数，见表 6—15；

K_v——与风速有关的系数，见表 6—16；

R_0——相对浪袭高度，即当 $K_\Delta=1$，$K_v=1$，$h_{b,1\%}=1$ 时的浪袭高度，见表 6—17；

$H_{b,1\%}$——计算累积频率为 1% 的波浪高度(m)，见式(6—16)。

表 6—15　边坡糙渗系数 K_Δ

边坡护面类型	整片光滑不透水护面（沥青混凝土）	混凝土及浆砌片石护面与光滑土质边坡	干砌片石及植草皮	一两层抛石加固	抛石组成的建筑物
K_Δ	1.0	0.9	0.75～0.80	0.6	0.5～0.55

表 6—16　风速影响系数 K_v

风速/(m/s)	5～10	10～20	20～30	>30
K_v	1.0	1.2	1.4	1.6

表 6—17　相对波浪侵袭高度 R_0

边坡横竖尺寸比 m	1.00	1.25	1.50	1.75	2.00	2.50	3.00
R_0/m	2.16	2.45	2.52	2.40	2.22	1.82	1.50

3. 桥前壅水的影响

如图 6—13 所示，如果没有修桥，桥址断面水位为天然水位线。建桥后由于上游河滩导流堤的影响，水面发生变化，如图 6—14 所示。由于河滩路堤阻挡水流，上游有壅水，下游水位比桥前水位低。

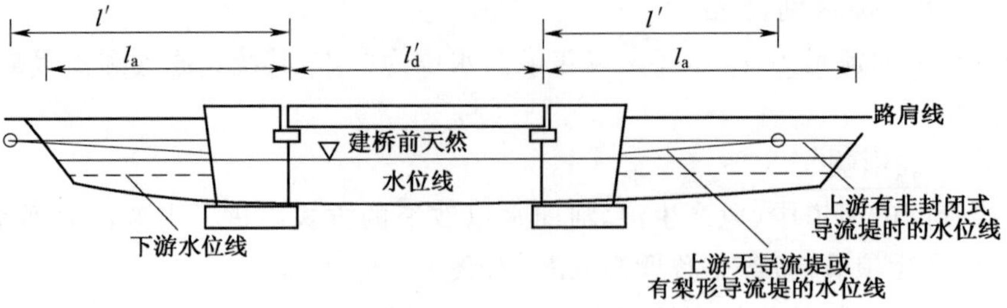

图 6—13　桥头路堤上下游水位示意

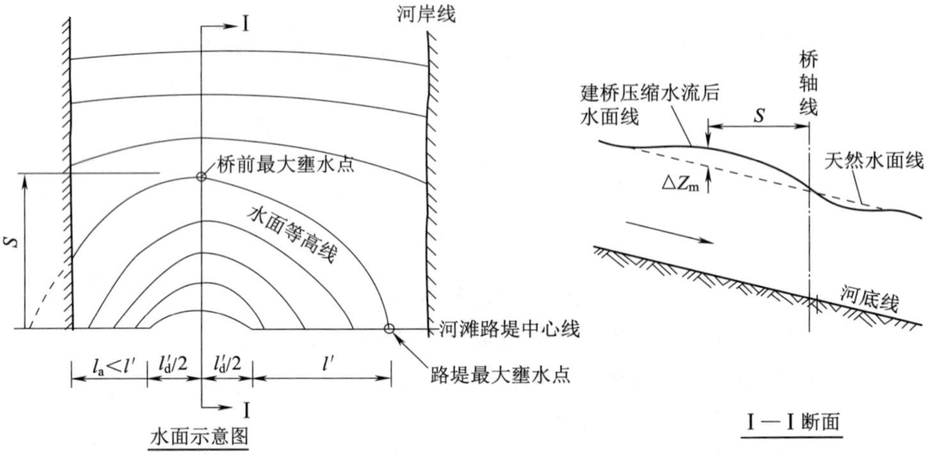

图 6—14　桥前壅水图

应根据桥头导流堤设置计算路基上游侧的最大壅水高度。

桥头无导流堤或有梨形导流堤时，路基上游侧的最大壅水高度为

$$\Delta h_{sh}=\Delta Z_m+SI_0 \tag{6—47}$$

式中 ΔZ_m——桥前最大壅水高度(m)，按式(6—13)计算；

I_0——桥前河段天然洪水比降(以小数计)；

S——桥前最大壅水高度处至桥轴线的距离(m)，即

$$S=K_s(1-M')B$$

其中 B——设计洪水的水面宽度(m)，

M'——天然状态下桥孔范围内通过的流量与设计流量之比，

K_s——系数，见表 6—18。

表 6—18　系数 K_s

M'	0.8	0.7	0.6	0.5
K_s	0.45	0.48	0.53	0.59

最大壅水高度点至桥台前缘的距离按式(6—48)计算。

$$l'=AS-0.5l'_d \tag{6—48}$$

式中 l'——最大壅水高度点至桥台前缘的距离(m)；

l'_d——两桥台前缘间的距离(m)；

A——系数，见表 6—19。

表 6—19　系数 A

M'	E'									
	0	0.1	0.2	0.3	0.4	0.5	0.6	0.7	0.8	0.9
0.5	1.43	1.44	1.48	1.55	1.63	1.73	1.85	1.98	2.14	2.31
0.6	1.93	1.94	1.95	2.00	2.09	2.20	2.35	2.52	2.73	2.97
0.7	2.80	2.81	2.82	2.83	2.90	3.03	3.23	3.47	3.79	4.16
0.8	4.60	4.64	4.68	4.72	4.77	4.87	5.16	5.57	6.16	6.92

表 6—19 中，E'为桥孔偏置系数，其值为

$$E'=1-\frac{q_x}{q_d} \tag{6—49}$$

式中　q_d——桥梁一端路基阻挡的较大流量(m^3/s)；

q_x——桥梁另一端路基阻挡的较小流量(m^3/s)。

当计算的 $l'>l_a$ 时意味着壅水高度没有达到最大值，如图 6—14 左侧所示，此时可按比例估计路基上游侧设计水位以上的壅水高度 $\Delta h'_{sh}$，其值为

$$\Delta h'_{sh}=\Delta Z_m+SI_0\frac{l_a}{l'} \tag{6—50}$$

二、浸水路基路肩标高检算

浸水路基路肩应高出下式计算的标高 H_{min}：

$$H_{min}=H_s+\sum\Delta h+0.5 \tag{6—51}$$

式中　H_s——设计水位(m)；

$\sum\Delta h$——桥前壅水高、波浪爬高、河湾超高、水拱、局部股流壅高等的总和。

复习思考题

（接复习思考题 5—1）桥址断面如图 6—15 所示（其坐标数据见表 6—20），桥梁梁底标高为30.88 m，圆端形桥墩墩底宽 1.15 m，墩底长 3.5 m；基础为矩形沉井，宽 2.6 m，长5 m。1 号墩位于主槽，墩底标高 26 m 以上为粒径 20 mm 的圆砾石，以下为 100 mm 的卵石。左岸、右岸各有路堤 2 m。桥下河滩糙率系数为 12，主槽糙率系数为 20。桥前水面坡度为 0.002 983 5。浪高为 0.3 m。含沙量为 2 kg/m³。

试检算：桥下净空和 1 号墩基础埋置深度是否满足规范要求。

表 6—20　桥址断面测量数据

距起点/m	0	6.6	8.8	14.4	21.6	24	31	34
标高/m	31.8	31	28.5	27	27	28.5	29	31.8
备注			左滩点			右滩点		

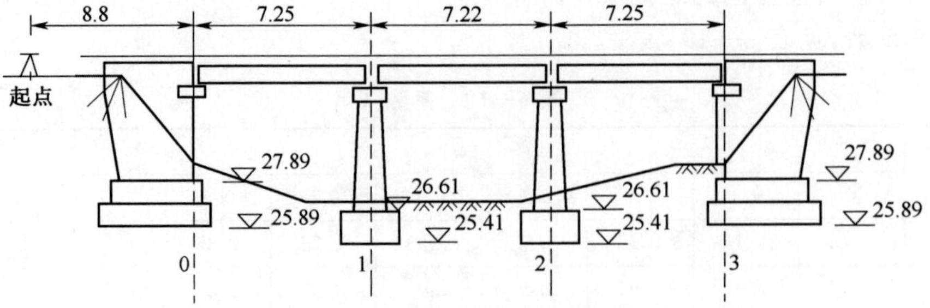

图 6—15 桥梁轴线图(单位:m)

第七章　利用雨量推算流量

中小桥与涵洞所跨越的河沟，一般流域面积较小，称为小流域。多大的流域为小流域，各地区的定义有所不同。但有一点是共同的，即小流域的最大洪水由暴雨形成，坡度陡，所以汇流时间短，洪水暴涨暴落，泛滥范围较小。

一般说来，小河沟都没有设置水文观测站。历史上的洪水也很少留下痕迹，很难用形态勘测方法得到历史上洪水的流量。虽然利用流量观测资料推定设计流量的方法在理论上也适合于小桥涵流量的推算，但由于缺少流量观测资料而无法实施。

各省、市、自治区利用雨量推定流量的方法很多，但它们基本上都属于推理公式法、单位线法和经验公式法三个范围。铁路系统根据各地区大量暴雨、径流观测资料，提出了适应各地区的小流域暴雨洪峰流量的计算法，称为"铁一院法"、"铁二院法"、"铁三院法"和"铁四院法"。随着雨量观测网络的形成，最近出现了利用雨量观测站资料计算流量的新方法——流量影响线法。所有这些方法在小桥涵的水文计算中都有重要作用，由于在选取这些方法的参数时存在人为差距，可能对于同一座小桥涵应用不同的方法计算出不同的结果，这就需要计算者多方调查，使用多种方法计算，才能去伪存真。

以上方法可以计算小桥涵的设计流量，也可以作为大中桥设计流量计算的参考方法，但使用时应特别注意它们的适应地域和流域面积范围。

第一节　推理公式法

以下介绍水利科学研究院水文研究所的推理公式法。

一、推理公式法的主要假定

推理公式法作了以下假定：

(1)假定流域的降雨过程与损失过程的差为产流过程，并把汇流时间内所产生的径流简化为强度不变的过程。

(2)把汇流面积曲边形简化成矩形。

(3)假设暴雨和洪水同频率，与流量有关的其他参数视为确定量，而非随机变量。

二、流量计算公式

基于上述假定，可推得：计算流量 Q_p 与频率为 p 的暴雨强度 a_p 和流域面积 F 的乘积成正比，即

$$Q_p = 0.278\alpha a_p F \qquad (7—1)$$

式中　a_p——频率为 p 的暴雨强度；

F——流域面积(km^2);

α——比例系数,又称洪峰流量系数;

0.278——流量与雨强单位统一时带来的系数(1 000/60/60≈0.278)。

由第二章第二节可知,暴雨强度 a_p 与雨力 s_p 的关系为

$$a_p=\frac{s_p}{\tau^n} \tag{7—2}$$

式中 n——暴雨衰减指数,详见式(2—4);

τ——流域汇流时间(h),其值为

$$\tau=\frac{0.278l_c}{mQ_p^{\frac{1}{4}}I^{\frac{1}{3}}} \tag{7—3}$$

其中 m——汇流参数,

l_c——流域全长(km),

I——沿最远流程的平均比降。

将式(7—2)代入式(7—1)得

$$Q_p=0.278\alpha\frac{s_p}{\tau^n}F \tag{7—4}$$

由于产流历时 t_c 与汇流时间 τ 存在差异,式(7—4)又被区分为全面汇流与部分汇流两种情况。

1. 全面汇流情况

当 $t_c\geqslant\tau$ 时,出口断面处的设计洪峰流量由全流域汇流所形成。

$$t_c>\tau\text{ 时,}\quad \alpha=1-\frac{\mu}{s_p}\tau^n \tag{7—5a}$$

$$t_c=\tau\text{ 时,}\quad \alpha=n \tag{7—5b}$$

产流历时 t_c 可按式(7—6)计算。

$$t_c=\left[(1-n)\frac{s_p}{\mu}\right]^{\frac{1}{n}} \tag{7—6}$$

式中 μ——损失参数。

2. 部分汇流情况

部分汇流情况是指出口断面流量由部分面积汇流,即

$$t_c<\tau\text{ 时,}\quad \alpha=n\left(\frac{t_c}{\tau}\right)^{1-n} \tag{7—7}$$

令 f 为形成洪峰流量的部分流域面积,如图 7—1 所示,在求得 l_{tc}后,可在流域地形图上取相应的最大面积,即为 f。

因为“把汇流面积曲边形简化成矩形”“汇流时间内所产生的径流简化为强度不变的过程”,所以$\frac{f}{F}\approx\frac{t_c}{\tau}\approx\frac{l_{tc}}{l_c}$。对于部分汇流,产生最大流量的产流历时是 τ,产生最大流量的流域面积是部分汇流面积 f,则部分汇流情况的流量为

$$Q_p=0.278\alpha\frac{s_p}{t_c^n}f \tag{7—8}$$

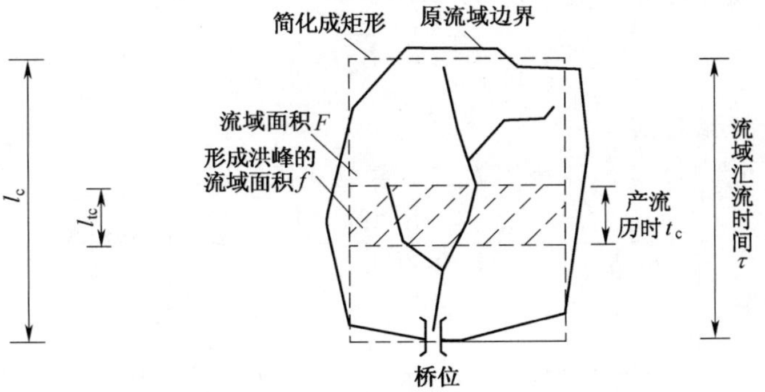

图 7—1　部分汇流面积

三、计算参数的确定

推理公式中有 7 个特定参数：

(1)流域特征参数有 F、l_c 和 I，可在地形图上量得。

(2)暴雨参数有 s_p 和 n，可由各省、市、自治区绘制的等值线图查得。

(3)损失参数 μ。可以在各省、市、自治区的水文手册或水文图集上查得，或按式(7—9)计算：

$$\text{当 } t_c<24\ \text{h 时，}\mu=(1-n)\cdot n^{\frac{n}{1-n}}\cdot\left(\frac{s_p}{h_r^n}\right)^{\frac{1}{1-n}} \tag{7—9a}$$

$$\text{当 } t_c\geqslant 24\ \text{h 时，}\mu=\frac{H_{24}-h_{24}}{24} \tag{7—9b}$$

式中　h_{24}——24 h 降雨的径流深；

h_r——地区综合的设计暴雨所产生的地面径流深，一般取为 h_{24}；

H_{24}——24 h 雨量，由各省、市、自治区的 H_{24} 等值线图上查得。

(4)汇流参数 m。对 m 值定量还有待进一步研究。实用的计算方法很多，有的根据流域河道特征及$\theta=\frac{l_c}{I^{1/3}}$值查表；有的以北纬 28°为界的两条 $m-\frac{l_c}{I^{1/3}}$曲线查用；在各省《水文手册》中都有相应图表备查(如果使用了推理公式法)。

【算例 7—1】　某桥汇水面积 $F=8.4\ \text{km}^2$，流域全长 $l_c=4$ km，沿最远流程的平均比降 $I=0.01$，试求 50 年一遇流量。

【解】　推理公式法中，式(7—1)～式(7—9)的参数相互渗透，互为因果。实用上常用试算法求设计流量 Q_p。

第一步：查桥梁所在省的水文手册，得年最大 24 h 雨量的平均值、变异系数、偏差系数，再查皮尔逊Ⅲ型曲线(表 1—1)，得设计雨量 $H_{24}=250$ mm。

第二步：查桥梁所在省的水文手册，得暴雨指数 $n=0.7$，损失参数 $\mu=2.3$ mm/h。由式(2—6)$H_{t,p}=a_p t=s_p t^{1-n}$，得 $s_p=H_{p,t}t^{n-1}$，本题 $t=24$ h，所以有

$$s_p=H_{24}\times(24)^{n-1}=250\times 24^{0.7-1}=96.4$$

第三步：确定汇流参数 m。

$$\theta=\frac{l_c}{I^{1/3}}=\frac{4.0}{0.01^{1/3}}=18.5$$

利用 $\theta=18.5$ 查桥梁所在省的水文手册，得 $m=1.0$。

第四步:计算产流历时 t_c。根据式(7—6)知

$$t_c=\left[(1-n)\frac{s_p}{\mu}\right]^{1/n}=\left[(1-0.7)\frac{96.4}{2.3}\right]^{1/0.7}=37.2(\text{h})$$

第五步:计算设计流量 Q_p。

假设 $Q_p=200\ \text{m}^3/\text{s}$,$t_c>\tau$,即全面汇流。根据式(7—3)知:

$$\tau=\frac{0.278l_c}{mQ_p^{1/4}I^{1/3}}=\frac{0.278\times4}{1.0\times200^{1/4}\times0.01^{1/3}}=1.37(\text{h})$$

根据式(7—5a)知:

$$\alpha=1-\frac{\mu}{s_p}\tau^n=1-\frac{2.3}{96.4}\times1.37^{0.7}=0.97$$

将以上数据代入式(7—4)得

$$Q_p=0.278\alpha\frac{s_p}{\tau^n}F=0.278\times0.97\times\frac{96.4}{1.37^{0.7}}\times8.4$$
$$=175.2(\text{m}^3/\text{s})$$

若 $t_c<\tau$,说明为部分汇流。由部分汇流公式计算,有

$$\tau=\frac{0.278l_c}{mQ_p^{1/4}I^{1/3}}$$

$$l_{tc}=\frac{t_c}{\tau}l_c$$

$$\alpha=n\left(\frac{t_c}{\tau}\right)^{1-n}$$

$$f=\frac{F}{\tau}t_c$$

$$Q_p=0.278a\frac{s_p}{t_c^n}f$$

若计算的 Q_p 与假设的 Q_p 差别较大,则重新假设,再按第五步计算。直到计算的 Q_p 与假设的 Q_p 差别较小为止。本题假设 $Q_p=170\ \text{m}^3/\text{s}$ 时,可得满意结果。

第二节　经验公式法

经验公式在小桥涵流量计算中应用较多,一般用于流域面积小于 5 000 km² 的中等流域的桥位。水文现象受气候和自然地理因素的影响,具有明显的地区性。因此各地区在实测大量流量资料的基础上,建立以下数学公式:

$$Q_p=CF^n \tag{7—10}$$

式中　Q_p——频率为 p 的流量(m^3/s);

C——经验参数;

n——经验指数;

F——流域面积(km^2)。

F 可在地形图上量得,如果桥涵所在省的《水文手册》推荐使用经验公式,则 C、n 可在各省《水文手册》上查得。

应用经验公式计算的流量往往误差较大,使用时应特别注意。

第三节　铁一院法

一、制定公式的主要特点

(1)以最大同时汇流面积非线性分析取代国内外常用的汇流面积的矩形概化的线性分配，洪峰流量的形成一般属于流域的部分面积同时汇流造峰，而全面积同时汇流造峰仅视为此法的一种特例。

(2)小流域洪峰流量的形成取决于暴雨时程变化与同时汇流面积分配形式的结合。

(3)考虑暴雨损失与暴雨强度的关系，公式推导采用变动的洪峰径流系数。

(4)为适应小流域(特别是 100 km^2 以下的小流域)山坡汇流所占比重较大的情况，用于公式推导的流域汇流时间采用河槽与山坡两个汇流时间的代数和。

(5)计算参数除暴雨及与暴雨有关的参数外，所有计算参数均不带频率概念，而取平均情况即暴雨与流量同频率。

(6)根据西北地区的特点特制定铁一院法。

二、洪峰流量计算公式

$$Q_p=\left[\frac{k_1(1-k_2)k_3}{x^{n'}}\right]^{\frac{1}{1-n'y}} \tag{7—11}$$

式中　Q_p——频率为 p 的暴雨洪峰流量(m^3/s)。

k_1——产流因子，按式(7—12)计算：

$$k_1=0.278\eta S_p F \tag{7—12}$$

其中　η——暴雨点面折减系数，见表 7—1，

S_p——设计暴雨参数(mm/h)，

F——汇流面积(km^2)；

k_2——损失因子，按式(7—13)计算：

$$k_2=R\times(\eta\cdot S_p)^{r_1-1} \tag{7—13}$$

其中　R——损失系数，查表 7—2，

r_1——损失指数，查表 7—2；

k_3——造峰因子，按式(7—14)计算：

$$k_3=\frac{(1-n')^{1-n'}}{(1-0.5n')^{2-n'}} \tag{7—14}$$

其中　n'——随暴雨衰减指数 n 而变的指数，即

$$n'=C_n\cdot n=\frac{1-r_1\cdot k_2}{1-k_2}\cdot n \tag{7—15}$$

x——山坡和主河槽综合汇流因子，按式(7—16)计算：

$$x=K_1+K_2 \tag{7—16}$$

$$K_1=\frac{0.278\cdot L_1}{A_1\cdot I_1^{0.35}} \tag{7—17}$$

$$K_2=\frac{0.278\cdot L_2^{0.5}F^{0.5}}{A_2\cdot I_2^{0.333}} \tag{7—18}$$

其中 K_1——主河槽汇流因子，

K_2——山坡汇流因子，

L_1——主河槽长度，由显著河槽起点到出口断面的距离(km)，

A_1——主河槽流速系数，根据断面扩散系数 a_0 和主河槽沿程平均糙率系数 m_1，查表 7—3，a_0 可在出口断面附近选取有代表性的断面，量取其 1 m 水深时相应河宽之半值(m)；若 a_0 和 m_1 超过表列值，可按式(7—19)计算：

$$A_1 = 0.0368 m_1^{0.765} \frac{a_0^{0.175}}{(a_0 + 0.5)^{0.47}} \tag{7—19}$$

I_1——主河槽平均坡度(‰)，相当于显著河槽起点到出口断面的平均坡度，

L_2——流域坡面长度(km)，按式(7—20)计算：

$$L_2 = \frac{F}{1.8(L_1 + \sum l_i)} \tag{7—20}$$

其中 $\sum l_i$——流域中支叉河沟的总长(km)：其中每条支沟长度要大于流域平均宽度的0.75倍，流域平均宽度 $B_0 = \frac{F}{2L_0}$，L_0 为流域分水岭最远点至桥涵处的距离(km)，

A_2——坡面流速系数，由表 7—4 查得，

I_2——山坡平均坡度(‰)，可在流域内选取若干有代表性的坡面量取其平均值；

y——反映流域汇流特征的指数，它取决于 K_1 与 K_2 的比值，即

$$y = 0.5 - 0.5\lg \frac{3.12\frac{K_1}{K_2} + 1}{1.246\frac{K_1}{K_2} + 1} \tag{7—21}$$

表 7—1　点面折减系数 η 值

F/km^2	<10	10	12.5	15	20	25	30	35	40	50	60	70	80	90	100
η	1.00	0.94	0.93	0.92	0.91	0.90	0.89	0.88	0.87	0.86	0.84	0.83	0.82	0.81	0.80

表 7—2　损失系数 R、r_1 值

损失等级	特　征	R	r_1
Ⅱ	黏土；地下水位较高的(0.3～0.5 m)盐碱土面；土层较薄的岩石地区；植被差、风化轻微的岩石地区	0.93	0.63
Ⅲ	植被差的砂黏土；戈壁滩；土层较厚的岩石山区；植被中等、风化中等的岩石山区；北方地区坡度不大的山间草地；黄土(Q_2)区	1.02	0.69
Ⅳ	植被差的黏砂土；风化严重、土层厚的土石山区；杂草灌木较密的山丘区或草地；人工幼林或土层较薄中等密度的林区；黄土(Q_3, Q_4)地区	1.10	0.76
Ⅴ	植被差的一般砂土地面；土层较厚森林较密的地区；有大面积水土保持措施、治理较好的土层山区	1.18	0.83
Ⅵ	无植被松散的砂土地面，茂密的并有枯枝落叶层的原始林区	1.25	0.90

注：若土壤内有钙质脱结，流域内有沼泽以及地下水位较高，损失等级应降低 1～2 级，如Ⅲ类降为Ⅱ类；若流域内土壤疏松，坑洼不平及有较多的虫穴时，损失等级应提高一级；当流域内有两种以上土类，应分别按各损失等级计算流量后，用面积作加权平均求得。

表 7—3 主河槽流速系数 A_1

m_1	a_0											主河槽特征
	1	2	3	4	5	7	10	15	20	30	50	
5	0.095	0.084	0.077	0.071	0.068	0.062	0.057	0.050	0.047	0.041	0.036	丛林郁闭度占75%以上的河沟;有大量漂石堵塞的山区弯曲大的河床;杂草丛生的河滩
7	0.120	0.106	0.098	0.092	0.087	0.079	0.072	0.064	0.060	0.053	0.046	丛林郁闭度占60%以上的河沟;有较多漂石堵塞的山区弯曲大的河床;有杂草、死水的沼泽河沟;平坦地区的梯田、漫滩
10	0.154	0.137	0.126	0.117	0.111	0.102	0.092	0.083	0.076	0.068	0.059	植物覆盖度占50%以上漂石堵塞的河床;河床弯曲有漂石及跌水的山区河槽;山丘区的冲田、滩地
15	0.205	0.181	0.167	0.155	0.147	0.135	0.123	0.110	0.102	0.090	0.078	植物覆盖度占50%以下有少量堵塞物的河床
20	0.251	0.223	0.204	0.190	0.180	0.165	0.150	0.134	0.124	0.111	0.096	弯曲或生长杂草的河床
25	0.294	0.260	0.239	0.224	0.211	0.193	0.176	0.158	0.145	0.130	0.112	杂草稀少,较为平坦、顺直的河床
30	0.335	0.297	0.273	0.254	0.241	0.221	0.200	0.180	0.165	0.148	0.127	通畅、平坦、顺直的河床

表 7—4 坡面流速系数 A_2 值

类 别	地表特征	举 例	范 围	一般
森林地区	覆盖度大于70%的森林,林下有密草或落叶层	原始森林地区	0.002～0.003	0.002 5
密草地、一般林区、平坦水田、治理过的坡地	覆盖度约50%的茂密草地;郁闭度大于30%的林区。地形平坦的水田区,水土保持较好的坡地区(密草中杂生有树木及灌木丛;带田埂及管理得较好的水田区等取较小值)	宝天线宝鸡至拓石段;森林区、宝略段灌木密草山坡、陕北黄龙林区、峨眉径流站伏虎山区和十豆山平坦区等植被良好的地区	0.003～0.007 5	0.005

续上表

类　别	地表特征	举　例	范　围	一般
中密草地、疏林地、水平梯田	覆盖度小于50%的中等密度草地;人工幼林;带田埂的梯田(草地中杂生有灌木丛;人工幼林较密或梯田的坡度较平缓者取较小值)	宝天线拓石至天水段;宝安阳涉等线植被一般的地区;峨眉径流站保宁丘陵区	0.007 5～0.015	0.01
疏草地、戈壁滩、旱地	覆盖稀疏的草地、戈壁滩;种有旱作物的坡地	兰新、兰青、天兰等线植被较差的地区;新疆、青海的戈壁滩地区;太原径流站	0.015～0.025	0.02
土石山坡	无草或有很稀疏小草的坡地	南疆线巴仑台地区;黄土高原水土流失区	0.025～0.035	0.03
路面	平整密实路面	沥青或混凝土路面	0.035～0.055	0.045

采用式(7—11)计算流量时,设计暴雨强度采用 $a_p=\frac{S_p}{t_Q^n}$,式中的暴雨衰减指数 n,其长短历时一般固定为 1 h,t_Q 为造峰历时,$t_Q\leqslant 1$ h 时,$n=n_1$;$t_Q>1$ h 时,$n=n_2$。当应用式(7—15)计算 n'时,应与 n_1 或 n_2 计算出来的 t_Q 相适应,可以按式(7—22)检验。

$$t_Q=p_1\cdot x\cdot Q_p^{-y} \tag{7—22}$$

式中　p_1——形成洪峰流量的同时汇水的时间系数,即

$$p_1=\frac{1-n'}{1-0.5n'}$$

当流域内有森林、水田、带田埂的梯田时(其汇流面积为 F'),所求得的流量应折减,无资料地区可从表 7—5 查折减系数。

计算时通常取频率 $p=1\%$的雨量计算百年一遇的流量,其他频率的流量可乘以表 7—6 的换算系数后求得。

表 7—5　折减系数

F'/F	5	10	15	20	25	30	35	40	45	50	60	70	80	90	100
稀疏的森林或带田埂的梯田	0.99	0.97	0.96	0.94	0.93	0.91	0.90	0.88	0.87	0.85	0.82	0.79	0.76	0.73	0.70
稠密的森林或水稻田	0.98	0.95	0.93	0.90	0.88	0.85	0.83	0.80	0.78	0.75	0.70	0.65	0.60	0.55	0.50

表 7—6　不同频率换算系数

频率 p /%	0.33	1	2	4	5	10
换算系数	1.35	1.00	0.80	0.60	0.50	0.42

【算例 7—2】　已知西北地区某流域 $F=10$ km²,$L_1=6.36$ km,$L_2=0.628$ km,$I_1=28.3‰$,$I_2=315‰$,$A_1=0.222$,$A_2=0.03$,损失等级为Ⅲ级,$S_{1\%}=69$ mm/h,$n_1=0.60$,$n_2=0.75$,a_p—t 曲线(图 2—10)的转折点 $t_0=1$ h,试计算暴雨流量 $Q_{2\%}$。

【解】　本题分七步求解。

第一步:由表 7—1 查得 $\eta=0.94$。

第二步：求产流因子。由式(7—12)有

$$k_1=0.278\eta S_p F=0.278\times0.94\times69\times10=180$$

第三步：求损失因子。

由表7—2查得$R=1.02$，$r_1=0.69$。由式(7—13)有

$$k_2=R\times(\eta\cdot S_p)^{r_1-1}=1.02\times(0.94\times69)^{0.69-1}=0.28$$

设$t_Q<1$ h，$n=n_1$，由公式(7—15)有

$$n'=\frac{1-r_1\cdot k_2}{1-k_2}\cdot n=\frac{1-0.69\times0.28}{1-0.28}\times0.6=0.672$$

第四步：求主河槽汇流因子。由式(7—17)有

$$K_1=\frac{0.278L_1}{A_1 I_1^{0.35}}=\frac{0.278\times6.36}{0.222\times28.3^{0.35}}=2.47$$

第五步：求山坡汇流因子。由式(7—18)有

$$K_2=\frac{0.278L_2^{0.5}F^{0.5}}{A_2 I_2^{0.333}}=\frac{0.278\times0.628^{0.5}\times10^{0.5}}{0.03\times315^{0.333}}=3.42$$

由式(7—16)有

$$x=K_1+K_2=2.47+3.42=5.89$$

流域汇流特征指数按式(7—21)计算，有

$$y=0.5-0.5\lg\frac{3.12\dfrac{K_1}{K_2}+1}{1.246\dfrac{K_1}{K_2}+1}=0.5-0.5\lg\frac{3.12\times0.72+1}{1.246\times0.72+1}=0.383$$

第六步：求造峰因子。由式(7—14)有

$$k_3=\frac{(1-n')^{1-n'}}{(1-0.5n')^{2-n'}}=\frac{(1-0.672)^{1-0.672}}{(1-0.5\times0.672)^{2-0.672}}=1.195$$

第七步：计算流量。由式(7—11)有

$$Q_p=\left[\frac{k_1(1-k_2)k_3}{x^{n'}}\right]^{\frac{1}{1-n'y}}=\left[\frac{180\times(1-0.28)\times1.195}{5.89^{0.672}}\right]^{\frac{1}{1-0.672\times0.283}}$$

$$=179(\mathrm{m^3/s})$$

上述计算是在第三步中假设$t_Q<1$ h，用$n=n_1$计算得出的Q_p。应当按式(7—22)计算造峰历时t_Q，看是否满足假设$t_Q<1$ h，否则应按$n=n_2$重算。

$$t_Q=p_1\cdot x\cdot Q_{1\%}^{-y}=0.494\times5.89\times179^{-0.383}=0.4(\mathrm{h})<1\ \mathrm{h}$$

t_Q与假设符合，无须重算。

以上求得的为频率$p_1=1\%$的设计流量，其他频率的流量可从表7—6查得换算系数后进行换算，故$Q_{2\%}=179\times0.8=143(\mathrm{m^3/s})$。

第四节　铁二院法

由原铁道部第二勘测设计院根据西南地区的特点制定铁二院法。从时间t内传播面积上的水量必须平衡出发，推导出小流域内频率为p时的流量，它与推理公式法类似。

铁二院法的流量计算公式如下：

$$Q_p = 0.278FC_1 a_p y_m \tag{7—23}$$

式中 F——流域面积(km^2);

C_1——产流系数,根据土的类别(表 7—7)可查表 7—8;

a_p——频率为 p 的暴雨强度(mm/h);

$$\begin{cases} a_p = 6^{n_1} S_p & F \leqslant 10\ km^2 \\ a_p = 1.413F^{-0.15} 6^{n_1} S_p & F > 10\ km^2 \end{cases} \tag{7—24}$$

其中,S_p 为雨力,按式(2—4)确定;n_1 为短历时暴雨衰减指数,可查地区水文手册或图集;

y_m——径流函数,根据式(7—25)的径流因子 r 值查表 7—9。

表 7—7 土的类别

土的名称	含沙量/%	土的类别
黏土、肥沃黏壤土	5~15	Ⅱ
灰化土、森林型黏壤土	15~35	Ⅲ
黑土、栗色土、生草砂壤土	35~65	Ⅳ
砂壤土	65~85	Ⅴ
砂	85~100	Ⅵ

表 7—8 产流系数 C_1

土类	Ⅱ类土	Ⅲ类土	Ⅳ类土	Ⅴ类土	Ⅵ类土
前期大雨	0.90	0.85	0.80	0.60	0.45
前期中雨	0.80	0.75	0.65	0.50	0.35
前期小雨	0.60	0.55	0.50	0.40	0.25

注:(1)前期大雨系指年径流系数大于 0.5;

(2)前期中雨系指年径流系数 0.5~0.3;

(3)前期小雨系指年径流系数小于 0.3 和年径流深 300(mm)以下。

表 7—9 y_m 值

r	y_m	r	y_m	r	y_m
1	0.665	5	0.374	9	0.294
2	0.53	6	0.362	10	0.27
3	0.468	7	0.342	11	0.142
4	0.418	8	0.318	12	0.096

$$r = 0.36a_p^{0.4}\tau \tag{7—25}$$

$$\tau = \frac{L_3^{0.72}}{1.2A_3^{0.6} I_3^{0.21} F^{0.24} a_p^{0.24}} \tag{7—26}$$

式中 τ——汇流时间(h);

A_3——阻力系数,可查表 7—10;

L_3——流域分水岭沿流程至桥涵处之距离(km);

I_3——坡度(按小数计算),按下式计算:

$$I_3=\frac{Y_p-Y_d}{L'_3}$$

其中　Y_p——流域平均高程(m)，

Y_d——出口断面高程(m)，

L'_3——平均高程等高线与主槽相交处至出口断面的距离(km)。

表 7—10　阻力系数 A_3 表

流域植被、坡面、地貌、河(沟)槽情况	A_3
流域内山坡陡峻，植被茂密，沟谷多旱地，河槽乱石交错，沟槽陡峻	1.0
流域内坡面有中等密度竹林或树木，坡面多旱地，沟谷有稻田，河床为大卵石间有圆砾	1.0～1.5
坡面有灌木杂草和旱地，沟谷中有少量稻田，河槽中等弯曲，河床为砂质或卵石	1.5～2.0
坡面平缓，有少量小树，坡面多为稻田、旱地，河沟较顺直，砂质夹有卵石河槽	2.0～2.5
坡面光秃，稀少杂草，多为稻田，有少量旱地，河槽为细砂或明显泥质河槽，河沟顺直	2.5～3.0

【算例 7—3】　已知西南地区某流域 $F=43.94\ \text{km}^2$，$L_3=14.63$ km，流域及植被情况根据表 7—10 选用 $A_3=2.76$，$I_3=0.0046$，查所在地区 50 年一遇暴雨 $a_p=180$ mm/h，流域内属Ⅱ类土，前期大雨，取 $C_1=0.9$。求百年一遇流量 $Q_{1\%}$。

【解】　本题分两步求解。

第一步：参数计算。根据式(7—26)和式(7—25)有

$$\tau=\frac{L_3^{0.72}}{1.2A_3^{0.6}I_3^{0.21}F^{0.24}a_p^{0.24}}$$

$$=\frac{14.63^{0.72}}{1.2\times2.76^{0.6}\times0.0046^{0.21}\times43.94^{0.24}\times180^{0.24}}=1.13(\text{h})$$

$$r=0.36a_p^{0.4}\tau=0.36\times180^{0.4}\times1.13=3.27$$

第二步：设计流量计算。按 $r=3.27$，查表 7—9 内插得 $y_m=0.465$，由式(7—23)有

$$Q_p=0.278FC_1a_py_m=0.278\times43.94\times0.9\times180\times0.465=920(\text{m}^3/\text{s})$$

$Q_p=920\ \text{m}^3/\text{s}$ 为 50 年一遇流量，查表 7—6 得换算系数为 1/0.8，则百年一遇流量为

$$Q_{1\%}=1/0.8\times Q_{2\%}=1.25\times920=1150(\text{m}^3/\text{s})$$

第五节　铁 三 院 法

由原铁道部第三勘测设计院根据冀、晋、鲁、豫、陕、鄂、浙及东北地区的资料得出此山丘区小流域暴雨洪峰流量计算公式。

一、山丘区计算公式

1. 当暴雨强度取公式 $a_p=\dfrac{S_p}{t^n}$时

$$Q_p=\frac{C_2F^{g_0}I_4^{p_0}}{L_4^{p_0}}\cdot\eta^{\frac{1+\gamma_0}{1-m_0n}}\tag{7—27}$$

式中　Q_p——设计洪峰流量(m^3/s)；

C_2——参数，按式(7—28)计算：

$$C_2=16.7\beta_0\frac{S_p^{\frac{\gamma_0+1}{1-m_0 n}}}{A_4^{\frac{n(\gamma_0+1)}{1-m_0\cdot n}}} \tag{7—28}$$

其中 β_0,γ_0,m_0,A_4——参数,可查表7—11;

表7—11 β_0、γ_0、m_0、A_4 参数表

土质类别	分类号	A_4	m_0	N_0	β_0	γ_0	流域概况
土质区或土石区	1	7	0.25	0.30	1.04	0.45	冲沟多而深(可达数十米)且宽,遇水后易于松散的黄土,坡面稀疏草木,耕地多为斜坡式,水土流失非常严重
	2	7	0.25	0.30	0.68	0.45	岩石露头,风化严重成粗粒状,占流域面积达30%以上,沟壑较多(沟深10~20 m以内),坡面草木稀疏,耕地多为斜坡式,土质沙性大
	3	7	0.25	0.30	0.52	0.45	流域内有下列情况之一,或下列综合情况,用本参数 1.流域内大部分为斜坡耕地,冲沟不深,地形为丘陵; 2.岩石露头,风化严重,占流域面积达20%~30%以内,坡面草木稀疏,沟形为下切式窄深状态; 3.第一类流域,在较宽沟道内有多级坝式耕地
	4	10	0.25	0.30	0.52	0.45	流域内有下列情况之一,或下列综合情况,用本参数 1.岩石露头,风化轻微,占流域面积20%~50%之间,耕地、树、草坡地都有; 2.坡地虽然草很矮,但能盘根错节,保护地表,坡面冲沟较少; 3.黑土丘陵区,大部分为斜坡耕地的流域; 4.植被较差的石山区,其中有20%左右风化较严重
	5	12	0.40	0.37	0.32	0.30	流域内有下列情况之一,或下列综合情况,用本参数 1.全流域基本为灌木草丛所覆盖; 2.较稀乔木林与草地相间; 3.较密的乔木林密草丛流域,但其中有30%左右垦为斜坡耕地; 4.冲沟少而较平坦的流域;或冲积扇上与等高线平行的有埂台田
	6	12	0.40	0.37	0.27	0.30	乔木成林,或草丛高而密(在人高以上),地表面有厚腐殖层
	7	17	0.40	0.37	0.22	0.30	腐殖层厚的森林区;或塔头草区;或较好植被之下为松散易入渗之土质
石山区	8	12	0.40	0.37	0.48	0.23	岩石露头,风化轻微,占流域面积50%以上,植被较差,或表土极薄,只能长稀草,下为岩石的石山区
	9	17	0.40	0.37	0.48	0.23	岩石露头,风化轻微,占流域面积50%以上,植被较好(夏季在非悬崖部分,大部分能为植物覆盖)
梯地	10	7	0.25	0.30	0.40	0	山坡较陡,梯地块小,冲沟切入梯地较多(限用于10 km²以内)
	11	10	0.25	0.30	0.40	0	梯地虽然块小,但层层规整(限用于10 km²以内)
	12	12	0.40	0.37	0.40	0	地势较缓梯地块大,或带地埂的梯地(限用于10 km²以内)

注:(1)本表使用范围:1~3类用于50 km²以内,4~9类用于300 km²以内,少雨地区使用范围小一些,多雨地区使用范围大一些。

(2)关于草原与干旱地区,洪峰流量需乘折减系数0.3~0.6。愈近沙漠干旱地区,洪峰流量折减系数愈小。

(3)流量概况介于两类之间,可取两类的平均参数计算,或取两类结果的平均值。

I_4——流域坡度，从分水岭算起，应用加权法计算；

L_4——流域长度，从分水岭算起(km)；

F——流域面积(km^2)；

p_0——参数，按式(7—29)计算：

$$p_0=\frac{N_0 \cdot n(\gamma_0+1)}{1-m_0 \cdot n} \tag{7—29}$$

其中　N_0——参数，见表7—11；

g_0——参数，按式(7—30)计算。

$$g_0=1+m_0 \cdot p_0 \tag{7—30}$$

2. 当暴雨强度公式取 $a_p=\frac{S_p}{(t+b)^n}$ 时

$$Q_p=16.7\beta_0 \cdot a_p^{1+\gamma_0} \cdot F \tag{7—31}$$

此时 a_p 值可以使用图解法求得，即为曲线1：

$$a_p=\frac{\eta \cdot S_p}{(t+b)^n}$$

和曲线2：

$$\tau=A_4\left(\frac{L_4}{I_4 \cdot F^{m_0}}\right)^{N_0} \cdot \frac{1}{a_p^{m_0}}$$

的交点。其中 τ 为汇流时间。

在当地《水文手册》或《水文图集》上查得 $\overline{H}_{24}$、C_{24}、n、b 等参数后，可以按其指定方法求得 S_p 和 a_p。

河流流域常常是山区与平原的组合，如图7—2所示。此时，应分别按"山区"计算山区部分到达出口断面的流量 Q_s，按"平原"计算平原部分到达出口断面的流量 Q_b。计算 Q_s 时，用山区的汇水面积及全流域的河沟长度和河沟坡度；计算 Q_b 时，用平地部分的汇水面积及平地部分的河沟长度和河沟坡度；最后将两种结果叠加。

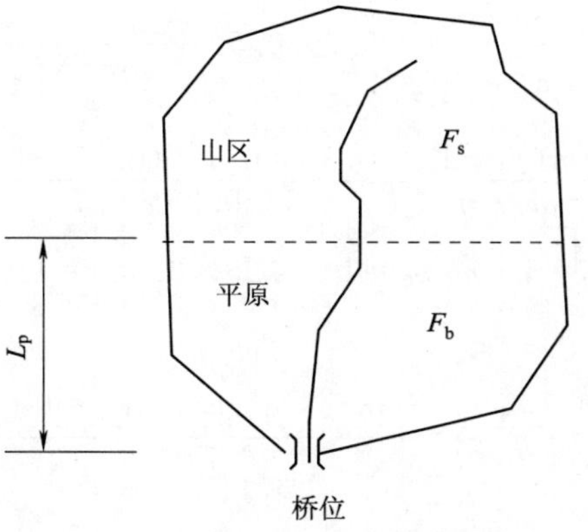

图7—2　具有山区与平原的流域

二、平原区计算公式

流域的大部分面积在平原地区时，频率为 p 的流量分两种情况计算。

1. 治理河道($F>30\ km^2$)

当 $H_p=1.56^{N_0'}m_0'\cdot F^{0.3N_0'}>90$ mm 时

$$Q_p=0.189(m_0')^{0.813}\cdot 1.56^{0.813N_0'}\cdot F^{(0.244N_0'+0.571)}\cdot \eta^{0.813} \tag{7—32a}$$

当 $H_p=1.56^{N_0'}m_0'\cdot F^{0.3N_0'}\leqslant 90$ mm 时

$$Q_p=0.0118\cdot(m_0')^{1.43}\cdot 1.56^{1.43N_0'}\cdot F^{(0.429N_0'+0.571)}\cdot \eta^{1.43} \tag{7—32b}$$

式中 H_p——频率为 p 的暴雨雨量(mm);

m_0'——参数,$m_0'=S_p\cdot 60^{1-n}$;

N_0'——参数,$N_0'=1-n$。

2. 治理标准低的河道

当 $H_p=2.53^{N_0'}\cdot m_0'\cdot F^{0.3N_0'}>90$ mm 时

$$Q_p=0.095(m_0')^{0.831}\cdot 2.53^{0.813N_0'}\cdot F^{(0.244N_0'+0.571)}\cdot \eta^{0.813} \tag{7—33a}$$

当 $H_p=2.53^{N_0'}\cdot m_0'\cdot F^{0.3N_0'}\leqslant 90$ mm 时

$$Q_p=0.00589\cdot(m_0')^{1.43}\cdot 2.53^{1.43N_0'}\cdot F^{(0.429N_0'+0.571)}\cdot \eta^{1.43} \tag{7—33b}$$

【算例 7—4】 华北某流域 $F=9.8\ km^2$,$L_4=6.7$ km,主河沟坡度 $I_4=0.034$,流域内有些山头是石山,部分是土质,全流域属土石区。阴坡灌木丛生,阳坡草木低矮,但能盘根错节保护地表,冲沟少,坡面较完整。斜坡上耕地为主,土壤为黑土,属丘陵地区,该地区 $S_{1\%}=22.1$ mm/min,$\eta=1$,$n=0.7$。求百年一遇流量。

【解】 根据已知地貌地质植被情况,采用土石区 4 类,从表 7—11 查得各参数值为:$A_4=10$,$m_0=0.25$,$N_0=0.30$,$\beta_0=0.52$,$\gamma_0=0.45$,将数据代入式(7—27),即可求得 $Q_{1\%}$。

各参数计算如下:

$$C_2=16.7\beta_0\frac{S_p^{\frac{\gamma_0+1}{1-m_0 n}}}{A_4^{\frac{n(\gamma_0+1)}{1-m_0\cdot n}}}=16.7\times0.52\times\frac{22.1^{\frac{0.45+1}{1-0.25\times0.7}}}{10^{\frac{0.7\times(0.45+1)}{1-0.25\times0.7}}}=117.8$$

$$p_0=\frac{N_0\cdot n(\gamma_0+1)}{1-m_0\cdot n}=\frac{0.30\times0.7\times(0.45+1)}{1-0.25\times0.7}=0.369$$

$$g_0=1+m_0p_0=1+0.25\times0.369=1.09$$

各参数代入式(7—27)得:

$$Q_{1\%}=\frac{C_2F^{g_0}I_4^{p_0}}{L_4^{p_0}}\cdot\eta^{\frac{1+\gamma_0}{1-m_0 n}}=\frac{117.8\times9.8^{1.09}\times0.034^{0.369}}{6.7^{0.369}}\times1^{\frac{1+0.45}{1-0.25\times0.7}}=200(m^3/s)$$

第六节 铁四院法

由原铁道部第四勘测设计院与原长沙铁道学院根据华东、华中地区的资料制成铁四院法。铁四院法的洪峰流量计算公式如下:

$$Q_p = 0.278 A_5 B_5 \frac{R_p}{t_0} F \tag{7—34}$$

$$A_5 = f(E, D) \tag{7—35}$$

$$E = 27 k_0 I_2^{1/3} \left(\frac{B_5 \times t_0 \times R_p}{b_c} \right)^{1/2} \tag{7—36}$$

$$D = 0.851 k_A L_1 \ (B_5 R_p F)^{-1/3} t_0^{-2/3} E \tag{7—37}$$

式中　R_p——频率为 p 的净雨深(mm),净雨历时 t_0 取 6 h 或 24 h,即

$$R_p = C_3 H_p \tag{7—38}$$

其中　C_3——洪峰径流系数,查表 7—12,

H_p——频率为 p 的 6 h 或 24 h 暴雨量(mm),可在水文手册或水文图集上查到;

B_5——雨型系数,查表 7—13;

A_5——洪峰削减系数,按计算的 D、E 值查图 7—3 和图 7—4;

I_2——山坡平均坡度(‰);当 $I_2 \geqslant 300$ 时使用 300;

k_0——与坡面流速有关的参数,可查表 7—14;

b_c——坡面平均长度(m),按下列公式计算:

双侧坡

$$b_c = \frac{1\,000F}{1.8(L_1 + \sum l)} \tag{7—39a}$$

单侧坡

$$b_c = \frac{1\,000F}{0.9L_1} \tag{7—39b}$$

其中　$\sum l$——除主河沟外的其他支沟长度的总和 (km),所取支沟长度应大于 $0.4L_1$;

k_A——断面系数,其值为

$$k_A = \frac{1}{0.076\,6} m_1^{-2/3} \cdot I_1^{-1/3} \cdot \left[\frac{a_0}{(1+a_0^2)^2} \right]^{-1/9} \tag{7—40}$$

其中　m_1——主河槽平均流速系数,查表 7—15,其余符号意义同前,

a_0——断面参数,按式(7—41)计算:

$$a_0 = \frac{2}{3} \omega \cdot h_m^{-4/3} \tag{7—41}$$

其中　ω——高水位时过水断面全面积(m^2),

h_m——高水位时过水断面最大水深(m)。

表 7—12　洪峰径流系数 C_3 表

土质特征	C_3 值	
	范围	一般采用
多石山区、黏土	0.85～0.95	0.90
砂黏土	0.75～0.85	0.80
黏砂土	0.65～0.75	0.70

表 7—13　雨型系数 B_5 值表

n_2		0.50	0.55	0.60	0.65	0.70	0.75
n_1		0.35～0.45		0.40～0.50			
B_5	6 h	4.50	5.08	5.78	6.38	7.02	7.82
	24 h	9.00	10.89	13.28	15.71	18.52	22.11

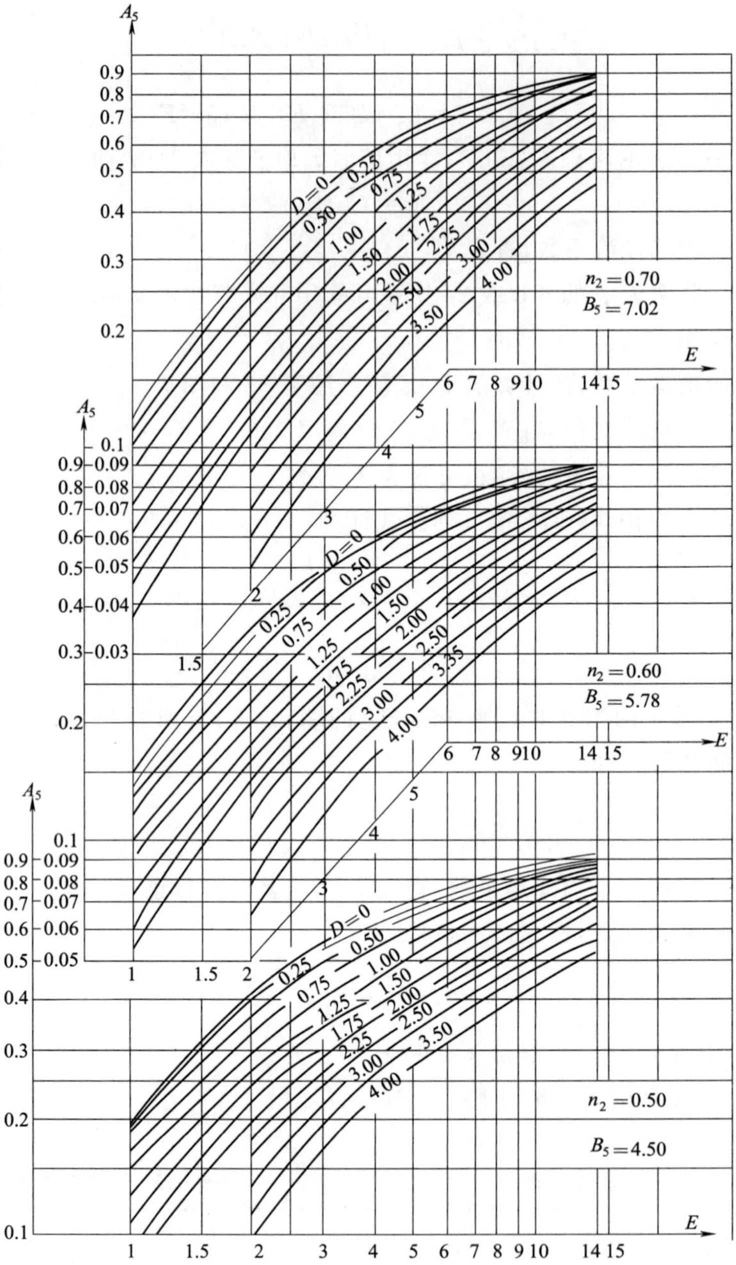

图 7—3　$t_0=6$ h，$A_5=f(E,D)$洪峰削减系数

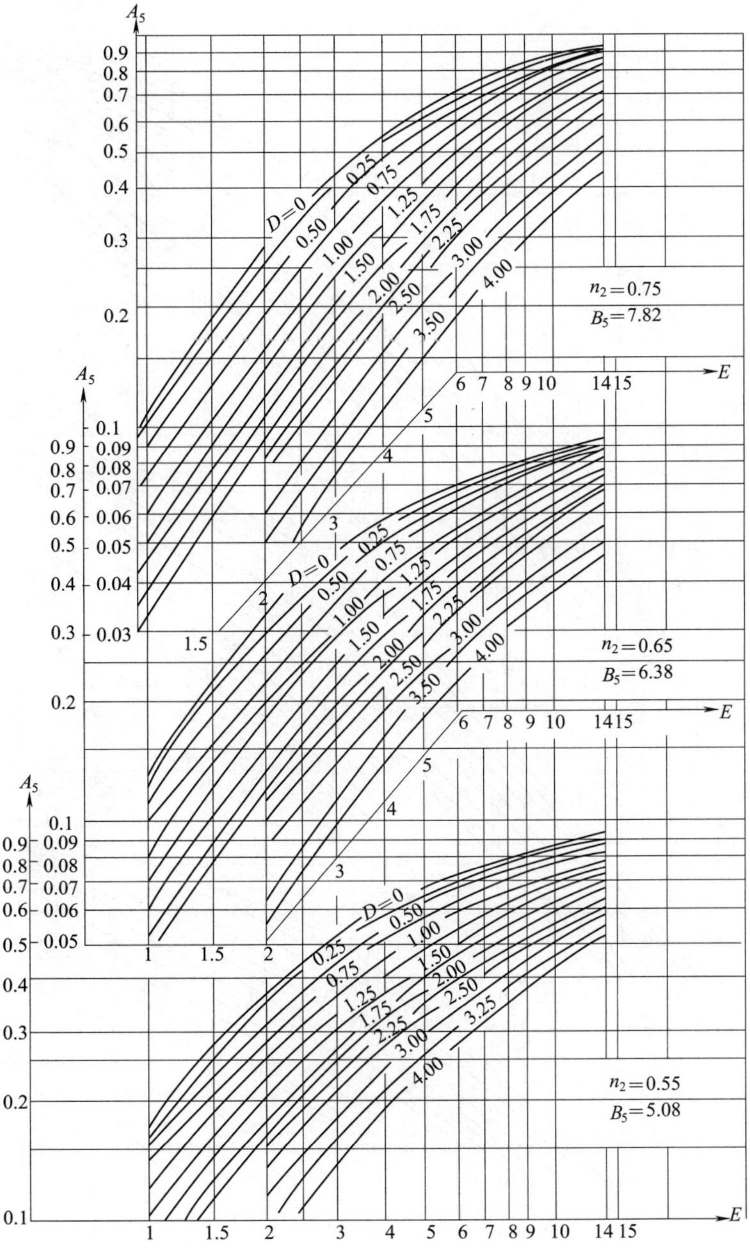

图 7—3 （续）

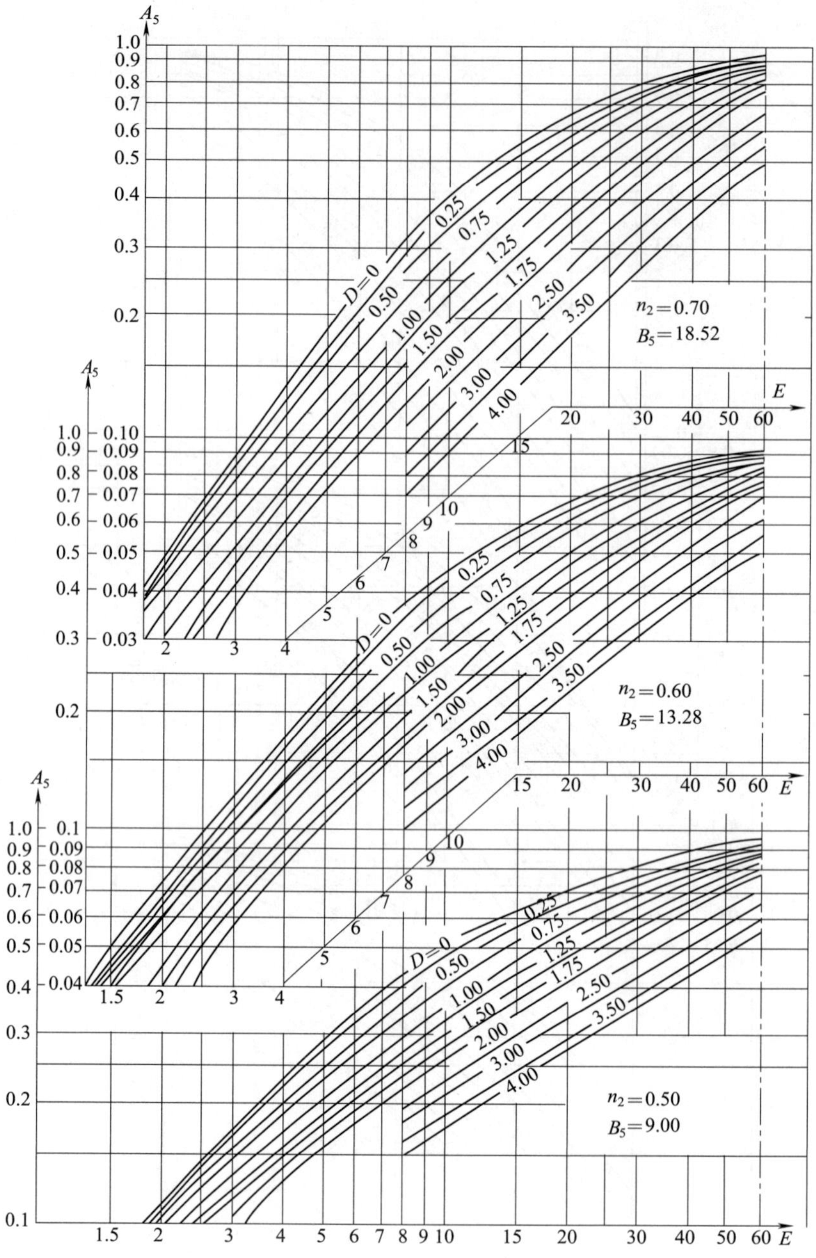

图 7—4　$t_0=24$ h，$A_5=f(E,D)$洪峰削减系数

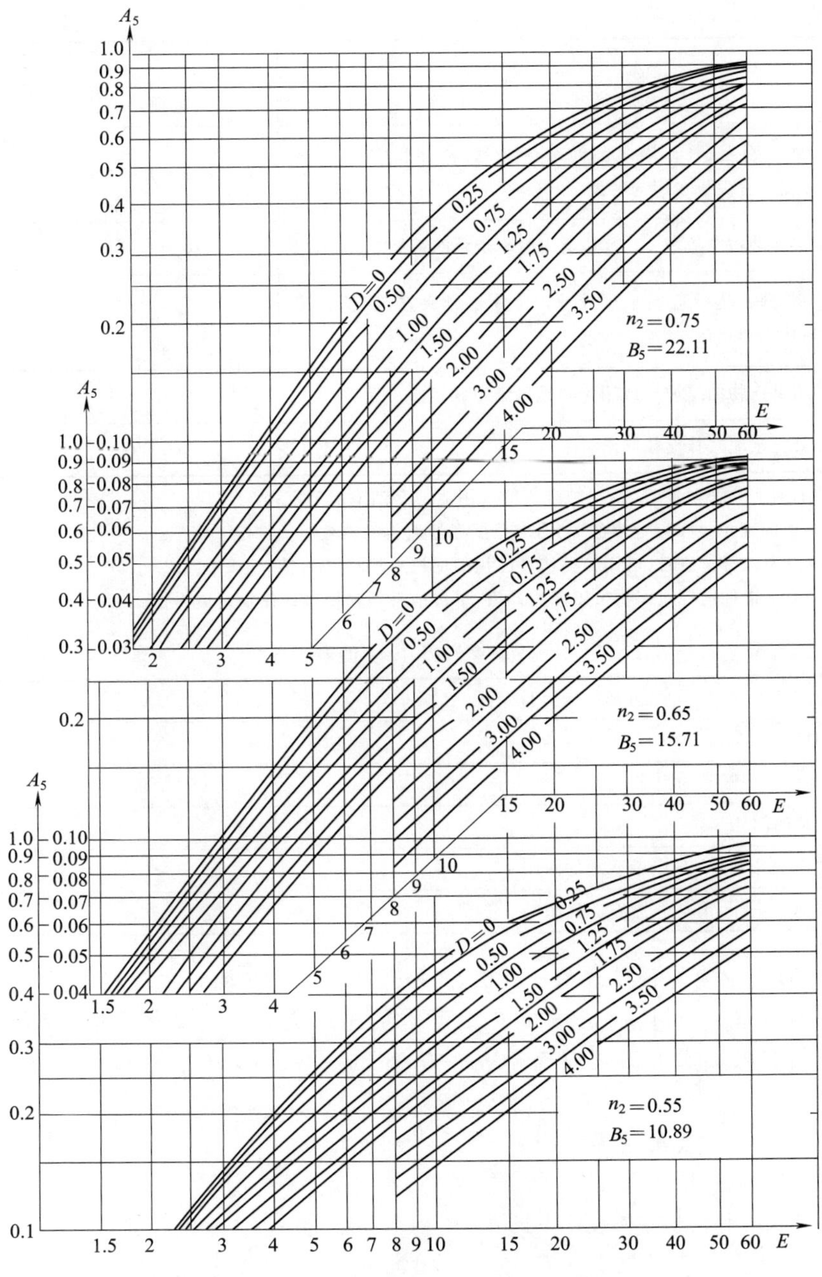

图 7—4 （续）

表 7—14　k_0 值表

类型	植　被　情　况	k_0值	
		范围	一般采用
Ⅰ	有较厚的枯枝落叶层的密林(包括竹林、灌木林、或乔、灌木、杂草混交深密)植被面积占 80%～90%以上,有少量水田旱地	0.004～0.007	0.005

续上表

类型	植 被 情 况	k_0值	
		范围	一般采用
Ⅱ	杂草中密至稠密，灌木丛间杂疏林，植被面积占80%～90%以上，有少量水田与耕地	0.007 1～0.011 0	0.009 5
Ⅲ	水田旱地占全流域80%，其余为稀疏杂草的荒坡	0.010～0.014	0.012 0
Ⅳ	杂草、灌木丛稀疏或土层较薄，部分基岩裸露，虽长有疏林，但林下杂草稀疏	0.012～0.018	0.016 0
Ⅴ	种植旱作物的旱坡地或半干旱地区杂草很稀疏的荒坡	0.019～0.039	0.025 0
Ⅵ	混凝土水泥浆抹面较光滑	0.09～0.11	0.100 0

注：(1) k_0值的选用可视现场实际情况结合一般采用值与变动范围确定；

(2)影响k_0值的部位是靠近地表的部分，应根据靠近地表的植被情况选定k_0值；

(3)如流域内为综合植被时，可用各类植被面积的加权平均计算k_0值；

(4)表中旱地系指种植旱地作物带田埂的梯田，旱坡地系指种植旱地作物之坡耕地。

表 7—15　m_1 值表

河 床 特 征	m_1
平坦顺直的河床	30
无杂草生长，较为平坦顺直的河床	25
弯曲或生有杂草的河床	20
植物覆盖度占50%以下，有少量堵塞物的河床	15
植物覆盖度占75%以下，有堵塞漂石的河床	10

【算例 7—5】 中南地区某流域 $F=6.32\ \text{km}^2$，$L_1=5.15\ \text{km}$，主河槽平均坡度 $I_1=35‰$，流域坡面平均坡度 $I_2=111‰$，流域中支汊河沟的总长 $\sum l=2.42\ \text{km}$，$a_0=5$，$m_1=10$，$C_3=0.8$，$k_0=0.012$，并在省水文图集中查得 $n_1=0.40$，$n_2=0.50$，$H_{24,1\%}=355\ \text{mm}$。试求百年一遇流量。

【解】 本题按两种情况求解。

第一种情况：$t_0=6\ \text{h}$。

按 $n_1=0.40$，$n_2=0.50$，查表 7—13 得 $B_5=4.50$。由式(7—39a)有

$$b_c=\frac{1000\cdot F}{1.8(L_1+\sum l)}=\frac{1000\times6.32}{1.8\times(5.15+2.42)}=464(\text{m})$$

由式(7—40)有

$$k_A=\frac{1}{0.0766}m_1^{-2/3}\cdot I_1^{-1/3}\cdot\left[\frac{a_0}{(1+a_0^2)^2}\right]^{-1/9}=\frac{1}{0.076\ 6}\times10^{-2/3}\times35^{-1/3}\times\left[\frac{5}{(1+5^2)^2}\right]^{-1/9}$$
$$=1.47$$

由式(2—6)得频率为 p 时，时间段 $t=6\ \text{h}$、$t=24\ \text{h}$ 的暴雨量分别为 $H_{6,1\%}=s_p\times6^{1-n_2}$ 和 $H_{24,1\%}=s_p\times24^{1-n_2}$，将这两式相除得：

$$H_{6,1\%}=H_{24,1\%}\left(\frac{6}{24}\right)^{1-n_2}=355\times\left(\frac{6}{24}\right)^{1-0.50}=177.5(\text{mm})$$

$$R_{6,1\%}=C_3H_{6,1\%}=0.8\times177.5=142(\text{mm})$$

由式(7—36)有

$$E=27k_0I_2^{1/3}\left(\frac{B_5\times t_0\times R_p}{b_c}\right)^{1/2}=27\times0.012\times111^{1/3}\left(\frac{4.50\times6\times142}{464}\right)^{1/2}$$
$$=4.48$$

由式(7—37)有

$$D=0.851k_AL_1(B_5R_pF)^{-1/3}t_0^{-2/3}E$$
$$=0.851\times1.47\times5.15\times(4.50\times142\times6.32)^{-1/3}\times6^{-2/3}\times4.48$$
$$=0.55$$

根据 $t_0=6$ h，$E=4.48$，$D=0.55$ 查图 7—3 得 $A_5=0.61$。按式(7—34)计算频率 $p=0.01$的流量为

$$Q_p=0.278A_5B_5\frac{R_p}{t_0}F=0.278\times0.61\times4.50\times\frac{142}{6}\times6.32$$
$$=114(\text{m}^3/\text{s})$$

第二种情况：$t_0=24$ h。

按 $n_1=0.40$，$n_2=0.50$，查表 7—13 得 $B_5=9.00$。b_c、k_A 计算同第一种情况，$H_{24,1\%}=355$ mm。由式(7—38)有

$$R_{24,1\%}=C_3H_{24,1\%}=0.8\times355=284(\text{mm})$$

由式(7—36)有

$$E=27k_0I_2^{1/3}\left(\frac{B_5\times t_0\times R_p}{b_c}\right)^{0.5}=27\times0.012\times111^{1/3}\left(\frac{9.0\times24\times284}{464}\right)^{0.5}$$
$$=17.9$$

由式(7—37)有

$$D=0.851k_AL_1(B_5R_pF)^{-1/3}t_0^{-2/3}E$$
$$=0.851\times1.47\times5.15\times(9.0\times284\times6.32)^{-1/3}\times24^{-2/3}\times17.9$$
$$=0.55$$

按 $t_0=24$ h，$E=17.9$，$D=0.55$，查图 7—3 得 $A_5=0.61$。

由式(7—34)有

$$Q_p=0.278A_5B_5\frac{R_p}{t_0}F=0.278\times0.61\times9.0\times\frac{284}{24}\times6.32$$
$$=114(\text{m}^3/\text{s})$$

第七节　流量影响线法

一、简支梁应力影响线

流量影响线法与结构力学的简支梁应力影响线法有相同的数学模型。

1. 简支梁应力影响线的数学模型

当单位力 $P=1$ 在简支梁上移动时，这个力对简支梁截面 C 的弯矩 M_C 产生影响，如图 7—5 所示。

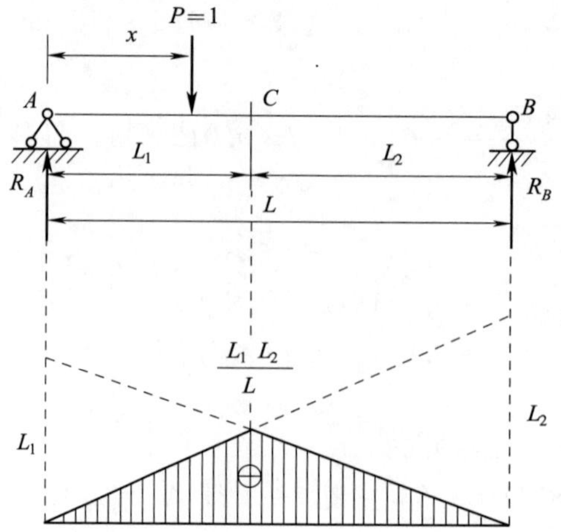

图 7—5　简支梁弯矩 M_C 影响线

由材料力学可知，简支梁应力影响线 $\sigma_C(x)=M_C(x)/W_C$，W_C 为弯曲截面系数。

$$\sigma_C(x)=\begin{cases}\dfrac{f'_m}{L_1}x & 0\leqslant x\leqslant L_1\\[2mm] \dfrac{f'_m}{L-L_1}(L-x) & L_1<x\leqslant L\end{cases} \tag{7—42}$$

$$\sigma_C(x)=f'_m\times y(x) \tag{7—43}$$

$$y(x)=\begin{cases}\dfrac{1}{L_1}x & 0\leqslant x\leqslant L_1\\[2mm] \dfrac{1}{L-L_1}(L-x) & L_1<x\leqslant L\end{cases} \tag{7—44}$$

式中　$\sigma_C(x)$——简支梁应力影响线；

f'_m——应力影响线的最大值；

L_1——应力点 C 到支点 A 的距离；

L_2——应力点 C 到支点 B 的距离。

2. 应力影响线加载

当简支梁 AB 上面有一组荷载 $P_1, P_2, \cdots, P_n$ 作用时，在简支梁 C 截面处产生应力 σ，σ 可在应力影响线上加载获得，如图 7—6所示。

$$\sigma = f'_m\times(P_1y_1+P_2y_2+\cdots+P_ny_n) = f'_m\sum_{i=1}^{n}P_iy_i \tag{7—45}$$

当荷载群 $P_1, P_2, \cdots, P_n$ 在简支梁上移动时，就获得了应力历程曲线 $\sigma(T)$。T 为 P_n 到起点 A 的距离。

3. 标定应力影响线

可以使用理论方法确定简支梁应力影响线的最大值 f'_m。但铁路桥梁部门常使用现场测量法确定 f'_m。将一台机车停在桥梁上，实测这台机车引起的最大应力，再反算 f'_m。现场测量标定是最有效的方法。

4. 应力影响线的几个要素

要素 1：简支梁是弹性体可以使用叠加原理。

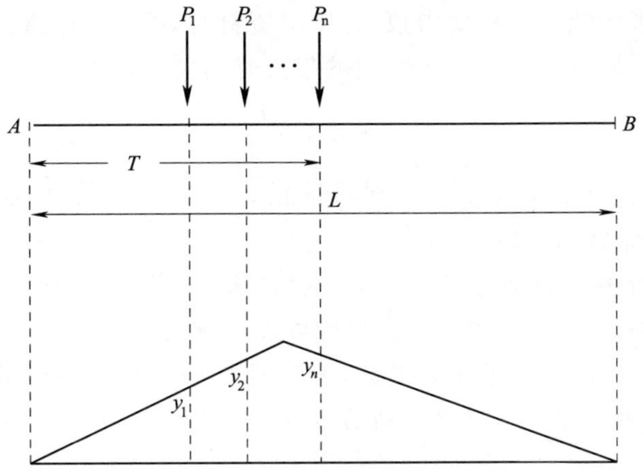

图 7—6　移动荷载群影响线加载示意

要素 2：应力点 C 到支点 A 的距离为 L_1。

要素 3：应力点 C 到支点 B 的距离为 L_2。

要素 4：现场标定得出最大值 f'_m。

二、将应力影响线法扩展到流量影响线法

推理公式法已经被桥梁界所接受。对于一座特定的桥梁，式(7—1)中的流域面积 F、洪峰流量系数 α 是常数，所以推理公式法可以记为

$$Q_p = 0.278\alpha a_p F = A \times a_p$$

式中只有暴雨强度 a_p 为变量。A 为比例常数，说明可以认为流量 Q_p 是暴雨强度 a_p 的线性函数，这对应了应力影响线的要素 1。

将涨水历时 t_1 看成 L_1，对应于应力影响线要素 2；

将退水历时 t_2 看成 L_2，对应于应力影响线要素 3；

实测某次大雨引起的洪水流量，找到这次大雨的雨量记录，也可以现场标定出 f_m，这对应于应力影响线要素 4。

再将单位时段内的降雨量 R_i 看成集中力 P_i，就可以使用"结构力学简支梁应力影响线加载"方法计算洪水流量。

$$Q = f_m \times (R_1 y_{(t1)} + R_2 y_{(t2)} + \cdots + R_n y_{(tn)}) = f_m \sum_{i=1}^{n} R_i y(t_i) \tag{7—46}$$

$$y(t) = \begin{cases} \dfrac{1}{t_1} t & 0 \leqslant t \leqslant t_1 \\ \dfrac{1}{t_2}(t_1 + t_2 - t) & t_1 < t \leqslant t_1 + t_2 \end{cases} \tag{7—47}$$

式中　$y(t)$——流量影响线函数；

f_m——流量影响线的最大值；

t_1——涨水历时；

t_2——退水历时。

涨水历时是流量影响线法的重要参数,无实测资料时,可按原铁道部第三勘测设计院编制的铁路工程设计技术手册《桥渡水文》中给出的集流时间公式计算。

$$t_1 = 0.278\frac{L_z}{v} \tag{7—48}$$

式中 L_z——主流长度(km),无实测资料时可按照 $L_z = 1.6F^{0.6}$ 估算,或根据地区经验公式计算,F 为流域面积(km^2);

v——洪峰集流的平均速度(m/s),一般情况下,平原区 $v = 1.0$ m/s;山丘区 $v = 1.5$ m/s;山区 $v = 2.0$ m/s。也可以取平滩水位流速。

退水历时也是流量影响线法的重要参数,无实测资料时,可根据流域情况计算,即

(1)对于平原区坡度较缓、流速较慢、植被较好的中等大小流域:$t_2 = 1.5 \times t_1$;

(2)对于一般地区:$t_2 = 2.0 \times t_1$;

(3)对于山区陡峭、植被很差的小流域:$t_2 = 3.0 \times t_1$。

三、标定流量影响线

1. 收集标定洪水的雨量系列

可以到互联网(如"长沙地区中小尺度气象自动监测网")或其他部门,收集某次洪水的降雨量,称这场降雨为标定降雨系列。

$$(R'_1, T_1), (R'_2, T_2), \cdots, (R'_i, T_i), \cdots, (R'_n, T_n) \tag{7—49}$$

式中 T_i——时段 i 的中点时刻,$T_{i+1} = T_i + \Delta$,Δ 为单位时段长度;

R'_i——时段 i 的降雨量(mm)。

标定降雨所对应的洪水为标定洪水。

习惯上常将一场大雨最早时段的降雨量看成 R'_1,后面时段降雨量看成 R'_2,…,这场大雨最晚时段的降雨量看成 R'_n。

流量影响线法考虑的是降雨对桥梁的影响。当考虑最晚时段的降雨量对桥梁的影响时,最早时段的降雨量对桥梁的影响已经发生了 $n-1$ 个时段了。所以雨量荷载系列的顺序与记录雨量的排列顺序相反,即

$$(R_1 = R'_n, 0), (R_2 = R'_{n-1}, \Delta), \cdots, (R_n = R'_1, n \times \Delta - \Delta) \tag{7—50}$$

2. 确定标定洪水的最大流量

可以利用流速仪测定流速,再确定标定洪水的最大流量 Q_m;也可以根据标定洪水留在河岸或其他建筑物上水痕高程计算出标定洪水的最大流量 Q_m,如"第四章水文观测与形态勘测"所述。

标定洪水的最高水位至少要高于平滩水位。标定洪水的最高水位越高,标定结果就越可靠。

3. 确定流量影响线的影响系数

将标定雨量系列看成一系列集中力,按照结构力学影响线加载方法,取最不利荷载位置,如图 7—6 所示,得流量影响线的最大值为

$$f_m = \frac{Q_m}{\sum_{i=1}^{n} R_i y(t_i)} \tag{7—51}$$

式中　Q_m——标定洪水的最大流量(m^3/s)；

$y(t)$ ——流量影响函数，见式(7—47)；

R_i——雨量荷载系列，见式(7—50)。

四、利用流量影响线法计算流量

确定了流量影响线的三个参数 t_1、t_2、f_m后，就确定了流量影响线。如果获得了另一场大雨的雨量记录，按式(7—50)确定雨量荷载系列，按结构力学影响线加载方法加载，就可求得这场大雨引发的最大流量。

可以在各地水文手册或水文图集上找到桥涵所在地的设计暴雨系列，从而确定设计流量。

【算例 7—6】 实测某桥桥址河底线见表 7—16，表中 x 为距离(m)，y 为高程(m)。此河道基本满足稳定均匀流的条件。断面左滩与主槽交点坐标为(12.1,29.8)，右滩与主槽交点坐标为(22.8,30.2)。左滩糙率系数 $1/n_z=15$，主槽糙率系数 $1/n_{zh}=32$，右滩糙率系数 $1/n_y=15$。桥前水面坡度 $I=0.002\,5$。流域中心到桥址的距离 $L_z=8$ km。根据实际观测，主雨峰出现的时间到桥址出现最大流量的时间差为 2.39 h。

表 7—16　实测桥址河底线

x/m	0.1	4.9	8.6	12.1	16.7	19.1	21.7	22.8	23	26.8	31.5
y/m	39.8	39.8	33.1	29.8	29.4	29.4	29.7	30.2	30.3	39.8	39.8

在气象部门或铁路工务部门查到标定洪水的雨量(mm)为

0.0，11.3，37.4，30.3，12.9，16.8，7.7，0.8，0.1，0.0

时段单位为 1 h。标定洪水留在河岸上的水痕高程 $H_b=32.7$ m。

在桥梁所在地的水文手册上，查得百年一遇的雨量系列为

5.68，6.18，32.9，35.5，27.6，54.8，56.8，55.6，3.26，1.92

时段单位为 1 h。

试求百年一遇流量。

【解】 分步求解。

第一步：计算标定洪水对应于 H_b的流量。

计算标定洪水对应于 H_b的断面参数见表 7—17。因为河道基本满足稳定均匀流的条件，所以表中流速按式(4—7)计算。

表 7—17　对应于 H_b断面参数

位置	糙率系数	过水断面面积/m^2	水力半径/m	流速/(m/s)
左滩	15	4.47	1.06	0.75
主槽	32	31.14	3.13	3.42
右滩	15	6.21	1.26	0.87

洪水对应于 H_b的流量为

$$
\begin{aligned}
Q_b &= \omega_z v_z + \omega_{zh} v_{zh} + \omega_y v_y \\
&= 4.47\times0.75+31.14\times3.42+6.21\times0.87=115.39(m^3/s)
\end{aligned}
$$

第二步：计算涨水历时和退水历时。可以按照第四章第二节的计算方法计算平滩水位流速 v_b。

计算平滩水位的湿周 x：

$$x = \sum_{i=n_z}^{n_y-1} \sqrt{(L_{i+1}-L_i)^2+[(H_T-y_i)-(H_T-y_{i+1})]^2}$$

$$=[(16.7-12.1)^2+(29.4-29.8)^2]^{0.5}+[(19.1-16.7)^2+(29.4-29.4)^2]^{0.5}+[(21.7-19.1)^2+(29.7-29.4)^2]^{0.5}+[(22.8-21.7)^2+(30.2-29.7)^2]^{0.5}$$

$$=10.84(\text{m})$$

计算平滩水位的过水断面面积 ω：

$$\omega = \sum_{i=n_z}^{n_y-1}[(H_T-y_i)+(H_T-y_{i+1})]\times(L_{i+1}-L_i)/2$$

$$=[(30.0-29.8)+(30.0-29.4)]\times(16.7-12.1)/2+[(30.0-29.4)+(30.0-29.4)]\times(19.1-16.7)/2+[(30.0-29.4)+(30.0-29.7)]\times(21.7-19.1)/2+[(30.0-29.7)+(30.0-30.0)]\times(22.8-21.7)/2$$

$$=4.62(\text{m}^2)$$

$$R=\omega/x=4.62/10.84=0.427(\text{m})$$

按式(4—7)计算相应平滩水位 $H_b=30$ m 的流速：

$$v_b=\frac{1}{n}R^{2/3}I^{1/2}=32\times0.427^{21/3}\times0.002\ 5^{1/2}=0.91(\text{m/s})$$

按式(7—48)得涨水历时

$$t_1=0.277\ 8\frac{L_z}{v}=0.277\ 8\times\frac{8}{0.91}=2.44\ (\text{h})$$

涨水历时的计算值与实测值比较接近。

退水历时 $t_2=2\times t_1=4.78$(h)。

第三步：确定标定雨量荷载系列。

因为雨量荷载系列的顺序与记录雨量的排列顺序相反，则雨量荷载系列是

0.0，0.1，0.8，7.7，16.8，12.9，30.3，37.3，11.3，0.0

第四步：流量影响线加载。

根据结构力学影响线加载规则，最不利荷载位置如图 7—7 所示。

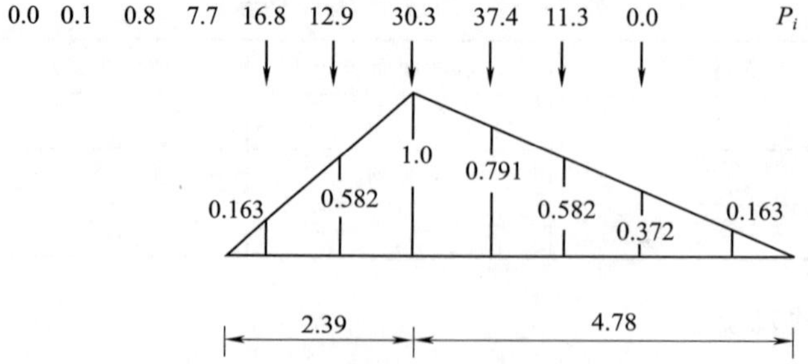

图 7—7 流量影响线加载过程

$$\sum_{i=1}^{n}R_i y(t_i)=0.1\times 0.0+0.8\times 0.0+7.7\times 0.0+16.8\times 0.163+12.9\times 0.582+30.3\times 1+37.4\times 0.791+11.3\times 0.582+0.0\times 0.372+0.0\times 0.163=76.63(\mathrm{m^3/s})$$

第五步:确定流量影响线的最大值。

本例题中 $Q_m=Q_b$,按式(7—51),得流量影响线的影响系数:

$$f_m=\frac{Q_m}{\sum_{i=1}^{n}R_i y(t_i)}=\frac{115.39}{76.63}=1.506$$

第六步:利用流量影响线计算设计流量。

将百年一遇的雨量系列修改成雨量荷载系列:

1.92, 3.26, 55.6, 56.8, 54.8, 27.6, 35.5, 32.9, 6.18, 5.68

根据结构力学影响线加载规则,最不利荷载位置如图 7—8 所示,百年一遇的流量为

$$Q_{1\%}=1.506\times(1.92\times 0.0+3.26\times 0.163+55.6\times 0.582+56.8\times 1.0+54.8\times 0.791+27.6\times 0.582+35.5\times 0.372+32.9\times 0.163)=252.5(\mathrm{m^3/s})$$

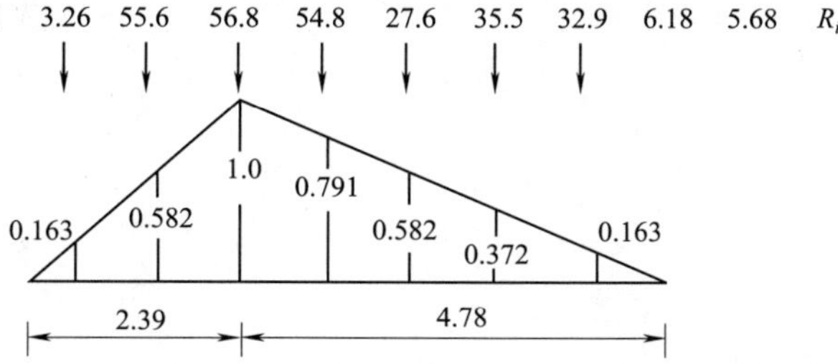

图 7—8　设计雨量荷载系列加载

五、流量影响线法的优势

(1)流量影响线法不需要流域面积,可以减少外业工作量。

(2)可以验证流量影响线法。取标定雨量系列以外的另一场大雨为验证雨量系列,可以实测验证雨量系列产生的流量 Q_c。利用标定好的流量影响线,计算验证雨量系列产生的流量 Q_j。如果 $Q_c\approx Q_j$,就得以验证。表 7—18 是几座桥梁的验证结果。

表 7—18　流量影响线法的验证实例

桥　　名	验证洪水日期	预计水位/m	实测水位/m	水位相差/m
京广线大倌桥	09—07—02	31.36	31.20	0.16
湘桂线茅江桥	09—07—27	71.33	71.42	0.09
湘桂线沙江桥	09—07—27	71.32	71.26	0.06
鹰厦线邵武中桥	09—06—03	187.32	187.52	0.20
磁东线 邱家河桥	09—07—13	130.17	130.16	0.01
磁东线第 30 号桥	09—07—13	132.57	132.54	0.03
宝成线龙溪沟桥	09—07—14	483.38	483.25	0.13

(3)现场标定是流量影响线法的另一优势。现场标定的桥梁与待确定流量的是同一座桥梁,标定中隐含了植被参数、河道参数等难以确定的指标,所以,流量影响线法结果的可靠度较高。

“减少外业”“可以验证”“现场标定可靠度高”是流量影响线的三大优势,其他利用雨量推算流量的方法都没有这些优势。

复习思考题

7—1 某桥汇流面积 $F=210\ \mathrm{km}^2$,流域长度 $l_c=37\ \mathrm{km}$,主河道平均比降 $I=0.004\ 7$。查该省水文手册得年最大 24 h 雨量统计参数:平均值 $\overline{H}_{24}=111.2\ \mathrm{mm}$,变异系数 $C_v=0.47$,偏差系数为 $C_s=3.45$,暴雨指数 $n=0.65$,汇流参数 $m=1.24$、损失参数 $\mu=1.5$。利用推理公式法求百年一遇流量。

7—2 一座小桥位于你的家乡,请找到这座小桥利用暴雨确定设计流量的计算方法。

第八章　小桥涵孔径计算

公路工程在跨越沟谷、河流、人工渠道以及排除路基内侧边沟水流时，常修建各种横向排水构造物，主要是小桥和涵洞这种建造形式。其目的是使沟谷河流、人工渠道穿过路基时水流畅通，并确保路基连续、稳定。一般在平原区小桥涵的数量每千米1～3座，山区每千米有3～5座。据已建成公路统计，小桥涵的工程投资占公路总投资的15%～20%，投资总额为大、中桥的2～4倍。在公路设计中，小桥涵设计是一项重要内容，其设计与布置是否合理对整条公路的造价和使用质量都有很大的影响。在孔径计算中，小桥涵与大中桥有不同的特点。大中桥容许河床发生一定的冲刷。小桥涵一般不容许有冲刷发生，但允许有较大的壅水高度，或用人工加固河床的方法来提高河床的容许(不冲刷)流速，以达到适当缩减孔径的目的。

第一节　小桥孔径计算

一、水流通过小桥的图式

由于小桥前可以有一定的壅水高度，此时小桥的水流图式与宽顶堰相同，可以根据下游水深分成自由式出流与淹没式出流两种。

以 h_k 表示桥下临界水深，当桥梁下河槽的天然水深 $h<1.3h_k$ 时，桥下水流为自由式出流，如图8—1所示；当 $h\geqslant1.3h_k$ 时为淹没式出流，如图8—2所示，此时，桥下临界水深 h_k 被下游天然水面所淹没。

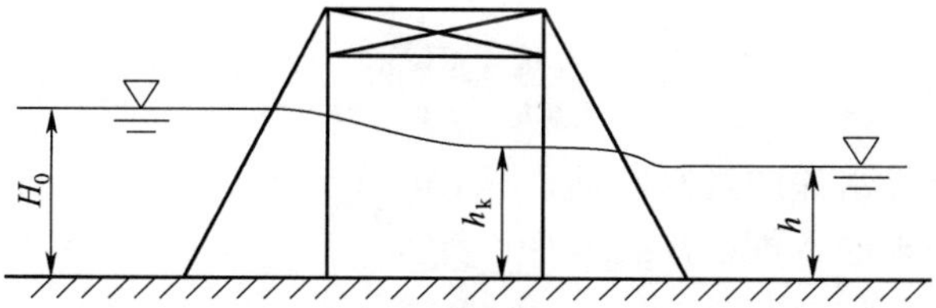

图8—1　小桥自由式出流图式

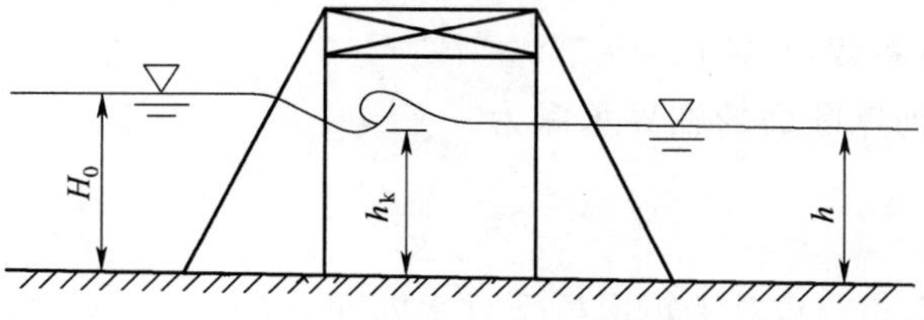

图8—2　小桥淹没式出流图式

二、小桥孔径检算

影响小桥孔径的因素有三项。

第一项为设计流量 Q_p。如果有历史流量系列，可以使用数理统计方法确定设计流量。一般来说，小桥没有观测资料，应当使用雨量求设计流量 Q_p，即使用第七章介绍的方法计算。

第二项是小桥桥前允许壅水高度。但要注意保护农田，不能因为修建小桥后，农田常常被一般洪水淹没。

第三项是河床加固所对应的容许流速。在流量相同时，河床加固得愈好，容许流速就愈高，桥前壅水就愈高，反之亦然。

小桥孔径计算的内容为根据设计流量 Q_p 检算孔径，其计算按下列步骤进行。

1. 确定河槽的天然水深 h

用迭代法确定 h，即先假定一个 h，从河槽断面图上量得相应的过水断面面积 ω 和水力半径 R，按明渠均匀流公式计算流量，即

$$Q=\omega v=\omega \frac{1}{n}R^{2/3}I^{1/2} \tag{8—1}$$

式中 ω——过水断面面积(m^2)；

$1/n$——糙率系数；

v——在流量 Q 通过天然河槽时的流速(m/s)，其值为

$$v=\frac{1}{n}R^{2/3}I^{1/2} \tag{8—2}$$

其中 R——水力半径(m)，

I——桥前水面坡度。

若 $Q\approx Q_p$(相差不超过 10%)，则假定的水深即为河槽的天然水深。否则，重新假定，重复上述步骤。

2. 确定桥下临界水深 h_k

根据水力学中的临界函数

$$\frac{\omega_k^3}{B_k}=\frac{\alpha Q_p^2}{g} \tag{8—3}$$

式中 ω_k——相应于临界水深的过水断面面积(m^2)；

B_k——临界断面水面宽度(m)；

Q_p——设计流量(m^3/s)；

g——重力加速度，$g=9.81\ m/s^2$；

α——流速分布系数，小桥取 $\alpha=1.0$。

对于小桥涵，常用河床断面的临界水深为

$$h_k=\frac{v_k^2}{g} \tag{8—4}$$

式中 v_k——临界流速(m/s)，对于矩形桥下过水断面，有

$$v_k=\sqrt[3]{\frac{Q_p g}{\varepsilon b}} \tag{8—5}$$

其中 b——标准梁跨的净孔宽度，

ε——桥孔压缩系数，见表 8—1。

表 8—1　小桥水力系数

小桥形式	桥孔压缩系数 ε	流速系数 φ
有锥体护坡的单孔桥	0.9	0.9
多孔桥	0.8	0.85

在求得临界水深和临界流速后，应按表 8—2 判定小桥的水流状态。

表 8—2　小桥过桥水流状态

过桥水流状态	判　别　式
自由式出流	$h<1.3h_k$
淹没式出流	$h\geqslant 1.3h_k$

3. 净孔宽度 B、桥前积水后水深 H_0 计算

(1)对于桥下水流为临界流过水状态(自由出流)

$$B=\frac{Q_p g}{\varepsilon v_p^3} \tag{8—6}$$

$$H_0=h_k+\frac{v_k^2}{2g\varphi^2}-\frac{v_0^2}{2g} \tag{8—7}$$

式中　v_p——设计流速，可根据河床铺砌类型选用相应容许流速；

φ——小桥流速系数，取值见表 8—1；

其他符号意义同前。

(2)对于桥下水流为缓流状态

$$B=\frac{Q_p}{\varepsilon v_p h_0} \tag{8—8}$$

$$H_0=h+\frac{v_p^2}{2g\varphi^2}-\frac{v_0^2}{2g} \tag{8—9}$$

式中　v_0——桥前水流行近流速(m/s)，可用设计流量除以桥前积水断面面积，当 $v_0\leqslant 1.0$ m/s 时，流速水头 $v_0^2/2g$ 可忽略不计；

h——天然情况下河道水深(m)；

其他符号意义同前。

(3)对于桥下水流为急流状态

桥孔按沟槽的天然宽度设计，桥前水深即为天然情况下的河道水深。当桥孔压缩沟槽时，按式(8—8)、式(8—9)计算。

三、迭代法求解

设计时，可以将河床铺砌的容许流速定为设计流速 v_p。各类土和人工加固工程的容许流速见附录Ⅱ～附录Ⅳ。

H_0 与 v_0 互为因果，必须应用迭代法求解。

第一步：假定 H_0 为 h_k。

第二步：根据桥前水面宽度与水深 H_0，求桥前过水断面面积 ω_0。

第三步：求桥前行近流速 $v_0=\dfrac{Q_p}{\omega_0}$。

第四步：将 v_0、h_k、h_0、ε、φ 代入式(8—7)或式(8—9)，求得新的 H_0'。

第五步：比较。若 H_0 与 H_0' 差别大，用 H_0' 取代 H_0，重新从第二步继续试算。若 H_0 与 H_0' 差别较小，取定 $H_0=H_0'$。

四、水位和流速检算

小桥桥前水位应满足路肩水位的要求，并且不能淹没大量的农田。应当注意的是，此时桥前积水 H_0 已经包括了壅水高度。

如果小桥河床没有加固铺砌，则应按大中桥的计算方法计算壅水高度、一般冲刷和局部冲刷，并作相应的检算。

【算例 8—1】 已知某河沟设计流量 $Q_p=26\ \text{m}^3/\text{s}$，河沟天然正常水深 $h=1.3$ m，河沟呈矩形断面，水流与桥正交，河床应用片石铺砌加固。桥跨为 1 孔 8 m 的标准梁，桥台为 U 形。取设计流速 $v_p=3.5$ m/s。试求设计流量通过时的桥前积水深度 H_0。

【解】 先取 $v_k=v_p$，判定水流状态，由式(8—4)知：

$$h_k=\frac{v_k^2}{g}=\frac{3.5^2}{9.81}=1.25(\text{m})$$

$$1.3h_k=1.3\times1.25=1.625(\text{m})>h=1.3\ \text{m}$$

查表 8—2 判定小桥过桥水流状态为自由式出流状态。

因此可按式(8—6)确定桥下净孔宽度 B。查表 8—1 知单孔小桥水力系数 $\varepsilon=0.9$，流速系数 $\varphi=0.9$，有

$$B=\frac{Q_p g}{\varepsilon v_p^3}=\frac{26\times9.81}{0.9\times3.5^3}=6.6(\text{m})$$

由于该桥采用 1 孔标准设计梁和 U 形桥台。查有关标准设计文件，可知：梁全长 $L=8.5$ m，梁缝为 $d_1=0.06$ m，桥台胸墙至前墙距离 $d_2=0.8$ m。此时桥下实际净孔 b 为

$$\begin{aligned}b&=L+2\times d_1-2\times d_2=8.5+2\times0.06-2\times0.8\\&=7.02(\text{m})\end{aligned}$$

采用这种桥式提供的实际净孔 $b=7.02$ m，大于 $B=6.6$ m。净孔加大，流速降低，需要重新判别水流状态，按式(8—5)有

$$v_k=\sqrt[3]{\frac{Q_p g}{\varepsilon B}}=\sqrt[3]{\frac{26\times9.81}{0.9\times7.02}}=3.43(\text{m/s})$$

由式(8—4)知

$$h_k=\frac{v_k^2}{g}=\frac{3.43^2}{9.81}=1.2(\text{m})$$

$$1.3h_k=1.3\times1.2=1.56(\text{m})>h=1.3\ \text{m}$$

所以桥下仍是自由式水流，略去流速水头，按式(8—7)计算桥前积水深。

$$H_0=h_k+\frac{v_k^2}{2g\varphi^2}-\frac{v_0^2}{2g}=1.2+\frac{3.43^2}{2\times9.81\times0.9^2}=1.94(\text{m})$$

第二节 涵洞孔径计算

与小桥相似，涵洞一般不容许有冲刷发生，但允许有较大的壅水高度，或用人工加固河床

的方法来提高洞口的容许(不冲刷)流速，以达到安全使用的目的。

与小桥相比，涵洞使用得更加广泛。它的孔道长，涵底纵坡陡，涵前可以积水较高。涵洞的水流图式比小桥复杂。

一、水流通过涵洞的图式

涵洞的水流图式可以分成以下三种类型：

(1)无压力式：当涵底坡度 i 为临界坡度 i_k 时，涵内水深 h_0 为临界水深 h_k；当 $i>i_k$ 时，涵内水深 h_0 小于临界水深 h_k；$i<i_k$ 的涵洞不经济，很少使用。水流在通过涵洞内的全部长度时都有自由水面，称为无压流。公路、铁路的大多数涵洞为无压力式，如图 8—3所示。

(2)半压力式：水流充满涵洞进口断面，但洞内全部或部分有自由水面，如图 8—4 所示。

(3)压力式：水流充满整个涵身，洞内没有自由水面，呈有压力流动。在涵洞设计中，应尽量避免这种水流图式。

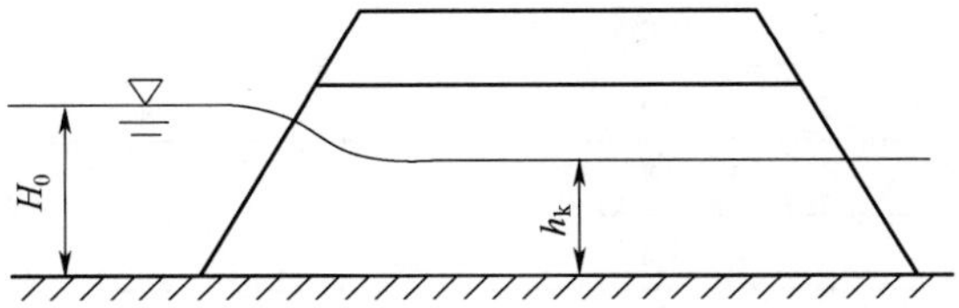

图 8—3　无压力式涵洞水流图式

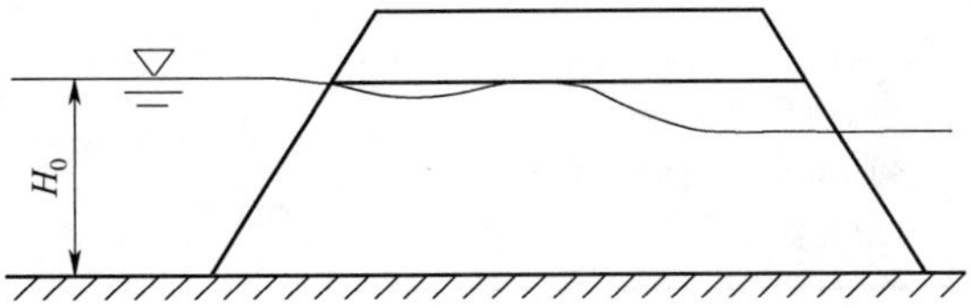

图 8—4　半压力式涵洞水流图式

二、涵洞的孔径计算

涵洞设置处的天然坡度若接近临界坡度时，涵洞应按临界坡度设计，其过水流量较同孔径的缓流状态的要多，这种设计是合理的。若天然坡为缓坡，勉强局部开挖成临界坡时，则易造成淤积，故此时不宜按临界流设计。

1. 无压状态下临界流时的涵洞孔径计算

(1) 孔径计算

对于曲线形流水断面，可先假定洞内临界水深 h_k 值，并采用涵洞的标准孔径按式(8—10)试算，选其合适者。

$$\frac{Q_p^2}{g}=\frac{\varepsilon^2\omega_k^3}{B_k} \tag{8—10}$$

由于

$$v_k=\sqrt{g\frac{\omega_k}{B_k}}$$

所以

$$Q_p=\varepsilon\omega_k v_k \tag{8—11}$$

对于矩形流水面，可直接用

$$B_k=\frac{Q_p g}{\varepsilon v_k^3}$$

$$h_k=\sqrt[3]{\frac{Q_p^2}{\varepsilon^2 B_k^2 g}}\quad 或\quad h_k=\frac{v_k^2}{g} \tag{8—12}$$

(2)涵前积水深 H_0 计算

$$H_0=h_c+\frac{v_c^2}{2g\varphi^2}-\frac{v_0^2}{2g} \tag{8—13}$$

式中 ε——侧收缩系数,可取 $\varepsilon=1.0$;

h_c——洞口收缩断面处水深,可取 $0.9h_k$;

v_c——洞口收缩断面处流速,可取 $v_c=\frac{v_k}{0.9}$;

φ——流速系数,见表 8—3;

其余符号意义同前。

表 8—3 流速系数表

入口情况	断面形状		流速系数 φ
涵前积水不淹没八字形翼墙的前墙	矩形		0.90
	曲线形	圆形	0.85
		其他	
涵前积水淹没八字形翼墙的前墙或端墙式进口	矩形		0.85
	曲线形	圆形	0.80
		其他	

(3)涵洞净空

无压力式涵洞进水口处,涵内水面与洞顶之间应保持一定的净空高度,净空高度值应满足表 8—4 的规定。

表 8—4 无压力涵洞净空高度(m)

涵洞净高 H	涵洞类型		
	圆涵	拱涵	矩形涵
≤3	≥$H/4$	≥$H/4$	≥$H/6$
>3	≥0.75	≥0.75	≥0.5

按以上所列公式计算孔径时,可采取试算办法。先拟定涵洞的孔径,选定涵洞类型,进行试算。实际工作时是采用定型图,利用其配制好的图表进行计算。

2. 半压力式涵洞孔径计算

半压力式涵洞的涵内流速 v_c:

$$v_c=\varphi\sqrt{2g(H-\varepsilon h_T)}$$

$$Q_p=\varepsilon\omega v_c \tag{8—14}$$

式中 ε——半压力式涵洞挤压系数,取 0.6;

φ——流速系数,普通进口取 0.85,流线型进口取 0.95;

ω——涵洞断面全部面积(m^2);

h_T——涵洞净高(m);

其余符号意义同前。

孔径计算方法与无压涵洞类似,也可以利用定型图及其有关表进行计算。

3. 压力式涵洞孔径计算

压力式涵洞多采用流线型洞口建筑，内壁与水流流线相一致，可使涵内水流规律保持稳定，可按水力学中的短管计算。基本公式为

$$v=\varphi_0\sqrt{2g[H_0-l(i_\omega-i)-h_T]}$$
$$Q=\omega v \tag{8—15}$$

式中　φ_0——考虑进口局部水头损失的流速系数，进口升高式 $\varphi_0=0.95$，不升高式 $\varphi_0=0.85$；

i_ω——涵洞的摩擦坡度，$i_\omega=\dfrac{Q^2}{\omega^2C^2R}$（$C$ 为谢才系数）；

i——涵洞实际底坡；

l——涵洞洞身长度(m)；

其余符号意义同前。

铁路、公路一般都采用无压式涵洞，在特殊情况下，且当地质、地形、路基条件许可时，才采用半压式或有压式涵洞（泄水洞）。

三、涵洞标准图的使用

各种类型涵洞的标准图都列有水力特性表，表中给出了各种涵洞、各种孔径通过不同流量时的水流状态、涵前水深、临界水深、临界流速、临界坡度。使用时，在确定选用涵洞形式后，根据设计流量在表中查出相应孔径。再按路基标准的设计流量查找该孔径的涵前水深 H，检查路基高度要求不低于 $H+0.5$ m。此外，还应满足涵洞结构要求的最小路堤高度，若路基高度不足或涵前水位太高，应另选大孔径，重新检算。

复习思考题

8—1　影响小桥孔径的主要因素有哪些？

8—2　通过涵洞水流的最好状态是什么？

8—3　为什么要大量使用标准设计涵洞？

第九章　既有桥梁的水文检算与水害整治

引　　言

我国的桥梁有悠久的历史。1950 年以前，我国的桥梁是按不同的标准修建的，其抗洪能力各不相同，个别桥梁甚至谈不上抗洪。即使 1951 年以后修建的桥梁，由于桥梁设计规范进行了多次修改，按不同规范设计建造的桥梁，其抗洪能力也不可能在同一水平上。桥梁的先天不足影响了它们的正常运用。

环境变化对桥梁有较大影响。其中影响最大的要算大地植被因素。由于人类活动使得如今的大地植被与设计桥梁时发生了较大变化。在设计时看来不大的降雨，到现在可能形成较大的洪水，有的甚至威胁桥涵的安全。在桥址附近非法挖砂使河床变得粗糙，改变了糙率系数，降低了桥梁的过洪能力，致使桥梁出现事故。河道上的非法建筑也对桥梁造成威胁，它使桥涵的行洪受阻，影响了既有桥涵的过洪能力。

1950 年以后，国家对既有桥涵进行了大规模的改造，但由于运营线路太长，桥涵太多，不可能把全部既有桥涵换成新桥涵。有些桥涵的承载能力等其他状况还好，只要解决好抗洪能力问题，就有可能充分利用它们的运输能力。

因此，按现在桥梁所处的水文环境，对既有桥涵的抗洪能力作重新检定就显得十分重要。

铁道部于 2004 年重新修订发布了《铁路桥梁检定规范》，其中“桥梁孔径与冲刷检算”就对既有桥涵抗洪能力检定作出了明确规定。

第一节　既有桥梁的水文勘测

在对既有桥梁进行抗洪能力检定时，有时很难找到桥梁设计时的水文参数，如设计流量、糙率系数、桥址河床断面、桥前水面坡度等。即使能找到这些资料，由于桥梁现在面对的环境与设计时发生了较大变化，这些原始的设计资料也只能作参考。因此，在对既有桥梁作水文检算前，应作水文勘测。本节只介绍既有桥梁水文勘测与新设计桥梁水文勘测不同的地方。

一、天然状态下桥址处的河床断面

新设计桥梁的水文检定中多处用到了天然状态下桥址处的河床断面，如计算水位、冲刷等。但既有桥梁已运用多年，桥址处河床断面已经发生了一般冲刷等变化，无法测到天然状态下桥址处的河床断面。因此既有桥梁水文勘测时，一般选择既有桥梁墩台附近的现有河床断面作为天然状态下桥址处的河床断面，通常选在桥梁上游最靠近桥墩基础的位置处，并且与桥梁平行。

桥址附近可能有局部冲刷产生的局部坑，为安全计，可以将这样的坑置于选择的河床断面以内。

二、水位观测资料

运营多年的既有桥梁(大桥、特大桥)往往有建桥后的水位观测资料,这些资料对既有桥梁的水文检定是非常有用的。在这些资料中,找到各年的年最大水位 H_j^L,按第五章第四节的方法,将年最高水位 H_j^L 变换为样本流量 Q_j^L。这样,在利用数理统计方法确定检定流量时,流量系列变为:原设计时依据的统计样本(Q_i,$i=1,2,\cdots,n$)与建桥后观测所得的样本(Q_j^L,$j=1,2,\cdots,m$)。显然,样本数量增加,可以提高统计结果的可信度。

三、建桥后新增水库资料

建桥后又在桥梁的上游增加了水库,这是经常遇到的情况。若水库设计洪水标准高于桥梁标准时,应将水库泄洪流量加坝桥之间的汇水流量作为检定流量。当水库泄洪流量较大且水库离桥梁较远时,应考虑河槽的调蓄作用。当水库设计洪水标准低于桥梁标准时,应与有关部门协商提高水坝的设计标准,使之与桥梁标准一致。除按河流天然流量检算桥梁以外,还应考虑溃坝流量可能对桥梁造成的不利影响。

为了达到上述目标,应当收集这些水库的库容、入库设计流量、设计下泄流量、水坝长度、水坝高度、水坝建筑材料等资料。

四、既有桥在抗洪中采用的工程措施

对于无法满足泄洪要求的桥梁,往往有抗洪抢险的历史。应收集抗洪资料,如是否有过抛石、临时加固等。

第二节　既有桥梁的水文检算

既有桥梁的水文检算与新设计桥梁的水文检算有相同点,也有不同点。

一、既有桥梁水文检算与新设计桥梁水文检算的相同点

(1)首先是流量计算方法基本相同。如果有历史流量系列,可以使用数理统计方法求检算流量;如果其汇水面积较小,可以利用雨量求检定流量,其方法有"推理公式法""经验公式法""铁一院法""铁二院法""铁三院法""铁四院法""流量影响线法"等。

每次洪水过后,铁路部门都记录了最高洪水标高,铁路部门的雨量系统有历次大雨记录。这些都为流量影响线法提供了很好的条件。

(2)铁路桥涵检定洪水频率标准与铁路桥涵设计洪水频率标准相同。

(3)检算墩台冲刷的公式与第六章第六节的公式相同。

二、既有桥梁水文检算与新设计桥梁水文检算的不同点

(1)最大壅水高度计算公式不同

既有桥梁与新设计桥梁在计算最大壅水高度时有差别,《铁路桥梁检定规范》采用式(9—1)计算桥前最大壅水高度:

$$\Delta Z_{\mathrm{m}}=\frac{1.82}{\sqrt{R-1}}(k\overline{v}_{\mathrm{m}}^{2}-\overline{v}_{0\mathrm{m}}^{2})\frac{1}{2g} \tag{9—1}$$

式中　ΔZ_{m}——桥前最大壅水高度(m);

$\overline{v}_{\mathrm{m}}$——桥下断面平均流速(m/s),即

$$\overline{v}_{\mathrm{m}}=\frac{Q_{\mathrm{j}}}{\omega_{\mathrm{j}}}$$

其中　Q_{j}——检定流量($\mathrm{m^3/s}$),

ω_{j}——桥址断面扣除路堤、桥墩和桥台阻水面积后的桥下净过水面积($\mathrm{m^2}$);

$\overline{v}_{0\mathrm{m}}$——天然河道在桥址断面桥跨范围内的平均流速(m/s),按下式计算:

$$\overline{v}_{0\mathrm{m}}=\frac{Q_{0\mathrm{m}}}{\omega_{0\mathrm{m}}}$$

其中　$\overline{Q}_{0\mathrm{m}}$——检定流量在天然河道桥跨范围内通过的流量($\mathrm{m^3/s}$),

$\omega_{0\mathrm{m}}$——检定流量在天然河道桥跨范围内的天然过水面积($\mathrm{m^2}$);

R——反映桥梁压缩程度(包括路堤、桥墩和桥台)的系数,其计算公式为

$$R=\frac{\overline{v}_{\mathrm{m}}}{\overline{v}_{0\mathrm{m}}}$$

k——考虑河床冲刷影响的动能折减系数,对于不可冲刷的河床:$k=1$;对于可冲刷的河床:$\overline{v}_{0\mathrm{m}}\leqslant5$ m/s 时,$k=0.9$;$\overline{v}_{0\mathrm{m}}\geqslant7$ m/s 时,$k=0.74$;5 m/s$<\overline{v}_{0\mathrm{m}}<$7 m/s 时,$k$ 在 0.9 与 0.74 之间线性内插;

g——重力加速度($\mathrm{m/s^2}$)。

(2)水文检算的安全储备不同

设计、建造一座新桥所面临的不确定性有:结构设计的不确定性(如计算误差、地质条件等)、施工带来的不确定性(如测量误差、模板变形等)、流量估计不准等。

但在这座桥梁运用多年后,面临的只有流量估计不准这一个不确定性,因为桥梁已经建成,不会有结构设计的不确定性和施工带来的不确定性了。

表 9—1 是不通航河流铁路桥桥下检定净空高度表。与表 6—7 各级航道的通航净空高度相比,其安全储备降低了 0.25 m。

表 9—1　不通航河流铁路桥桥下检定净空高度

序号	桥的部位		高出检算水位加 Δh 后的最小高度/m		高出校验水位加 Δh 后的最小高度/m	
			钢梁	钢筋混凝土或预应力混凝土梁	钢梁	钢筋混凝土或预应力混凝土梁
1	梁底	一般情况	0.25	0.25	0	—
		洪水期有大漂流物	1.50	1.25	0.75	0.50
		有泥石流	1.00	1.0	0.50	0.50
2	支承垫石顶		—	—	—	—
3	拱肋和拱圈的拱脚		—	—	—	—

注:(1) 洪水期无大漂流物的河流,实体无铰拱桥(拱肋和拱圈)的拱脚,允许被“检定水位加 Δh”后的水位淹没,但此水位不应超过拱圈矢高的 3/4;且距拱顶的净高不应小于 0.75 m。

(2) 有严重泥石流时或钢桥下在洪水期有大漂流物时,可根据具体情况,采用大于表列的净空高度。

表 9—2 是铁路桥非岩石河床墩台基底检定埋深安全值 h_m 表。与表 6—14 铁路桥非岩石河床墩台基底埋深安全值相比，其安全储备降低了 0.5 m。

表 9—2　铁路桥非岩石河床墩台基底检定埋深安全值 h_m

<table>
<tr><td colspan="3">总冲刷深度/m</td><td>0</td><td>5</td><td>10</td><td>15</td><td>20</td></tr>
<tr><td rowspan="3">安全值/m</td><td colspan="2">一般桥梁</td><td>1.5</td><td>2.0</td><td>2.5</td><td>3.0</td><td>3.5</td></tr>
<tr><td rowspan="2">技术复杂、修复困难或重要的特大桥、大桥</td><td>检定流量</td><td>2.5</td><td>3.0</td><td>3.5</td><td>4.0</td><td>4.5</td></tr>
<tr><td>校验流量</td><td>1.3</td><td>1.5</td><td>1.8</td><td>2.0</td><td>2.3</td></tr>
</table>

(3)既有桥梁的实际过洪能力计算

经检定后，既有桥梁的实际过洪能力可能满足不了检定规范的要求。在这样的情况下，必须计算出这座桥梁的最大过洪流量 Q_{rj}，再根据统计参数(平均流量 $\overline{Q}$、变异系数 C_v、偏差系数 C_s)，反算出 Q_{rj} 的周期 T_{rj}，以便桥梁管理部门采取适当的工程措施。

第三节　水害桥梁的整治

如果在使用中发现有水害的桥梁，或者虽然没有出现水害，但经过水文检定，已经明确有水害隐患的桥梁都应当进行整治。

桥梁在水文方面的超标体现在两项指标上。第一项指标为水位超标，如梁底净空不够，桥前积水影响路基等。第二项指标为基础埋置深度不满足规范要求。

一、水位超标整治

最常见的水位超标是梁底净空不满足要求。如果超标不太严重，可以通过将普通高度梁换成低高度梁的方法解决。如铁路桥原梁为跨度 20 m 的普通高度混凝土梁，当梁底水位超标不超过 0.85 m 时，可以更换为低高度混凝土梁。因为前者的轨底至梁底的高度为 2.7 m，后者的轨底至梁底的高度为 1.85 m，有 0.85 m 的调节空间。

也可以使用抬道的方法来解决水位超标的问题，但应注意到抬道引起桥头路堤标高提高，这在平原河网地区往往要增加太多的土石方工程，尤其是铁路桥。

当水位超标严重时就需要扩孔来解决，其计算与设计新桥相同。

二、浅基整治的基本类型

桥梁浅基是指经过水文检定后发现其埋置深度不能满足表 9—2 要求的基础。超标严重的浅基础可能导致桥梁倒塌。浅基防护就是通过降低水流的冲刷能力，提高基础周围河床的抗冲刷能力；或者加深基础，使基础置于最低冲刷线以下。

形成浅基础的主要原因有：修建标准低，质量差，历经水害后修复不达标；设计时缺乏水文资料，水文计算不准确，地质资料不合乎实际情况；桥梁建成后对河道作了不恰当的改造，等等。

浅基防护的方法很多，表 9—3 为浅基防护的基本类型。表 9—4 列出了桥梁浅基各种防护类型及容许最大流速。

表 9—3 浅基防护的基本类型

类型			适应范围	设置要求	优缺点
整孔防护	在全桥或整孔范围内设置整体防护		山区或山前区的漂石及砂质河床,或平原区砂质河床集中冲刷不严重的河段,当枯水期水深较浅,跨度小桥下空间允许,施工方便时	整孔防护的顶面标高应尽量降低	整体性强,抗冲能力大,且在一定程度上可以防护一般冲刷;但一旦发生缺口,将产生集中冲刷造成拉沟的严重后果
局部防护	平面防护 立体防护 临时防护	在桥墩周围为防止局部冲刷而设置的防护设施	平原区砂质河床或山前区砂卵石河床,天然河床下切及一般冲刷较小,桥梁跨度较大时	最好将护面设置在一般冲刷线。若设置较高,容易被冲坏,效果差	比整孔防护压缩桥下过水断面小

表 9—4 桥梁浅基各种防护类型及容许最大流速

序号	防护类型		容许最大流速/(m/s)	序号	防护类型	容许最大流速/(m/s)
1	混凝土护底(厚 0.3~0.4 m)		>7.0	4	料石护底	2.5~3.5
2	浆砌片石	厚 0.3 m	4.0	5	铅丝石笼护底、护基	2.5~3.5
		厚 0.5 m	7.0	6	干砌片石	2.0~3.0
3	钢筋混凝土块排护基		3.5~4.5			

三、浅基整孔防护的具体要求

为了起到保护作用和美观,整孔防护的护面标高一般不高于河床最低点标高。浅基整孔防护的断面示意图如图 9—1 所示,具体尺寸按下列各公式计算。

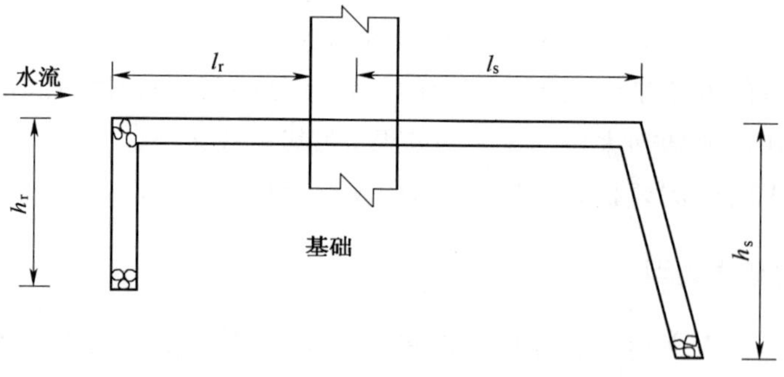

图 9—1 整孔防护的断面示意

1. 下游垂裙深度 h_s 和下游防护长度 l_s

$$h_s = 4.0K\left(\frac{v_b - v_0'}{\sqrt{2g}}\right)^{1.1}\left(\frac{b}{l_s}\right)^{1/3}(h')^{1/10} \tag{9—2}$$

式中 h_s——整孔防护下游垂裙深度(m);

b——桥墩下部宽度(m);

l_s——整孔防护下游的防护长度(m)，顺水流方向计算时可先假设 l_s，再根据式(9—2)计算出 h_s，然后根据施工条件和造价确定合理的 h_s、l_s，一般下游防护长度宜使下游垂裙与桥台下游锥体护坡边缘齐平；

v_b——设置整孔防护后的桥下流速(m/s)，其值为

$$v_b = v\left(\frac{\omega_0}{\omega}\right)^{-1.05} \tag{9—3}$$

其中　ω_0——设置整孔防护后的桥下过水断面面积(m^2)，

ω——桥前过水断面面积(m^2)，

v——桥前行近流速(m/s)，采用主槽最大垂线平均流速；

g——重力加速度(9.81 m/s^2)；

v'_0——始冲流速(m/s)，其值为

$$v'_0 = K' v_0 \tag{9—4}$$

其中　v_0——泥沙起动流速(m/s)，按式(3—4)计算，

K'——压缩系数，按表 9—5 计算。

表 9—5　压缩系数 K'

ω_0/ω	K'值
1.0～0.91	1.0
0.91～0.80	$0.22(\omega_0/\omega)+0.8$
0.80～0.65	$2.18(\omega_0/\omega)-0.77$
0.65～0.40	$0.22(\omega_0/\omega)+0.51$

2. 上游垂裙深度 h_r 和上游防护长度 l_r

上游防护长度 l_r 可参照局部防护墩前尺寸计算公式(9—5)计算，但整孔防护的标高可以比局部防护的标高高，所以公式中的水深与流速应采用下列与整孔防护相应的数值。

$$l_r = 2.3K\sqrt{bh'_m}\left(\frac{v}{\sqrt{gh_m}} - 0.135\right)^{0.5} \tag{9—5}$$

式中　l_r——整孔防护的上游防护长度(m)，自墩边起算；

K——安全系数，一般可取 1.3；

h_m——桥前最大水深(m)；

h'_m——有效水深(m)，$h'_m \approx 0.5h_m$；

其余符号意义同前。

上游垂裙深度 h_r 应由上游床面最大沙浪的沙谷标高及压缩或锥体边界条件引起的冲刷深度来决定。前者可根据天然观测资料确定，后者按下式计算：

当 $\omega_0/\omega=0.45$ 时，$h_r=0.5h_s$

当 $\omega_0/\omega=0.55$ 时，$h_r=0.4h_s$

当 $\omega_0/\omega=0.60$ 时，$h_r=0.3h_s$

式中符号意义同前。为安全与施工方便，当计算出上游垂裙深度 h_r 小于 1 m 时，取1 m。

四、浅基础局部加固

浅基础局部加固的护面标高不高于一般冲刷线标高，具体尺寸按下列公式计算。

1. 墩前防护长度 l

$$l=2.3K\sqrt{bh'_p}\left(\frac{v_s}{\sqrt{gh_p}}-0.135\right)^{0.5} \tag{9—6}$$

式中 l——墩前防护长度(m),见图 9—2;

v_s——一般冲刷后墩前垂线平均流速(m/s);

b——桥墩下部顺桥向宽度(m);

h_p——一般冲刷深度(m);

h'_p——有效水深(m),$h'_p=0.5h_p$;

其余符号意义同前。

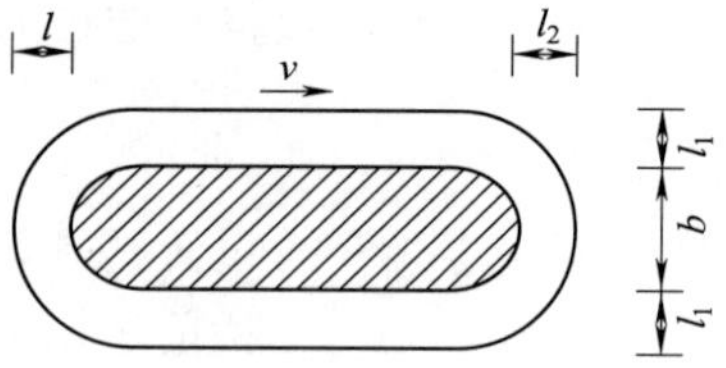

图 9—2 局部防护平面示意

2. 墩侧防护长度 l_1 和墩后防护长度 l_2(图 9—2)

$$l_1=(1.0\sim1.2)l \tag{9—7}$$

$$l_2=(1.0\sim1.5)l \tag{9—8}$$

式中,l 前的系数应按流速大小确定。

五、置换成桩基础

置换成桩基础是解决浅基础问题的最有效方法,为了不影响行车,可以将原有基础扩大成承台,在扩大的部分加桩,如图 9—3 所示。

将原有基础置换成桩基础后,基础结构发生了根本变化,应当按桩基础重新检算其埋置深度。还应作结构分析,检算桩基的承载力。

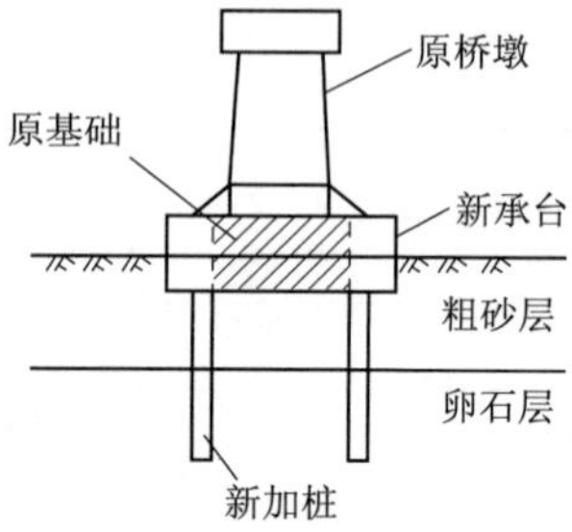

图 9—3 置换成桩基础

复习思考题

9—1 既有桥涵在设计时已经做过水文检算,运用多年后,为什么还要做既有桥涵的水文检算?

9—2 既有桥涵水文检算安全值与新设计桥涵水文检算安全值有哪些不同,为什么可以有这些不同?

第十章　海湾桥梁的水文计算

第一节　海洋环境性质及特点

我国海洋国土面积约300万km^2，海岸线总长度3.2万km，在海洋开发与利用方面拥有巨大潜能。近年来随着“一带一路”倡议和“海洋强国”战略的提出，我国交通基础设施建设不断发展和完善，路网持续延伸，为促进地区间协调发展，我国桥梁建设从江河时代跨越到了海洋时代。

近十多年来，我国已陆续建成杭州湾大桥、舟山跨海大桥、青岛海湾大桥、港珠澳大桥等一系列世界级大型跨海大桥，跨海桥梁朝着深水海域、宽阔水道、特大跨径方向发展。

不同于内陆桥梁，跨海桥梁承受着海洋环境、近岸带环境因素的作用和影响。而且海洋桥梁多为斜拉桥、悬索桥等大跨度桥梁，其具有主跨跨度大、整体刚度小、结构变形大的特点，这使得海洋桥梁受波流力和基础冲刷的影响更加显著。

一、海岸的基本特征

海岸是海洋和陆地相互接触和相互作用的地带，包括遭受波浪为主的海水动力作用的广阔范围。海岸线是陆地与海水相互交汇的界线。由于受到潮汐作用以及风暴潮等影响，海面高程不断变化，所以海岸线的位置并非固定的。

1. 海岸的类型

按照岸滩的物质组成，海岸可以分为：

(1)基岩海岸。海岸由岩石组成，基岩是被海浪冲击形成的海蚀岩台等海蚀地貌。我国基岩海岸总长度达5 000多km，占大陆岸线总长度的1/4以上，分布较广，特别是辽宁、山东、浙江、福建、广东、海南和广西等省区以及台湾的东、北海岸。其中浙江、福建占基岩海岸最长，分别为750 km和620 km，占本省岸线总长的42%和20%。

(2)沙质海岸。沙质海岸由砂、砾、粗砾、卵石等粗颗粒物质组成。我国沙质海岸主要分布在辽宁(辽东半岛部分岸段、辽东湾西侧)、河北(滦河口三角洲)、山东(山东半岛北部)、江苏(海州湾北部)、浙江与福建(部分海湾顶部)、广东(粤东)广西(部分岸段)和台湾(西海岸)、海南(东、南、西海岸)以及一些岛屿。辽宁占砂砾质海岸最长，为850 km，占全省岸线总长的43%。

(3)淤泥质海岸。淤泥质海岸由粒径为0.01～0.03 mm的淤泥、粉砂、黏土等细颗粒物质组成，主要分布在泥沙供应丰富而又比较掩蔽的堆积海岸段。我国淤泥质海岸总长达4 000 km以上，约占我国大陆海岸线长度的1/4。主要分布在河北与天津(渤海湾)、山东(黄河三角洲、莱州湾)、江苏(废黄河三角洲、南黄海辐射沙洲)、上海(长江口、杭州湾)、浙江(杭州湾、钱塘江口、浙东海湾内与中、小河口)、福建(闽江口以北、多数港湾内)、广东(韩江三角洲、珠江三角洲)。江苏粉沙淤泥质海岸最长，为884 km，约占本省岸线总长的93%。

(4)生物海岸。包括红树林海岸和珊瑚礁海岸。

红树林海岸为生长着耐盐、繁茂的红树林的海岸。主要分布在福建福鼎以南各省(区),福建、广东和广西的红树林海岸总长 400 多 km,占三省(区)岸线总长的 6%以内。

珊瑚礁海岸则是由珊瑚礁构成的海岸。主要分布在南海诸岛、台湾与澎湖列岛沿岸和广东、广西沿岸。

2.海岸的基本概念

海岸的形态与组成海岸的物质(沙或淤泥)有关。对于一般沙质海岸,如图 10—1 所示,在垂直于海岸线的海岸横剖面上,海岸组成如下:

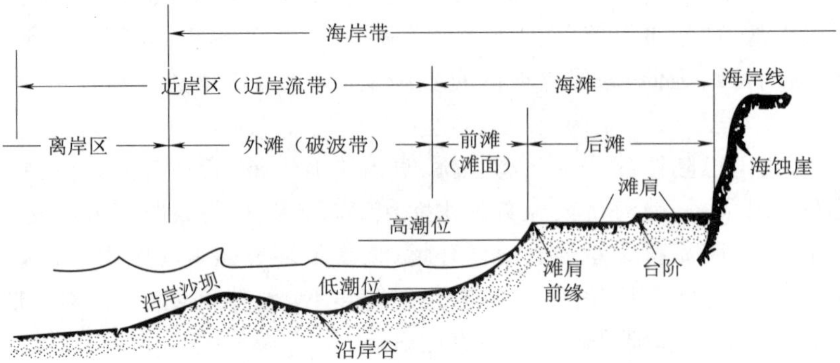

图 10—1　沙质海岸带横断面

(1)海滩,也称海滨。从低潮线向上直至地形上显著变化的地方(如海崖、沙丘等),包括后滩和前滩。也有人认为海滩还应包含与海滩发育过程密切相关的水下部分。

(2)滩肩。海滩上缘接近于水平的部分,其为常浪情况波浪作用下形成的粗颗粒泥沙的堆积体。

(3)后滩。由海崖、沙丘向海延伸到前滩的后缘,其上发育暴风浪所形成的滩肩,有高度不大的陡坎或陡坡。滩肩向海一侧的边界为海滩坡度突变处,称为肩顶或滩肩前缘。

(4)前滩。滩肩顶至低潮线之间的滩地。邻近肩顶的前滩部分,通常坡度较陡,也称为滩面。

(5)外滩。破波点到低潮线之间的滩地。这部分海底长期处于水下,不断受破碎波的作用,泥沙运动较为强烈。有些外滩还存在水下沙坝和水下浅槽。

(6)离岸区。破波带外侧延伸到大陆架边缘的区域。

(7)溅浪带。岸线上下被破碎波浪爬坡运动覆盖和被回流运动暴露的区域。

(8)破波带。破碎波浪所形成的由破碎波构成的条形带,其从破碎点开始延伸到溅浪带上边界。

(9)近岸区。包括海滩和水下泥沙活动的地带,边界在水深 10～20 m 的范围内。

(10)海岸带。范围从波浪所能作用到的海底,向陆延至暴风浪所能达到的最上限。

根据自然地理学概念,海岸带上限为波浪作用的上限,下限为波浪开始扰动海底泥沙之处。我国大部分的跨海桥梁和滨海公路都是在海岸带范围内,主要受海岸带环境的影响。此外海洋的渔业及其他生物资源、开发的石油资源、港口及海峡航运通道,都在海岸海洋的范围之内。海岸海洋越来越受人们重视。

二、潮汐河口的基本特征

河口为河流终点，即河流注入海洋、湖泊或其他河流的地方。就入海河口而言，它是一个半封闭的海岸水体，与海洋自由沟通，海水在其中被陆域来水冲淡。入海河口的许多特性影响着近海水域，且由于水体运动的连续性，测验方法和分析技术上的相似，往往把河口和其邻近海岸水体综合起来研究，因此它是海岸带的组成部分，又称为潮汐河口。

河口在向陆边界受河流径流、洪枯季节周期变化影响，在出口则受海洋潮汐涨落周期变化的影响，水流变化十分复杂。河口以内有较多的泥沙沉积，形成沙咀、边滩及沙洲，如图 10—2 所示。

图 10—2 河口三角洲

根据海洋动力因素的影响程度，潮汐河口可分为强潮河口、弱潮河口和中潮河口。潮差 0～2 m 为弱潮地区，存在较多河口三角洲及沿岸沙岛；潮差大于 4 m 为强潮地区，滨海线性沙脊(潮流形成)、潮滩及盐水沼泽较多；潮差 2～4 m 为中潮地区，沿岸沙岛被冲出许多缺口，海口及涨潮三角洲最为普遍。

根据河口的形态地貌，潮汐河口可分为三角洲河口和三角港河口，主要与河道径流流量及输沙量大小、潮汐的强弱及口外风浪等有密切关系。对于输沙量较少、径流量与进潮量的比值小于 0.1 时的河口，沿岸流将泥沙带走，常形成单一的河道渐宽、水深逐渐增大的喇叭口形河口，为三角港河口。对于河流径流量和输沙量很大，而进潮量较小时，沿岸流无法把河流带来的泥沙带走，逐渐淤积成沙滩，同时又被冲积成许多放射状的汊道，形成扇形分汊式河口，即三角洲河口。河口区的河槽容积和潮差决定进潮量。钱塘江口潮差大、榕江牛田洋的水域面积宽广，进潮量都很大，两个河口均为三角港。黄河输沙量很大，河口潮差很小，故形成河口三角洲。

三角洲和拦门沙是典型的河口地貌。在河口以外的滨海区，因淡水流入而使海水含盐量减小，因河流扩散而使挟沙沉积，沿岸流产生的沿岸输沙在河口以外因受河流干扰而落淤，故常在河口外形成三角洲和拦门沙。

河口区的河流受海水顶托，比降减小，流速降低，泥沙沉积在河口区内，形成边滩、心滩、水下沙洲、口外拦门沙等各种河床形态。平原河流河口泥沙粒径大都在 0.062 5 mm 以下，属于淤泥、黏土类。东南沿海山区河流如钱塘江、瓯江、闽江等河口的泥沙粒径仅稍大于平原河流河口,属于细沙类。由于河流淡水和海口盐水细粒泥沙表面的电化学作用较强,絮凝成团,沉速较淡水中提高几倍至几十倍。

汛期河口河段上冲下淤,水期河口段下冲上淤,若整个水文年度内净冲淤量很少,则呈现具有河口区河床断面周期稳定的性质。

三、海洋水文要素

海水永恒不息地运动着,由于热力因素和动力因素的作用,海水运动的类型多种多样,归纳起来,主要有三大类:(1)洋流运动,指海洋中具有相对稳定的流速和流向的海水,从一个海区水平地或垂直地向另一海区大规模且非周期性地运动,包括潮流、风海流、密度流、补偿流等。(2)潮汐运动,是海水在月球和太阳引潮力作用下所发生的周期性升降运动,海水升起前进时称为涨潮,下降后退时称为落潮。(3)波浪运动,是海水质点在它的平衡位置附近产生一种周期性的振荡运动和能量的传播,波浪运动只是波形的向前传播,水质点并没有随波前进,这个是波浪运动的实质。

海岸带是海洋、陆地和大气交汇的地带,这三者之间的交互作用十分复杂、剧烈。与内陆河流水文要素有所不同,海岸带的海洋水文要素主要有海浪、潮汐、海流以及海啸、风暴潮等。

1. 波浪

波浪是引起海岸变化的主要因素,海浪具有巨大能量(图 10—3),对海岸以及海岸建筑物会产生巨大的冲击力,是海岸带公路和桥梁的主要荷载。

图 10—3 海洋波浪

据测量,近岸波浪对海岸的压力,可达到每平方米 30～50 t,这对海岸工程、沿岸设施的破坏是毁灭性的,有时海浪还会携带大量泥沙进入海港、航道,造成淤塞等灾害。巨浪冲击海岸能激起 60～70 m 高的水柱。据记载,在一次大风暴中,巨浪曾把 1 370 t 重的混凝土块移动了 10 m,20 t 的重物也被它从 4 m 深的海底抛到了岸上。

根据 1966—1993 年的资料统计,中国近海海洋波浪和邻近外海,波高≥6 m 的灾害性海浪在 28 年中共发生 735 次,平均每年 28 次;其中波高≥9 m 的狂涛过程 162 次,平均每年 5.8 次。邻近的渤海、黄海、东海、南海及巴士海峡区域,每年大约有 150 天处于狂风恶浪的困扰当中,使这里成为世界上最不“平静”的海洋区域之一。

我国沿岸海域平均波高的分布是:除南沙群岛外,总的来讲,年平均波高由北向南递增。渤海沿岸为 0.3～0.6 m;渤海海峡、山东半岛南部和苏浙沿岸为 0.6～1.2 m;广东广西沿岸大致为

1.0 m;海南岛和北部湾北部沿岸为 0.6～0.8 m;西沙海域大致为 1.4 m 。

2.海岸波生流

海洋波浪在传播至近岸地区的过程中会发生变形、折射与破碎,不仅其尺度发生改变,同时还形成一定的水体流——近岸波生流。

斜向入射的波浪进入海滨地带后,在破波带产生一股与岸线平行的平均流,即沿岸流。波浪破碎以后,可将与滨线斜交的破碎波的动量分解为平行和垂直于海岸的两个分量,前者的传递是产生沿岸流的原因。

波浪在传向海岸的过程中会导致海岸水域出现流体质量的汇聚,这包括:波浪由离岸水域传入破碎带伴随着质量输移流向海岸汇集;方向相对的沿岸流在交汇点产生流体质量汇聚。这些汇聚的流体质量集中起来可能以裂流的形式向外海回流,如图 10—4 所示。裂流流速很高,会带动强烈的向外海输移的泥沙运动。裂流的出现有时不只是在一处,而是离散分布的,其沿岸呈规则排列,如图 10—5 所示。这些裂流的间隔一般从几十米到几百米,有时发现也可达 400～500 m。

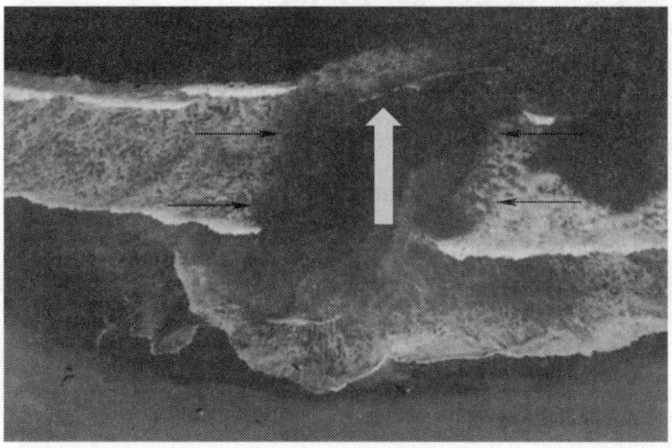
图 10—4　裂流

图 10—5　裂流系统

3.潮流

潮汐是发生在沿海地区的一种自然现象,是海水在天体(主要是月球和太阳)引潮力作用下所产生的周期性运动。潮汐作用表现为两个方面:一是潮汐的涨落,即海面垂直方向的周期性运动;二是海水在水平方向的流动,称为潮流。

潮汐对海岸的作用有三个方面:(1)影响海岸带波浪的作用范围及作用强度;(2)影响海岸带地貌类型的发育;(3)潮流流速影响海岸带的侵蚀和淤积。

4.径流

河流每年输入海洋泥沙有 17 000 亿 t,堆积在海岸,为海岸堆积地貌提供了丰富的物质来源。河流径流挟带着大量的泥沙在河口外扩散和沉积,是海岸淤积的主要物质来源之一,导致在河口外发育着河口三角洲或三角港。

在以径流为主的河口,径流输出的淡水和潮流向河口方向输入的水在水深的分布上呈分层型,有盐水逆径流方向伸展,在楔面处有絮凝作用,造成泥沙集中沉降,形成了水底隆起的河口拦门沙。

5.海流

海流,也称洋流,是指海水沿着一定方向有规律且具有相对稳定速度的水平流动,是从一个海区水平或垂直地向另一个海区的大尺度流动,如墨西哥湾流、黑潮、赤道流等。洋流的水体体积虽然巨大,但是主要存在于离岸区,不是影响海岸变化的重要因素。

我国沿海的海流体系可分为三个:(1)渤海、黄海海流系,特点是呈气旋式环流;(2)东海流系,特点是冬季为气旋式环流,夏季为同向流;(3)南海海流系,特点是以季风漂流为主,冬季是东北季风漂流,夏季是西南季风漂流。

6. 风暴潮

风暴潮是指由台风、温带气旋、冷锋的强风作用和气压骤变等强烈的天气系统引起的海面异常升降,使受其影响的海区的潮位大大超过平常潮位的现象,又称"风暴增水"、"风暴海啸"、"气象海啸"或"风潮"。风暴潮是一种重力长波,波长范围一般几十至上千米,持续时间 1~100 h,振幅达数米。风暴潮增水在半封闭海域还常造成水域周期性摆动,也称假潮。风暴潮异常增水是沿海重要灾害之一(图 10—6)。我国是世界上受风暴潮危害最严重的 3 个国家之一。

图 10—6 风暴潮

西北太平洋每年生成的台风有 30 多个,占全球 1/3 以上,其中影响我国的约有 20 个。风暴潮通常可以分为台风风暴潮和温带气旋风暴潮两种,影响我国的台风风暴潮一般分布在东海、南海、黄海南部及台湾以东太平洋海域;温带气旋风暴潮对我国沿海地区的影响较为强烈,浙江沿岸、福建、渤海、黄海北部东、海南沿海是多发区域。

风暴潮伴随着大风大浪,能够快速造成海岸严重侵蚀,导致泥沙在海岸水域重新分布,严重影响岸线短期(小于 10 年)变化,对岸线长期演变也存在影响。

7. 海啸

海啸是一种具有强大破坏力的巨浪,会使异常水位升高。水下地震、火山爆发或水下塌陷和滑坡等大地活动都可能引起海啸。地震发生时,海底地层发生断裂,部分地层出现猛然上升或者下沉,由此造成从海底到海面的整个水层发生剧烈"抖动",如图 10—7 所示。这种"抖动"与平常所见到的海浪大不一样。海浪一般只在海面附近起伏,涉及的深度不大,波动的振幅随水深衰减很快。地震引起的海水"抖动"则是从海底到海面整个水体的波动,其中所含的能量惊人。

海啸时掀起的狂涛骇浪,高度可达 10 多米至几十米不等,形成"水墙",如图 10—8 所示。另外,海啸波长很大,可以传播几千千米而能量损失很小。如果海啸到达岸边,"水墙"就会冲上陆地,对人类生命和财产造成严重威胁。

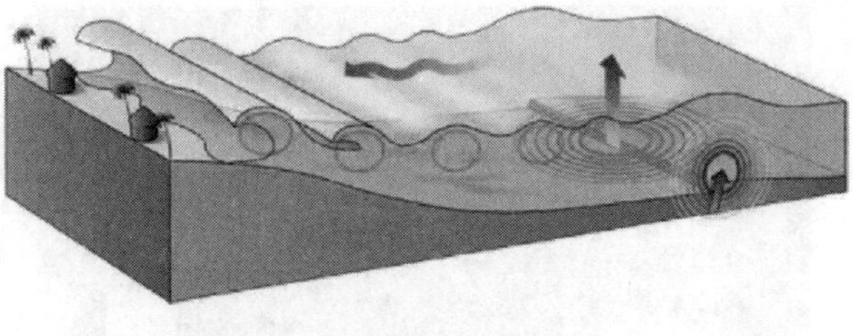

图 10—7　海啸成因

图 10—8　印度洋海啸

四、海洋环境下的桥梁

受近岸带海洋环境影响的海湾桥梁包括：跨越海湾或连接海岛的跨海桥梁（如港珠澳大桥、青岛海湾大桥、东海大桥、金门大桥等），濒临海岸修建的桥梁（沿海地区的滨海桥梁）以及潮汐河口河段桥梁（如上海长江大桥、苏通长江大桥等）。与内陆地区桥梁相比，海湾桥梁直接承受复杂、严峻的海岸带海洋环境作用，自然环境条件更加复杂、恶劣。海洋环境下海湾桥梁在上下部结构形式、材料防腐、抗风、基础冲刷等方面，必须进行相应的特殊处理。

与内陆桥涵相比，海洋环境下的桥梁在设计时还需考虑以下几方面因素：

1. 海水腐蚀作用

含盐度高的海水和空气对建筑材料的腐蚀，是海湾桥梁和滨海公路最普遍和最显著的灾害。特别是处于海水浸泡中的桥梁墩台及基础工程，长期受到多种盐类特别是氯离子的作用，工程材料极易被腐蚀，影响工程质量和结构耐久性。据调查，杭州湾跨海大桥海水含盐度为5.94‰～15.91‰，上海东海大桥为10‰～25‰，青岛海湾大桥高达29.4‰～32.9‰。海水含盐度越高，对建筑物的腐蚀作用越大。

我国沿海地区某T梁桥运营不到20年，出现了钢筋锈蚀，混凝土剥落，受力钢筋完全裸露，与混凝土粘结失效，如图10—9所示。某跨海大桥处于水位变动区的承台，受海水侵蚀严重，混凝土脱落，钢筋外露，锈蚀严重。天津滨海新区部分桥梁在使用8～10年即发生墩柱钢筋严重腐蚀，混凝土脱落，被迫重建。位于海湾浅水区的海燕大桥，1995年5月建成通车，但在2003年养护中发现该桥墩柱产生大量顺筋锈胀裂缝，部分混凝土剥离，混凝土主筋锈蚀严重，而箍筋亦锈蚀断落，基本丧失原有作用。位于威海的双岛海湾公路大桥是山东省第一座跨海大桥，于1993年12月建成通车，通车15年后发现全桥所有墩柱在潮汐区、浪溅区钢筋出现锈蚀，局部区域混凝土脱落。2022年8月，这座通车仅30年的大桥已经拆除重建。

图 10—9　海水腐蚀作用

对于桥梁工程而言，发生钢筋锈蚀后修补、加固的花费是巨大的，而停产、停运等间接损失更是难以估量。

2. 台风动力作用

台风的动力作用引起桥梁结构的振动，可使桥梁发生整体破坏。从 1949 年新中国成立以来开始统计至 2023 年，我国台风登陆的总次数一共 860 次，登陆地点遍布 10 个省份或地区。一年中的 7～9 月是台风最活跃时期，生成数和登陆数都是全年最多时段，从常年平均来看，生成台风数 14.46 个，登陆我国 5.66 个。

海洋的气象条件(如海风、热带或温带气旋、寒流、飓风)作用于桥梁上、下部结构，引起大跨度悬索桥、斜拉桥等轻型结构发生整体的振动，从而造成整体破坏。因此抗风设计成为大跨度跨海桥梁安全的关键问题之一。1940 年 11 月 7 日，美国华盛顿州塔科马悬索桥，因风引起的结构振动而被毁坏，如图 10—10 所示，成为世界桥梁史上代表性事件，由此开始进行桥梁风致振动的研究。

图 10—10　美国华盛顿州塔科马悬索桥风振破坏

内河最大风压一般不超过 0.7 kPa，而海洋风压可达 1～3 kPa，日本门崎桥竟达 80 kPa。位于长江潮汐河口段的江阴大桥，桥塔风压为 6.9 kPa，而土耳其跨海的伊兹米特桥的桥塔风压达到 14.7 kPa。桥上的行驶车辆，可能被台风吹翻，必要时应在桥上设置风障(如杭州湾大桥)。

3. 波浪荷载作用

已建工程表明，受波浪影响，海洋环境下桥梁基础水动力荷载大小是内河环境的 10 倍以上，波浪荷载是跨海桥梁设计中的主要环境荷载之一。

我国渤海浪高达 9 m，南海莺歌海波浪高度可达 9.5 m。台风引起的风暴潮在海岸带形成增水和巨浪，破坏力极强。地震海啸对我国也有影响，因我国东部太平洋中海岛链的存在，相对来说，对于我国沿海东海岸，海啸的危害较小；对于我国南部沿海，如海南岛及南海岛屿的危害则较大。

巨浪对桥梁墩台及上部结构具有极强的水平冲击力，同时，对于高程较低的引桥、非通航孔的桥面板等上部结构还施加巨大的向上的水流托浮力，造成桥面结构的破坏。

确定桥面设计高程时，必须计入波浪高度，满足船在桥下顺利通过的要求；桥墩及桥台等波浪达到的部位，必须计入波浪冲击力等动力作用。

4. 波流冲刷作用

与内陆桥梁洪水冲刷有所不同，海湾桥梁经受天文潮、风暴潮、波浪以及各种水流变化的共同作用，导致长期海床冲刷、桥孔压缩冲刷以及桥墩和桥台局部冲刷。特别是对于近海岸的部分桥梁结构，由于其处在水陆交界的特殊位置，水深较浅，波浪不仅能掀动岸边的泥沙，还会引起近岸水流流动，从而搬运泥沙，引起海床面冲刷，其受冲刷水毁的威胁要远大于单向流下的冲刷。

如图 10—11 所示，A 墩位于离岸的深水区域，B 墩位于近海岸的浅水区域，近海岸床面呈斜坡形态。波浪在向岸传播的过程中会发生变形并破碎，使得位于近海岸浅水环境下的跨海桥梁桥墩或桩基结构周围的流场更为复杂。同时波浪破碎产生的强紊动和漩涡作用加剧了床面泥沙的起动，可引起床面剧烈的泥沙输移，产生严重的桥墩冲刷。波流沿坡面的离岸流动具有水层薄、流速大的特点，更加剧了海岸和桥墩冲刷，有研究表明该流动产生的冲刷深度能达到波浪爬升期的 1.7～3.4 倍。

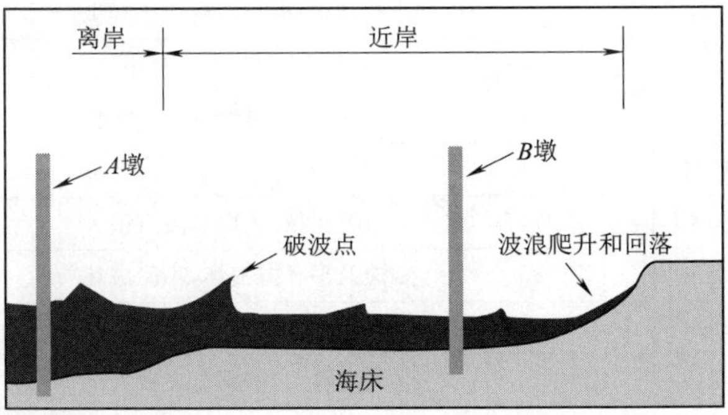

图 10—11　近岸、离岸区域示意

冲刷作用会导致桥梁基础埋置深度减小，若桥梁结构承载力降低以致不满足稳定性要求时，则会造成桥梁毁坏。因此海湾桥梁水文设计时，需综合考虑波流作用下的冲刷，从而合理确定基础埋深。

第二节　波浪对桥梁的作用力

潮汐、潮流、海风及其引起的海浪，是引起海洋工程和海岸工程灾害的重要因素。跨海桥梁处于海水中的桥塔、桥墩和桥台，承受波浪的波峰和波谷周期性变化的反复作用，这也是跨海桥梁重要的动力荷载。本节主要说明海洋中波浪的生成、性质和对桥梁的作用力。

一、海洋中波浪的生成

海洋中波浪的产生与多种因素有关，如风的作用、海底运动、潮汐引力及海水密度变化产生的压力差等。

1. 风生波浪

通常看到的海浪，大部分都是由风力使海水产生波动而形成的海浪。地球表面大气压力分布是不均匀的，空气在气压梯度作用下，从高压区向低压区流动，便形成了风。靠近地球表面的风，还受到地球自转形成的地转偏向力(柯里奥利斯力)和地球表面摩阻力的共同作用。近地风与地理位置、地表形态有密切关系。

一般采用风速表示风的强度，气象学上取海面以上 10 m 高处，时间段 10 min 内的平均风速为标准值。国际上按风速大小分为 13 级，作为统一的风力等级(蒲氏风级)，见表 10—1，风速和浪高大致参照范围见表 10—1。

表 10—1　风力等级划分

风力等级	风的名称	风速		陆地地面征象	海面状态	海面最大浪高/m
		m/s	换算成 km/h			
0	无风	0.0～0.2	<1	静，烟直上	平静如镜	—
1	软风	0.3～1.5	1～5	烟能表示风	微浪	0.1
2	软风	1.6～3.3	6～11	人面感觉有风，树叶有微响	小浪	0.3
3	威风	3.4～5.4	12～19	细小树枝摇动不息，旌旗展开	小浪	1.0
4	和风	5.5～7.9	20～28	小树枝摇动不息，扬起土和纸	轻浪	1.5
5	清风	8.0～10.7	29～38	小树摇动，内陆水面有小波	中浪	2.5
6	强风	10.8～13.8	39～49	大树枝摇动，电线响，举伞难	大浪	4.0
7	疾风	13.9～17.1	50～61	全树摇动，大枝下弯，步行难	巨浪	5.5
8	大风	17.2～20.7	62～74	可折毁树枝，人向前阻力很大	猛浪	7.5
9	烈风	20.8～24.4	75～88	烟囱及平顶屋损坏，小屋破坏	狂涛	10.0
10	狂风	24.5～28.4	89～102	拔起树木，毁坏建筑，陆上少见	狂涛	12.5
11	暴风	28.5～32.6	103～117	陆上很少，有则损失重大	非凡现象	16.0
12	飓风	32.7～36.9	118～133	陆上绝少，其摧毁力极大	非凡现象	—

海浪的周期一般在 0.5～25 s，波长由几十厘米到几百米，波高也有几十厘米至 20 多米，最高也有 30 多米。风生海浪又分为风浪、涌浪和近岸波浪三种。风浪是指在风力的直接作用下而产生的海浪。涌浪是外海风浪因为地形或者风向的改变而产生的海浪。近岸波浪则是远海风浪或涌浪传到海岸后与岸产生反作用力后改变波长和周期的海浪。

可以根据流体力学的观点来解释风浪的形成。当两种密度不同的介质相互接触，并发生相对运动时，在其分界面上就要产生波动。在流体力学中空气被看做是一种具有压缩性的流体，而自由水面是水和空气之间的分界面，当空气在海面上流动时，由于摩擦力作用，原来的接触界面成为不稳定平衡面，必须形成一定的波状界面，才能维护平衡，由此就产生海面波动，形成风浪。

从性质上说，风浪直接受风力作用，属于强制波，其波形的轮廓和余摆线差别大，波峰尖陡，波谷平广，海面凹凸不平，此起彼伏。它的波高较高，波长较短，波速较慢，最大仅达 40～50 km/h。风速、风时、风区是决定风浪大小的主要因素。风速增大时，波高、周期和波速都随之增大；波速增大时，波浪要素也随之增大。风浪是随着风向传播的，所以风区越大，风浪也越能得到发展。如果风区较小，虽有足够的风力和风时，风浪也不能充分发展。

涌浪的出现是风浪进入消衰阶段的标志。涌浪的特点是：随着传播距离的增长，波高逐渐变小，波长和周期却不断增加，因而涌浪变得越平缓，波形越接近摆线波。从性质上说，涌浪属于自由波，其波形的轮廓和余摆线较接近，波峰圆滑，海面较规则，波浪呈现一排排的分布形式。其波高越低，波长较长，可达 500～600 m 甚至更长，波速较快，可达 100 km/h 以上。

2. 海底运动生成波浪

地壳运动也是海浪形成的一种因素。地球板块运动过程中，两个板块相互挤压，挤压出凸起或凹陷，都将导致海水产生瞬时的压力差，进而形成海浪。

海底地震是海底运动形式之一，引发海水波。这种波浪不只是在海面附近起伏，而是从海底到海面整个水体的波动，蕴含着巨大的能量。地震震级越高，能量越大，产生的波浪越高。强海底地震引发的巨大、破坏性波浪，也称海啸。

3. 潮汐引力生成波浪

海浪的形成还有一类很重要的力，即引潮力。比如钱塘江大潮(图 10—12)，其形成的主要原因之一就是引力引起的大海浪。当地球、月球和太阳的位置几乎成一线的时候，引力最大，会引起海水巨大的波动，而形成巨大的海浪，成为古今一大奇观。海水在引潮力作用下产生的波浪称为潮波。

图 10—12　钱塘江大潮

4. 海水密度变化生成波浪

受地球气候环境影响，不同区域海水温度不同。低温海水，分子动能小，密度大，高温海水，分子动能大，密度小，于是密度大的冷水在海洋中形成的水压比热水的大。在海洋中冷水会下沉，热水上浮，当热水浮至上层时，冷水由于高压会在底层对热水层下面的空间进行补充。这种发生在海水内部，密度不同的海水作相对运动引起的波动现象称为内波。

二、波浪理论

1. 波浪要素

波浪的大小和形状是用波浪要素(图 10—13)来说明的，其基本要素主要有：

(1)波峰：波面最高点。

(2)波谷：波面最低点。

(3)波高 H：相邻波峰与波谷的竖直距离(m)。

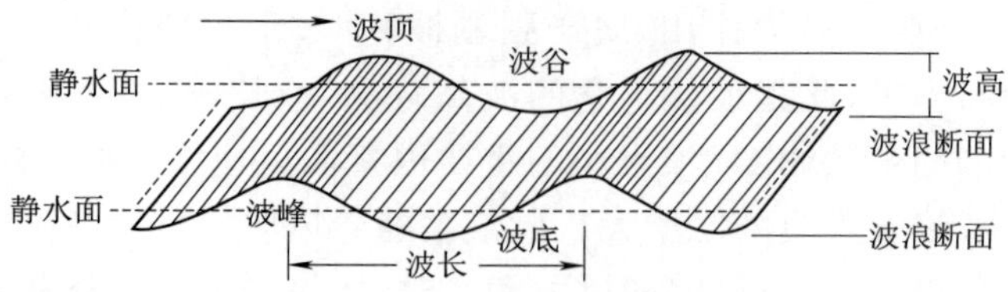

图 10—13　波浪要素示意

(4)波长 L:相邻两波峰或两波谷间的水平距离(m)。

(5)周期 T:波浪起伏一次所需的时间,或相邻两波峰越过空间固定点所经历的时间间隔(s)。

(6)波速 c:波面移动的速度,即单位时间内波动传播的水平距离(m/s),$c=L/T$。

(7)波陡 δ:波高与波长之比,$\delta=H/L$,表征了波动的平均斜率。

(8)波数 k:$k=2\pi/L$,表示 2π 长度上出现的全波数目。

(9)波峰线:通过波峰的线,与波向线垂直。

(10)波向线:与波峰线正交,表示波浪传播方向的线。

(11)前进波:在海面上形成后,向岸边传播的波浪。

2.波浪分类

为了研究波浪的特性,有必要对波浪加以分类。

(1)按波浪形态分类。可分为规则波和不规则波。规则波波形规则,具有明显的波峰波谷,二维性质显著,离开风区后自由传播时的涌浪接近于规则波。而由于风速风向复杂多变,风浪的形式极为复杂,波形杂乱,波高、波周期和波浪传播方向不定,空间上具有明显的三维性质,无法用简单的确定性数学公式来描述,因此这种波称为不规则波或随机波。

(2)按波浪传播海域的水深分类。可分为深水波、有限水深波和浅水波。海域的水深足够深,水底不影响表面波浪运动时,此时的波浪称为深水波,否则为有限水深波或浅水波。一般将 $h/L=1/2$ 作为划分深水波与有限水深波的界限;$h/L=1/20$ 作为有限水深波和浅水波的界限(其中 h 为水深,L 为波长)。

对于深水波:
$$c\approx\sqrt{\frac{gL}{2\pi}}\quad,\quad L=\frac{gT^2}{2\pi}\tag{10—1}$$

对于浅水波:
$$c=\sqrt{\frac{gL}{2\pi}\tanh\frac{2\pi h}{L}}\quad,\quad L=\frac{gT^2}{2\pi}\tanh\frac{2\pi h}{L}\tag{10—2}$$

式中　g——重力加速度。

(3)按波浪破碎与否分类。无论风浪还是涌浪,在由深水向浅水传播过程中,若水深减小到一定程度,波形无法维持,波面急剧变化发生倾倒破碎,称为波浪的破碎。因此可把波浪分为破碎波、未破碎波和破后波。

此外,按波浪运动状态分类,可分为振荡波、推进波、立波、推移波。根据波浪运动的运动学和动力学处理方法,波浪还可分为微幅波和有限振幅波两大类,有时微幅波也称为线性波,有限振幅波也称为非线性波。

3.波浪运动控制方程

在求解波浪运动方程时,为了简化起见一般作如下假定:(1)流体是均质和不可压缩的,其密度为一常数;(2)流体是无黏性的理想流体;(3)自由水面的压力是均匀的且为常数;(4)水流运动是无旋的；(5)海底水平、不透水；(6)质量力仅为重力，表面张力和柯氏力可忽略不计；(7)波浪属于平面运动，即在 xz 平面内作二维运动。

由不可压缩流体的连续性方程，可知

$$\frac{\partial u_x}{\partial x}+\frac{\partial u_z}{\partial z}=0 \tag{10—3}$$

式中，u_x 和 u_z 分别为水质点在水平方向和垂直方向速度分量，根据流体力学原理，在无旋运动假定下的波浪运动为势波运动，可由速度势函数 φ 导出，即

$$u_x=\frac{\partial \varphi}{\partial x}\quad ,\quad u_z=\frac{\partial \varphi}{\partial z} \tag{10—4}$$

由此可得

$$\frac{\partial^2 \varphi}{\partial x^2}+\frac{\partial^2 \varphi}{\partial z^2}=0 \tag{10—5}$$

式(10—5)为速度势 φ 的控制方程，即著名的拉普拉斯方程。给出适当的定解条件，可得到拉普拉斯方程的解，进一步得到流速场(u_x,u_z)。

对于波浪运动这种周期性运动，初始条件不予考虑，因此定解条件仅为边界条件。

(1)对于海底固壁面，水质点垂直速度为 0，则有

$$\frac{\partial \varphi}{\partial z}=0\quad ,\quad z=-h \tag{10—6}$$

(2)对于波面 $z=\eta$ 处，应满足动力学边界条件和运动学边界条件：

$$g\eta+\frac{1}{2}\left[\left(\frac{\partial \varphi}{\partial x}\right)^2+\left(\frac{\partial \varphi}{\partial z}\right)^2\right]+\frac{\partial \varphi}{\partial t}=0 \tag{10—7}$$

$$\frac{\partial \varphi}{\partial z}=\frac{\partial \eta}{\partial t}+\frac{\partial \varphi}{\partial x}\frac{\partial \eta}{\partial x} \tag{10—8}$$

式中，波面升高 $\eta=\eta(x,t)$，表示波面至静水面的垂直位移；t 为时间(s)，当波峰通过柱体中心线时记为 $t=0$。

(3)流场左、右两端面的边界条件可根据简单波动在空间和时间上呈周期性来确定。从空间上看同一相位点的波要素是相同的，在时间上看一个周期后的波要素也应相等，故波场上下两端面边界条件可表示为

$$\varphi(x,t)=\varphi(x+L,t)=\varphi(x,t+T) \tag{10—9}$$

式(10—5)加边界条件[式(10—6)～式(10—9)]构成水波方程的定解问题。数学上把这种只是给定边界条件而不需给定初始条件的方程定解问题称为边值问题。若求得这一边值问题的解，则波场中的各运动要素便可确定。

要精确解出上述二维波列的定解，将遇到如下两个困难：一是自由水面边界条件是非线性的；二是波面高程 η 是未知的，即自由表面边界是不确定的。

因此，要求得上述水波方程的边值问题的解，最简单的方法是先将边界条件线性化，将问题转化为线性问题求解。

4. 波浪运动的描述方法

海浪具有非线性三维特征和明显的随机性，不易进行精确数学描述。但对于较为简单的二维平面波，迄今已有许多不同理论来描述其运动特性。

(1)线性波理论。也称微幅波理论，最初由 Aiy 于 1845 年提出。以线性波这种规则波作为研究对象，采用势波理论，假设水质点的运动是缓慢的，波浪的波高 H 和波幅 A 远远小于

其波长L或水深h。线性波理论是基本的波浪理论，它较清晰地表达出波浪的运动特性，易于实践应用。线性波理论是研究其他较复杂的波浪理论以及不规则波的基础。在数学上，线性波理论可以看作是对波浪运动进行完整理论描述的一阶近似值。

式(10—5)、式(10—6)和式(10—9)～式(10—11)构成了微幅波理论的控制方程和定解条件：

$$\frac{\partial^2 \varphi}{\partial t^2}+g\frac{\partial \varphi}{\partial z}=0 \quad z=0 \tag{10—10}$$

$$\eta=-\frac{1}{g}\left(\frac{\partial \varphi}{\partial t}\right) \quad z=0 \tag{10—11}$$

因此势函数的解为

$$\varphi=\frac{ga}{\omega}\frac{\cosh k(z+h)}{\cosh kh}\sin(kx-\omega t) \tag{10—12}$$

或

$$\varphi=\frac{gH}{2\omega}\frac{\cosh k(z+h)}{\cosh kh}\sin(kx-\omega t) \tag{10—13}$$

水质点速度为

$$u_x=\frac{\partial \varphi}{\partial x}=\frac{gak}{\omega}\frac{\cosh k(z+h)}{\cosh kh}\cos(kx-\omega t) \tag{10—14}$$

$$u_z=\frac{\partial \varphi}{\partial z}=\frac{gak}{\omega}\frac{\sinh k(z+h)}{\cosh kh}\sin(kx-\omega t) \tag{10—15}$$

式中 ω——圆频率(Hz)，$\omega=2\pi/T$；

$kx-\omega t$——相位函数；

cosh——双曲余弦函数；

sinh——双曲正弦函数。

(2)斯托克斯波理论。由 Stokes 于 1847 年提出，是研究非线性波的一种代表性理论，适用于深水情况。非线性作用的重要程度取决于波高H、波长L及水深h的相互关系。在深水中，影响最大的特征比值是波陡δ，波陡越大，非线性作用越大；在浅水中最重要的参数是相对波高H/h，相对波高愈大，非线性作用愈大。斯托克斯波理论的基本假定与前面所述的水波问题的假定一样，其控制方程和边界条件仍是式(10—5)和式(10—6)～式(10—9)。假设波浪在进行有势运动的基础上，充分考虑了各个自由边界的运动都是非线性的。对于某些情况，用有限振幅波理论来描述波浪运动会更加符合实际的情况。其理论剖面为

$$\eta(x,t)=A\cos(kx-\sigma t)+\frac{1}{4}A^2k\cos2(kx-\sigma t) \tag{10—16}$$

(3)椭圆余弦波理论。由 Korteweg 和 De Vries 于 1895 年提出，主要针对浅水区具有稳定有限振幅的长周期波，可以很好地描述浅水条件下的波浪形态和运动特性。假设条件就是在有限水深情况下，波的剖面是用雅克比椭圆余弦函数表示，其理论剖面为

$$\eta(x,t)=\frac{H}{\kappa^2}\left(1-\kappa^2-\frac{E(\kappa)}{K(\kappa)}\right)+H\cdot \mathrm{cn}^2\left(\frac{2K(\kappa)}{L}(x-ct)\right) \tag{10—17}$$

式中，$\mathrm{cn}(x)$为雅克比椭圆余弦函数，$\mathrm{cn}(x)=\cos\theta(x)$，$\theta(x)$为椭圆函数，其由式(10—18)定义：

$$x=\int_0^{\theta(x)}\frac{\mathrm{d}\theta}{\sqrt{1-\kappa^2\sin^2\theta}} \tag{10—18}$$

式中，κ为椭圆函数的模，且$0<\kappa<1$。$E(\kappa)$和$K(\kappa)$分别为第一类和第二类完全椭圆积分。

(4)孤立波理论。对于孤立波，其水质点仅在波浪的传播方向上运动，且波剖面均位于静水面以上，仅有单个波峰，没有波谷，如图 10—14 所示。水质点每经过一个波，水质点便前移

一个小量，而且孤立波的波剖面都处在静水面以上，波长为无限。孤立波理论属于有限振幅波的高阶理论。两个思路来进行求解：一是在有势运动假设的基础上，充分考虑非线性自由边界的影响条件进行求解；二是以椭圆余弦波理论为指导，把孤立波看做一种特殊的椭圆余弦波，推导其求解公式。

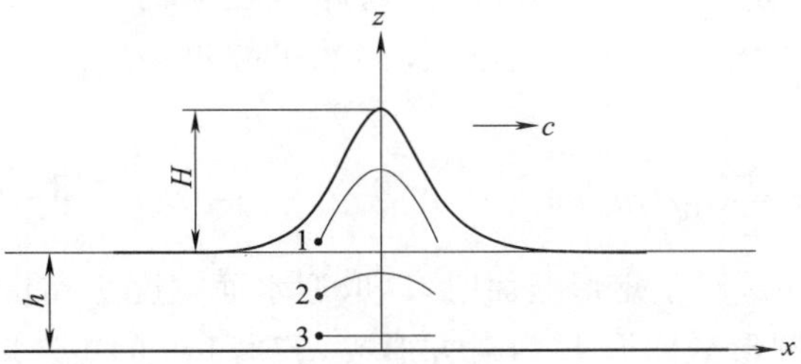

图 10—14 孤立波的波剖面与水质点运动

孤立波的理论推导可以作为椭圆余弦波的一种极端情况，故分析可采用椭圆余弦波理论。孤立波的理论剖面为

$$\eta(x,t) = H\,\mathrm{sech}^2\left(\sqrt{\frac{3H}{4h^3}}(x-ct)\right) \tag{10—19}$$

式中 sech——双曲线正割函数。

三、作用在柱体上的波浪力

1. 波浪对结构物的作用效应

海洋中波浪对固定结构物的作用，主要有以下四种效应：

(1)由于流体的黏滞性而引起的黏滞效应。

(2)由于流体的惯性以及结构物的存在，使结构物周围的波动场的速度发生改变而引起的附加质量效应。

(3)由于结构物本身对入射波的绕射作用而产生的绕射效应。

(4)由于结构物本身的相对高度较大，结构物与自由表面接近扰动了原波动场的自由表面而产生的自由表面效应。

2. 波浪力的计算方法

按照结构物尺度大小的不同，波浪力的计算采用不同的方法：

(1)与入射波相比，尺度较小的结构物，如孤立桩柱、水下输油管道等(柱体直径 $D \leqslant 0.2L$)，此类结构物的存在对波浪运动无显著影响，波浪对结构物的作用主要为黏滞效应和附加质量效应，波浪力的计算采用莫里森方程计算。

(2)随着结构物尺度相对波长比值的增大，例如平台的大型基础沉垫、大型石油贮罐等，此类尺度较大的结构物本身的存在对波浪运动有显著影响，对入射波浪的绕射效应以及自由表面效应必须考虑。此时要采用绕射理论计算波浪力。

3. 海湾桥梁墩柱结构所受波浪力

海湾桥梁的桥墩、桩基等结构物，一般属于小尺度结构，其波浪力的计算一般采用莫里森(Morison)方程。莫里森等认为作用于柱体任意高度 z 处的水平波浪力 f_H(图 10—15)包括两个分量：水平拖曳力 f_D和水平惯性力 f_I。

水平拖曳力 f_D,是指波浪水质点的水平速度 u_x 引起的对柱体的作用力。其大小与单向定常水流作用在柱体上的拖曳力模式相同,与波浪水质点的水平速度的平方和单位柱高垂直于波向的投影面积成正比。不同的是波浪水质点作周期性往复的振荡运动,水平速度时正时负,因此对柱体的拖曳力也时正时负。对于固定圆柱,单位柱长的水平拖曳力计算式为

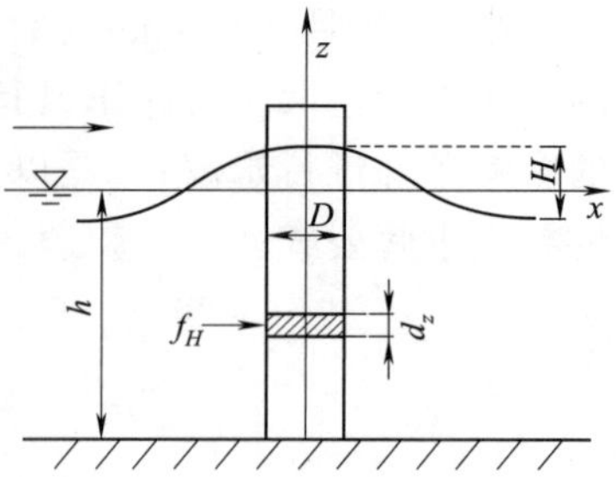

图 10—15　波浪对桩柱的作用

$$f_D = \frac{1}{2}C_D\rho Du_x|u_x| \tag{10—20}$$

式中　D——柱体直径(m),对于矩形截面时,D 取迎水面宽度 b(m);

C_D——阻力系数,圆形截面取 1.2,对方形或 $a/b \leqslant 1.5$ 的矩形取 2.0;

u_x——水质点轨道运动的水平速度(m/s);

ρ——水的密度。

水平惯性力 f_I,是指波浪水质点水平加速度引起的对柱体的作用力,对于固定圆柱,单位柱长的水平惯性力计算式为

$$f_I = C_M\rho A\frac{\partial u_x}{\partial t} \tag{10—21}$$

式中　A——柱体的横截面积(m^2);

C_M——惯性力系数,圆形截面取 2.0,对方形或 $a/b \leqslant 1.5$ 的矩形取 2.2;

$\frac{\partial u_x}{\partial t}$——水质点轨道运动的水平加速度($m/s^2$);

t——时间(s),当波峰通过柱体中心线时记为 $t=0$。

对于线性波浪,波浪水质点轨道运动的水平速度、水平加速度和水质点运动的圆频率分别为

$$u_x = \frac{\pi H}{T}\frac{\cosh kz}{\sinh kh}\cos\omega t \tag{10—22}$$

$$\frac{\partial u_x}{\partial t} = \frac{2\pi^2 H}{T^2}\frac{\cosh kz}{\sinh kh}\sin\omega t \tag{10—23}$$

$$\omega = \frac{2\pi}{T} \tag{10—24}$$

对于固定的单个圆柱体,任意高度 z 处的单位水平波浪力计算式为

$$f_H = f_D + f_I = \frac{1}{2}C_D\rho Du_x|u_x| + C_M\rho A\frac{\partial u_x}{\partial t} \tag{10—25}$$

某一段柱体($z_1 - z_2$)上的水平波浪力计算式为

$$F_H = \int_{z_1}^{z_2} f_H dz = \int_{z_1}^{z_2}\frac{1}{2}C_D\rho Du_x|u_x|dz + \int_{z_1}^{z_2}C_M\rho A\frac{\partial u_x}{\partial t}dz \tag{10—26}$$

对于整根柱体上的水平波浪力计算式为

$$F_H = \int_0^{h+\eta} f_H dz = \int_0^{h+\eta}\frac{1}{2}C_D\rho Du_x|u_x|dz + \int_0^{h+\eta}C_M\rho A\frac{\partial u_x}{\partial t}dz \tag{10—27}$$

式中,η 为任意相位时波面在静水位以上的高度,对于线性波 $\eta = A\cos(kx - \omega t)$。将式(10—22)带入式(10—27),可得

$$F_H=\int_0^{h+\eta}f_H\mathrm{d}z=\int_0^{h+\eta}\frac{1}{2}C_D\rho D\left(\frac{\pi H}{T}\frac{\cosh kz}{\sinh kh}\right)^2\cos\omega t\,|\cos\omega t|\,\mathrm{d}z+\int_0^{h+\eta}C_M\rho A\frac{2\pi^2H}{T^2}\frac{\cosh kz}{\sinh kh}\sin\omega t\,\mathrm{d}z$$

$$=C_D\frac{\rho DH^2}{2}K_1\cos\omega t\,|\cos\omega t|+C_M\frac{\rho\pi D^2H}{8}K_2\sin\omega t \tag{10—28}$$

$$K_1=\frac{2k(h+\eta)+\sinh 2k(h+\eta)}{8\sinh 2kh},K_2=\frac{\sinh k(h+\eta)}{\cosh kh} \tag{10—29}$$

式中，K_1、K_2随波面高度η而变化，不是定值。为简化计算，令K_1中$\eta=H/2$，而K_2中$\eta=0$，得

$$K_1'=K_1=\frac{2k\left(h+\frac{H}{2}\right)+\sinh 2k\left(h+\frac{H}{2}\right)}{8\sinh 2kh},K'_2=K_2=\frac{\sinh kh}{\cosh kh} \tag{10—30}$$

则最大总水平拖曳力F_{Dmax}和总水平惯性力F_{Imax}分别为

$$F_{Dmax}=C_D\frac{\rho DH^2}{2}K'_1,F_{Imax}=C_M\frac{\rho\pi D^2H}{8}K'_2 \tag{10—31}$$

因此在任何相位时，作用在整个柱体上的总水平波浪力为

$$F_H=F_{Dmax}\cos\omega t\,|\cos\omega t|+F_{Imax}\sin\omega t \tag{10—32}$$

$$\frac{\mathrm{d}F_H}{\mathrm{d}\omega t}=\cos\omega t(-2F_{Dmax}\sin\omega t+F_{Imax}) \tag{10—33}$$

令式(10—33)为0，则成立条件为$\cos\omega t=0$或

$$-2F_{Dmax}\sin\omega t+F_{Imax}=0 \tag{10—34}$$

由式(10—34)可知$F_{Imax}<2F_{Dmax}$。

因此，对于单柱上最大水平波浪力发生的相位及其数值计算方法如下：

(1)当$F_{Imax}>2F_{Dmax}$，发生相位$\cos\omega t=0$，则$F_{Hmax}=F_{Imax}$；

(2)当$F_{Imax}=2F_{Dmax}$，$\sin\omega t=1$，此时$\cos\omega t=0$，则$F_{Hmax}=F_{Imax}$；

(3)当$F_{Imax}<2F_{Dmax}$，最大水平波力发生的相位为$\sin\omega t=F_{Imax}/2F_{Dmax}$，则正向水平力最大总波浪力计算公式为

$$F_{Hmax}=\left[1+\frac{1}{4}\left(\frac{F_{Imax}}{F_{Dmax}}\right)^2\right]\cdot F_{Dmax} \tag{10—35}$$

式(10—35)为单柱体所受波浪力的计算方法，然而海湾桥梁下部结构通常为群桩结构，在计算波浪力时，需考虑由于波剖面在各桩桩间的相位差而引起的各桩柱上波浪力的变化。对于群桩中任意柱体(i,j)所受波浪力可按式(10—36)计算，群桩结构受到水平波浪力总和按式(10—37)计算可得。

$$F_{Hij}=F_{Dmaxij}\cos(kx_{ij}-\omega t)\,|\cos(kx_{ij}-\omega t)|+F_{Imaxij}\sin(kx_{ij}-\omega t) \tag{10—36}$$

$$F_H=\sum_i\sum_j F_{Hij} \tag{10—37}$$

式中　i,j——群桩中顺水流方向及垂直水流方向桩的个数。

但在波浪对柱群的作用中，除了这个影响外，还有一个由于各桩柱绕射而引起的波动场的变化对桩上波浪力的影响。对于排成一行的桩柱(即桩柱行的轴线垂直于波浪传播方向)，当柱间距离较小时，中间桩柱上的波浪力将比单个桩柱上所受波浪力大，称之为干扰效应。对于排成一列的小桩柱(即桩柱列的轴线平行于波浪传播方向)，当桩柱间距较小时，后面桩柱上的波浪力比单个桩柱所受的波浪力小，称之为遮蔽效应。

第三节 设计潮位计算

海洋中的水位又称为潮位。潮位变化包括在天体引潮力作用下发生的周期性的垂直涨落,以及风、气压、大陆径流等因素引起的非周期变化。潮位站观测到的水位是以上各种变化的综合结果。海湾桥梁及其附属建筑物的设计高程,必须根据高潮位来确定。

一、潮位要素

1. 潮位变化的基本概念

在一般情况下,海水每日涨落升降两次。通常把白天的一次升降称为潮,晚上的一次称为汐,合称潮汐。17 世纪,牛顿根据万有引力定律说明了潮汐的成因,潮汐现象是地球附近天体对地球表面海水的引力引起,主要是由太阳与月球引起,其他小天体的影响可忽略不计。根据万有引力定律,太阳的质量虽然比月亮大,但它离地球远,月亮的引潮力是太阳的 2.17 倍。

在海水升降变化过程中,水位上升称为涨潮,下降称为落潮。涨潮至最高水位称为高潮,落潮至最低水位称为低潮。相邻的高潮与低潮的高差称为潮差。在潮汐发生过程中,海水不断上涨期称为涨期;当海水达到高潮位时,有 2～3 h 时间内海水不升也不降,称为平潮;以后海水开始下降称为退潮,当退到低潮位时,海水不再下退称为停潮。从低潮到高潮之间间隔的时间称为涨潮时;从高潮到低潮之间间隔的时间称为落潮时。

2. 海平面与基准面

海平面,即海的平均高度。指在某一时刻假设没有潮汐、波浪、海涌或其他扰动因素引起的海面波动,海洋所能保持的水平面。海平面是测量陆地上人工建筑物和自然物(如山高)高程的一个起算面,海平面基面也称为绝对基准面。这个基准面是通过大地测量的水准网来相对固定的。在验潮站站址确定以后,通过大量的观测资料,就可确定该区域海平面。

每个国家或地区都有自己规定的基准面:例如美国以波特兰验潮站的多年平均海平面作为基准面;欧洲地区以荷兰阿姆斯特丹验潮站的多年平均海平面作为基准面。1957 年我国统一规定,将青岛验潮站 1950～1956 年验潮数据确定的"黄海平均海面",作为全国高程系统的基准面,称为 1956 年黄海高程。1985 年,采用青岛验潮站 1952～1979 年的验潮数据,我国对黄海平均海平面重新进行了测算确定。1987 年 5 月,我国废止 1956 年黄海高程基准,开始采用 1985 年国家高程基准。

二、潮位观测

潮汐观测是了解海潮现象,掌握海潮变化规律的一项最基本的工作。目前我国的潮位观测多采用验潮柱(水尺)或者自记验潮仪长期地、系统地记录潮位资料。无论是验潮柱,还是验潮仪,均应用高级别水准点复测其基点标高,并以此矫正记录数据或人工读数。

1. 验潮柱(水尺)测量

水尺测量是目前最普遍、最简便的方法,临时观测站一般利用水尺观测潮位。

验潮柱通常设在能被海水经常淹没的滨海地点,水尺一般长 2 m,敷设在专门的木桩上。如测量地点的水位变化幅度超过 2 m,则可设置 2 节或多节水尺,以适应当地的测量要求。安装水尺时要求垂直、牢固、安全和观测方便。水尺顶部要高出可能最高潮位 1 m,底部低于可能最低潮位 0.5～1.0 m。若潮间带坡度小、宽度大，一根水尺难以观测，应设立水尺组。水尺组相邻的两根水尺刻度交叉重复部分不得小于 0.2 m，并对水尺组中的各水尺统一编号。

水尺安装完毕，应用水准仪根据岸上的水准点测出水尺零点的高程。观测海水面与水尺相交的刻度值为水尺读数，当时水位的计算：潮位＝水尺读数＋水尺零点高程。

验潮柱比较简单方便，但是需人工记录。潮位观测时应昼夜 24 h 连续进行，于整点每小时观测一次；在高、低潮前后半个小时内，观测的时间间隔应缩短，每 10 min 测读一次，以免漏测高、低潮位及其相应的出现时间。在水位变化不正常的情况下，也应按 10 min 间隔时间观测直至正常为止。

在读取水尺读数时，尽可能使视线接近水面。水尺读数应精确到 1 cm，潮时要精确到 1 min。海面有波浪时，要连续读取 3 个波峰和 3 个波谷通过水尺时的读数，取其平均作为观测值。

2. 自记验潮仪

在进行长期观测的验潮站，一般采用自记验潮仪。验潮仪实际就是台自记水位仪，与记录仪连接后可自动连续地记录潮水水位的变化曲线。使用时应在其旁设立水尺，便于矫正仪器的读数。按工作原理，自记水位仪分为浮筒式、压力式和声学式，我国多采用浮筒式水位计。

以国产 HCJ1-2 型验潮仪为例，整个仪器由浮动系统和记录装置两个基本部分组成。浮动系统主要由绳轮、钢丝绳、平衡锤、浮筒等组成，绳轮、钢丝绳连接着平衡锤与浮筒。验潮仪在工作时，放在验潮井内的浮筒随水位的升降，通过钢丝绳带动绳轮和记录筒转动，实现对潮高的记录。当浮筒随海面上升时，绳轮带动记录筒作顺时针方向转动，反之，则作逆时针方向转动，平衡锤对于浮筒起平衡作用。同时，由记录装置中的时钟控制记录笔尖做水平匀速移动，实现对潮位的记录。

使用自记验潮仪时，需在与外海通畅、风浪不直接冲击、最低低潮时有 1 m 以上水深和底质坚实平坦的地方设置验潮井。验潮井常选在码头、防波堤和栈桥等隐蔽处，自记验潮仪设于其中，以避免风浪对潮位观测值的影响。

3. 验潮站站址的选择

潮汐的变化规律与地球、月球的视运动有密切的关系。然而，地—月的视运动引起的潮汐变化又因地而异(即不同的地点因地形、地貌等因素的影响其潮汐的变化是不同的)。所以在进行潮位测量以前，首先要对验潮站的站址进行选择。验潮站站址选择的条件如下：

(1)验潮站的潮汐情况在本海区必须具有代表性，这是选择验潮站的主要条件。例如，有的港湾，湾内面积比较大，但与湾外连通的口子很小，海水不能自由通流，因此湾内外的潮汐特性相差很大：湾内的潮差小，而湾外的潮差大。如海南岛的一些潟湖海湾，曾出现湾外潮差 3 m 多、湾内潮差却只有 0.3 m 左右的情况。在这种情况下，为了掌握湾外的潮汐规律，就不能在湾内设站；反之，为了掌握湾内的潮汐涨落，也不能在湾外设站。此外，湾内、湾外涨落潮时也有很大差别。

又如，在河口地区，通常有拦门沙，甚至低潮时能冒出水面。如果在设站时不能很好地了解当地的潮汐情况，简单地将验潮站选在河口里面，会出现低潮时没有水；实际海面在一个位置上停止很长一段时间，看起来好像已经发生了低潮，而此时外海海面却继续下降，经过一段时间后才真正发生低潮。这样，把验潮站选在河口里面就不具有代表性。有的海区，虽然不是河口，但由于海底地形的影响也会发生类似的情况。总之，在设站时，必须到实地进行调查，虚心向当地渔民了解设站地点的潮汐及海区水深情况,从而达到合理选择站址的目的。

(2)选择风浪较小、来往船只较少的地方,这样有利于提高观测的准确度,也能避免水尺被风浪刮倒、被船只撞倒给工作带来的不便。若海区内有岛屿,一般选在岛屿的背面避风处。

(3)选择在海滩坡度大的地方,使水尺位置便于由岸上进行观测。如果海滩坡度很小,海水在滩涂涨落距离很远,为了观测潮位之升降,就需要设立十几根水尺,甚至数十根水尺才能进行潮汐观测,这样很不方便。若必须在这样的地点设站时,可以另想办法。

(4)应尽量利用现有码头、防波堤、栈桥等海上建筑物作为观测点,而且应避开冲刷、淤积、崩坍等使海岸变形迅速的地方。

三、潮汐河段水文调查与勘测

对潮汐河段进行水文调查与勘测应包括下列内容:

(1)搜集历年最大潮流量、最大潮洪流量、最高潮位、最低潮位、最大潮差、潮型涨落潮历时、潮流速、风暴潮等资料。

(2)测绘桥址附近河道地形图,对受潮汐影响区段的其他部分,可只测河道横断面图。当能搜集到桥址河段历年河道地形图航迹线图或海洋地形图及桥址处河道断面等资料时,可不测。

(3)搜集桥址上、下游水工建筑物的设计和现状、河段的航道标准和整治及冲淤变化等资料。

(4)封冻及流冰时应调查是否形成冰坝和搜集冰块尺寸、冰层双向移动和上、下浮动资料。

(5)调查海水浪溅高度及风浪的侵袭高度。

(6)无实测资料或资料缺乏时,应在桥位断面及河口附近进行水位流量连续观测,观测时间不应短于一整年。如时间和条件限制,可仅作洪水、枯水季节的观测,观测时间不应短于一个月。观测时应有逐时(每小时)连续实测记录,其垂线数目不应少于 3 条,同时应做相应测点的盐度观测,必要时尚应进行洪水与高潮位顶托影响的水位和涨落潮流速的观测。

四、设计潮位计算

跨海、跨河口桥梁及其附属建筑物的设计高程,需根据设计高潮位来确定。根据不同条件,推算设计潮位有以下几种方法:

(1)当感潮河段桥址处具有不少于连续 20 年的年最高潮位资料作为分析的基础资料,设计重现期潮位采用前面章节中所述的频率分析方法确定。

有所不同的是,对于我国多数河流宜采用皮尔逊Ⅲ型曲线进行描述,而对于海岸地区宜采用极值Ⅰ型分布曲线,又称耿贝尔频率分布曲线。美国等西方国家广泛将其应用于洪水水文频率的分析计算,近年来我国学者的研究表明,耿贝尔曲线矩法解与皮尔逊Ⅲ型曲线适线法解结果接近,计算简单又无任意性,桥梁水文分析中可广泛应用。特别是对于海洋潮汐最高、最低设计潮水位的频率分析更为合理已普遍应用。

耿贝尔采用的原始分布为指数型分布,其频率分布函数为

$$p(x > x_{\mathrm{p}}) = 1 - \mathrm{e}^{-\mathrm{e}^{-y}} \qquad (10\text{—}38)$$

因此,当取得了 n 年连续的年最高(低)潮位系列后,按下列公式计算统计参数和频率为 p 的潮位:

$$\overline{h}=\frac{1}{n}\sum_{i=1}^{n}h_i \tag{10—39}$$

$$S_h=\sqrt{\frac{1}{n}\sum_{i=1}^{n}h_i{}^2-\overline{h}^2} \tag{10—40}$$

$$h_p=\overline{h}\pm\lambda_{pn}S_h \tag{10—41}$$

式中　$\overline{h}$——潮位系列的均值(m)；

S_h——潮位系列的均方差(m)；

h_p——频率为 p 的潮位(m)，分析年最高潮水位系列时，式(10—41)中符号为正(+)，分析年最低潮水位时为负(−)；

λ_{pn}——与频率 p 及资料年数 n 有关的系数。

由于我国幅员辽阔，影响沿海潮汐的因素十分复杂，各地潮汐情况差别极大，每种线形均有一定的适用性，因此在自然地理情况较复杂或工程较重要的沿海交通工程设计计算中，宜以某种线形计算，并用另一种线形复核；或通过分析论证采用证明适合当地情况的其他线形。

(2)当感潮河段桥址处具有不足 20 年但具有不少于连续 5 年以上的实测资料时，其设计高潮位值可与附近具有不少于连续 20 年实测资料的测站建立关系，按极值同步差比法进行推算。桥址与该测站除应符合地理位置邻近外，还应具有潮汐性质、受河径流(包括汛期)的影响、增减水的影响皆相似等条件。设计潮位值应采用式(10—42)计算。

$$H_{SY}=A_{NY}+\frac{R_Y}{R_X}(H_{SX}-A_{NX}) \tag{10—42}$$

式中　H_{SY}——桥址处设计高(低)潮位值(m)；

H_{SX}——测站处设计高(低)潮位值(m)；

A_{NY}，A_{NX}——桥址及测站的同期平均潮水位(m)；

R_Y，R_X——桥址及测站同步潮差(m)，其比值 R_Y/R_X 可取两处每日潮差或流量差比值的平均值。

(3)当感潮河段桥址处无实测资料，桥址下游河口潮位站又不具备用极值同步差比法计算设计高(低)潮位时，应在河口潮位站(或设临时站)进行观测按式(10—43)计算设计高(低)潮位值：

$$H_s=H'_s\pm k \tag{10—43}$$

$$H'_s=A_N\pm(0.6r+K') \tag{10—44}$$

式中　H_s——设计高(低)潮位值(m)；

H'_s——按短期观测资料推算的设计高(低)潮位值(m)；

k——常数，可采用表 10—2 中潮汐性质、潮差大小、河流影响以及增减水影响都较相似的附近港口相应的数值；

A_N——年平均海平面，$A_N=A+\Delta A$，其中 A 为短期观测资料的月平均海平面，ΔA 为桥址下游河口所在地区(或附近港口)海平面的月份订正值；

r——短期(一个月以上)观测资料中的平均潮差(北方港口不应应用冬季潮差)；

K'——常数，可取 0.4 m。

表 10—2 不同海域 k 值

所在地区		水位/m	
海域	站位	极端高水位	极端低水位
黄海、渤海	海洋岛	0.8	1.4
	大连	1	1.6
	跋鱼圈*	1	1.3
	营口	1.1	1.5
	葫芦岛	1	1.5
	秦皇岛	1	1.6
	塘沽	1.6	1.8
	龙口	1.6	1.5
	烟台	1.1	1.2
	乳山口	0.9	1.3
	威海	1.1	1.1
	青岛	1.2	1.3
	石臼所	1.2	1.2
	连云港	1.5	1.2
	燕尾	1.1	1.2
东海	吴淤	1.6	1
	高桥事	1.4	1
	中泼	1.3	1
	大戴山	1	1.1
	绿华山	1	0.9
	金山嘴*	1.2	1.4
	滩浒*	1.5	1.4
	镇海	1.5	0.9
	长涂*	1.1	1
	沈家门*	0.8	1
	湛江	2.4	0.9
	有自洲*	1.3	0.9
	秀英	1.8	0.7
	清洪*	1.2	0.6
	榆林*	0.9	0.6
	西泽	1.2	1.1
	海门(浙江)	1.4	0.8
	大陈*	0.9	1
	坎门	1.6	0.9
	龙湾(福建)	1.4	0.9
	沙埋*	1.1	1.3
	三沙*	1.1	1.3
	梅花*	1	1.1
	马尾	1.4	1
	平潭*	1.3	1
	崇武	1.3	1
	厦门	1.5	1
	东山	1	0.9
	汕头	2.3	0.7
	汕尾	1.3	0.7

续上表

所在地区		水位/m	
海域	站位	极端高水位	极端低水位
南海	赤湾	1.1	1
	酒盛圈*	1.1	0.7
	黄埔	1	0.7
	横门*	1.3	0.6
	灯笼山	1.2	0.6
	大万山*	0.9	0.7
	黄冲*	1.3	1
	黄金*	1.2	0.8
	三灶*	1.1	0.8
	闸坡*	1.2	0.8
	八所	0.9	0.8
	湘洲*	1	1.1
	石头埠*	1.1	1.4
	北海	1.1	0.9
	白龙尾*	1.3	1.1

注：(1)“*”表示该站采用条件分布联合概率的计算结果。

(2)k值设计频率为50年。

4. 当感潮河段桥址处无实测资料，有当地大潮升资料时，设计潮位按式(10—45)计算。

$$H_s = A_N \pm [0.9 \times (R - A_0) + 0.45] \tag{10—45}$$

式中　R——半日潮和不规则半日潮验潮站用平均大潮升，日潮和不规则日潮用回归潮平均高潮高(m)；

A_0——与大潮升或回归潮平均高潮同一潮高起算面起算的平均海平面(m)。

5. 对于有通航需求的感潮河段，其最高通航潮水位可按下列方法推算：

(1)具有不少于20年大潮期的逐时潮位资料时选取10年遇的实测全年潮位记录，以小时为单位作时潮位频率统计，采用通航保证率为98%的相应潮位作为最高通航水位。

(2)资料不足10年时，宜采用实测最高潮位年的全年潮位记录，并进行时潮位频率统计，保证率采用98%的相应潮位作为最高通航水位。

(3)仅有年最高潮位资料而无逐时潮位记录时通航水位的最高值可采用历年高潮位的平均值。

第四节　海湾桥梁墩台冲刷计算

海湾桥梁基础在波浪和潮汐水流(往复水流)作用下的冲刷，与非潮汐水流(单向水流)冲刷的水力学原理与泥沙运动机理相同。但因波浪、潮流、风暴潮以及各种复杂海洋水文因素的作用，水流条件与单向流不同，由于海湾桥梁冲刷情况十分复杂，目前我国规范中尚无成熟的计算公式。

一、海岸泥沙运动

在天然情况下,海岸泥沙运动主要受制于两种动力要素,即波浪和潮流(包括它们的派生水流,如:传质水流、沿岸流、裂流、沿堤流以及余流)。在入海河口附近的海岸,泥沙运动还受到河流及其盐淡水混合的影响。

近岸潮流,除局部海区——海峡、潮汐通道、潮汐汊道、海湾的湾口以及涌潮等海域表现较强外,其他海区往往表现较弱。因为潮流属于长周期变化性质,它对泥沙运动的作用,可采用单向水流下泥沙运动规律予以近似描述。当河流流入海湾或河口的洪水很大时,潮汐水流涨潮、退潮的影响相对较小,则可忽略潮流对桥梁墩台冲刷的影响。因此计算水动力特性和河床冲刷时,就可采用跨河桥梁的水力水文分析和计算方法进行。

波浪作用下桩柱周围的泥沙运动,与单向流下作用机理有明显的区别。与单向流情况不同,波浪运动存在流速和压力的周期性振荡,引起海床面水质点的运动是前后振荡型。作用在床面颗粒上的底流速或作用力只是在一个较短的时间内达到最大值,其余时间都比较小,泥沙颗粒的惯性作用显得相对重要。对于小波高情况(线性波),振荡型运动引起向前和向后的幅值近似相等,引起泥沙向前和向后的输移量也近似相等,因此几乎不产生泥沙净输移。只有在波高较大的情况(非线性波),向前和向后的振离幅值才会有很大差别,泥沙净输移才会很大,才会引起海底地形变化。另外波浪水流沿水深的分布由势流方程决定,只有当波浪进入浅水区后,靠近底部的水质点才有显著运动,波浪作用下的泥砂运动通常仅限于床面附近很小的范围内。

若在波浪水槽中平铺一层沙子,开始打波浪,在周期不变的条件下,逐渐加大波高。当波高达某一定值时,可观察到泥沙颗粒陆续进入运动。开始时是个别颗粒来回摆动,当波高继续加大,床面的泥沙会比较普遍地发生运动。沙颗粒在静止状态下波浪运动产生的重力、拖曳力和上举力所引起的影响与单向流运动相同,波浪运动对床面泥沙颗粒的作用力与单向流运动的差别仅在于体积力的不同。从 20 世纪 40 年代起,国内外许多科技工作者相继研究波浪作用下的泥沙起动问题,并得到不少泥沙起动的计算公式。

窦国仁从力学机理出发,提出的波浪作用下的泥沙起动波高公式为

$$H_s=\frac{T}{\pi}\sinh\left(\frac{2\pi h}{L}\right)\left\{\sqrt{a\left(\frac{L}{\Delta}\right)^{1/2}\left[3.6\frac{\rho_s-\rho}{\rho}gd_{50}+\beta_w\beta\frac{\varepsilon_0+gh\delta\,(\delta/d)^{1/2}}{d}\right]+\left(b\frac{\pi L}{T}\right)^2}-\left(b\frac{\pi L}{T}\right)\right\} \tag{10—46}$$

式中 a——与起动状态有关的参数,当少量动时,$a=0.051$,当普遍动时,$a=0.079$;

b——常系数,根据试验资料得出 $b=0.03$;

H_s——颗粒起动时的临界波高;

h——水深;

T,L——波浪的周期和波长;

Δ——底部糙率高度;

g——重力加速度;

ρ_s,ρ——泥沙和水的密度;

d——泥沙粒径;

δ,ε_0——泥沙颗粒薄膜水厚度和颗粒间的黏结力系数;

β_w——$\beta_w=(d/d_1)^{3/4}$，当 $d>0.15$ mm，$\beta_w=1$；

β——反映泥沙密实程度的参数。

经过国内外大量试验资料和观测资料的验证，窦国仁公式适用于粗、细颗粒的泥沙起动。

曹文洪开展床面泥沙扬起动力学机制的研究，提出波浪作用下床面泥沙扬动时的临界波高计算公式为

$$H_s=4.684\left(\frac{L}{h}\right)^{0.322}\sqrt{\frac{0.5\dfrac{\gamma_s-\gamma}{\gamma}d_{50}^2+0.094(h\delta+\varepsilon_0/g)}{d\left(\dfrac{\pi^2}{gT^2\sinh^2 kh}+\dfrac{0.0581}{h}\right)}} \qquad (10—47)$$

式中 k——波数；

γ_s，γ——泥沙与水的容重；

其他符号意义同前。

式(10—46)与式(10—47)均是以临界波高作为判别波浪下泥沙起动的标准，另外还有一些公式以临界水深作为泥沙起动的判别标准，这些公式大多数是以日本的佐藤公式为基础。

$$\frac{H_0}{L_0}=k\cdot\left(\frac{d_{50}}{L_0}\right)^{\alpha}\sinh\left(\frac{2\pi h_c}{L}\right)\cdot\frac{H_0}{H} \qquad (10—48)$$

式中 H_0，L_0——深水波高和波长；

h_c——起动临界水深；

H，L——对应水深 h_c 处的波高和波长；

k，α——经验系数。

目前泥沙起动公式众多，不同学者对起动认识、感官评价及实测方法有所不同，因此泥沙起动没有一个统一的定量标准。

二、波浪作用下的冲刷

众多研究表明，KC 数是描述波浪中圆柱形桩柱周围局部冲刷过程的最主要参数，即

$$KC=\frac{UT}{D} \qquad (10—49)$$

式中 U——海底水质点轨迹速度的最大值；

D——圆柱直径。

对于小直径墩柱结构，波浪作用下的局部冲刷与桩前马蹄涡和尾涡涡脱现象有着密切的联系。波浪产生的马蹄涡先把圆桩周围的底床泥沙清扫至旋涡中心，然后由圆柱背水面的尾涡涡脱输送至下游。随着 KC 数的增加，一方面，桩后的尾涡范围和冲刷范围都有所扩大，桩前马蹄涡的持续时间和能量尺度增强；另一方面，波周期的增长将引起桩基背后的尾涡涡脱、桩前的马蹄涡以及周围绕流瞬变性质的减弱，稳定的性质相对增强，波浪冲刷的过程逐渐向恒定流冲刷靠拢，因此波浪作用下小直径圆桩冲刷深度主要随 KC 数的增加而增大。

当结构物体型较大时，向前推进的波浪被其阻挡，在结构物前发生反射，与入射波叠加后形成部分立波，结构物前的波高增大，同时结构物的存在使周围波浪运动的对称性受到影响使波浪掀起的泥沙产生较大的净输移，从而形成冲刷坑；在其两侧，由于散射波和入射波叠加，形成波浪绕射区；在其后方，由于受到结构物的掩护，波高相对较小，形成掩护区。但随着结构物相对尺度的改变，其对波动场的影响也发生改变，各区域的范围变化较大。大型墩柱结构周围

的漩涡强度较弱,漩涡运动在冲刷过程中作用较小,发生冲刷的主要原因是波浪反射后底部流速增大,且反射和绕射引起的墩柱周围水流的传质速度将波浪掀起造成泥沙输运,最大冲刷深度主要发生在墩柱的迎浪方向。与小直径圆桩冲刷类似,大直径圆桩在波浪单独作用下的冲刷深度一般随 KC 数的增加而增大,随底床泥沙的临界起动流速的增加而减小。

常见的波浪作用下冲刷深度 S 的计算公式有:

(1)Sumer 公式:

$$\frac{S}{D}=1.3\{1-\exp[-0.03(KC-6)]\},\quad KC\geqslant 6 \tag{10—50}$$

式中 S——波浪作用下平衡冲刷深度值。

(2)Zanke 公式:

$$\frac{S}{D}=2.5\left(1-0.5\frac{u}{u_c}\right)x_{rel} \tag{10—51}$$

$$x_{rel}=\frac{x_{eff}}{1+x_{eff}},\ x_{eff}=0.03\cdot(1-0.35u_c/u)\cdot(KC-6)$$

式中 u——近床面最大流速;

u_c——波浪作用下泥沙起动流速,$u_c=1.4\left(2\sqrt{\rho' gd}+10.5\frac{\nu}{d}\right)$其中,$\nu$ 为水的动力黏度,ρ'为相对密度,$\rho'=(\rho_s-\rho)/\rho$。

(3)陈国平公式:

$$\frac{S}{H}=0.09\left(2\frac{u}{u_c}-1\right)\cdot \text{th}\frac{4.27D}{L}\cdot\frac{L}{h}\cdot\left(\frac{d_{50}}{h}\right)^{0.134}\cdot\left(\frac{h}{H}\right)^{0.5} \tag{10—52}$$

式中波浪作用下床面泥沙起动速度计算式为

$$u_c=0.372\left(\frac{\rho_s-\rho}{\rho}\right)^{2/3}g^{2/3}d_{50}^{1/3}T^{1/3}$$

当 $u/u_c<0.5$ 时,无冲刷,取 $2u/u_c-1=0$;$u/u_c>1.0$ 时,浑水冲刷,取 $2u/u_c-1=1$。

(4)黄建维公式:

$$S=\frac{L}{2\pi}Ar\text{sh}\frac{\pi H}{2T\alpha u_c}-h \tag{10—53}$$

式中 u_c——波浪作用下泥沙起动流速 $u_c=M\sqrt{\frac{\rho_s-\rho}{\rho}gd+\frac{\varepsilon_0+gh\delta}{d}}$;

α——考虑冲刷坑底坡、形状和坑内旋涡对波浪轨道速度影响的综合系数;

H——建筑物前反射波高。

其中,Sumer 公式和 Zanke 公式只适用于小直径圆桩冲刷的情况;陈国平公式和黄建维公式主要适用于大直径圆桩波浪冲刷。

三、波流共同作用下的冲刷

通常情况下,水流流速远大于波浪传质速度,波浪在冲刷过程中主要起掀沙作用,水流则不仅对床面进行冲刷,还把波浪掀起的泥沙往后输运,即“波浪兴沙,水流运沙”。实验证明,波流共同作用产生的冲刷坑的体积,往往比单纯波浪或单纯潮流作用分别产生的冲刷坑体积之和还大好几倍。波流共同作用下的冲刷需考虑波与流的相对强度,波浪和结构物的相对尺度。

冲刷深度较大时,属于强流弱波情况,波浪对冲刷坑的下切作用明显减弱,水流起主导控制作用，波浪加快冲刷进程。有结果表明，对于直径相对较小的桩柱，最大冲深比单独水流作用增大 10%，冲刷形态大致相同。

强波弱流条件下，波浪起控制作用。对于大直径圆柱（$D/L>0.2$），由于波浪的绕射更为显著，圆柱直径与波长的比值成为桩柱周围冲刷深度的控制参数。圆柱周围床面大部分为冲刷区，最大冲刷点在圆柱侧前方范围，后方小部分为淤积区，成"羊角"状堆积。

波浪叠加入水流后，桩前的逆压梯度增加，使得可以产生马蹄涡的临界 KC 数降低，增强了马蹄涡的强度和持续时间，因此可以大大提升冲刷速率。Sumer 提出波流共同作用下桩柱的冲刷，可以在经验公式中用波流相对速度参数 U_{cw} 来表征水流流速和波浪振荡流速相对大小对冲刷深度的影响。

常见的波流共同作用下冲刷深度 S_m 的计算公式有

(1)Sumer 公式：

$$S_m/D=S_c/D\{1-\exp[-A(KC-B)]\},\quad KC\geqslant B \tag{10—54}$$

式中　S_c——水流单独作用下平衡冲刷深度值；

A——系数，$A=0.03+0.75U_{cw}^{2.6}$；

B——系数，$B=6\exp(-4.7U_{cw})$，其中波流相对速度 $U_{cw}=\frac{u_c}{u_c+u_w}$，$u_c$ 为水流单独作用下近底层流速，u_w 为波浪单独作用时引起的近底层水质点流速。

当 $U_{cw}=0$ 时，回归到波浪作用下细圆桩冲刷深度，随 U_{cw} 的增加冲刷逐渐加深，当 U_{cw} 超过 0.7 时，冲刷趋于水流单独作用下的最大冲刷值。

(2)陈海鸥公式：

$$\frac{S_m}{h}=81.4\frac{v_c^2}{gh}+0.583\frac{D}{L}+5.061\frac{h}{L}+3.400\frac{H}{L}-1.180 \tag{10—55}$$

式中　v_c——海流流速。

(3)李林甫公式：

$$\frac{S_m}{h}=0.14\left(\sinh\frac{2\pi h}{L}\right)^{-1.35}+44.35\frac{v_c^2}{gh}+0.1e^{D/L}+\alpha \tag{10—56}$$

式中　α——相对冲刷深度修正系数，当 $D/L>0.5$ 时，$\alpha=0$；$D/L<0.5$ 时，$\alpha=0\sim0.102$。

影响波流冲刷的物理因素有很多，如水深、流速、波高、波周期、波长、桩径、底床粒径和泥沙级配等。总体而言，波流条件下桩墩的冲刷深度将随流速 u_c、波高 H、波浪导致的近底流速 u_w 和桩径 D 的增加而增大。

四、潮流对海湾桥梁冲刷的影响

为研究潮流对海湾桥梁冲刷的影响，1990 年铁道部科学研究院进行了钱塘江二桥桥墩冲刷试验，1999 年河海大学海岸及海洋工程研究所进行了福建下白石特大桥桥墩局部冲刷试验，2005 年南京水利科学研究院进行了江苏苏通长江大桥的桥墩局部冲刷研究。根据这三个实桥（两个沉井基础，一个群桩基础）的试验研究结果，对潮汐水流桥梁冲刷问题进行分析，得到的相关定性规律可作为海湾桥梁初步设计的参考依据。这些试验表明：

(1)潮流界下游（河口段、潮流段）的桥梁受径流和潮汐共同作用，流向随潮汐涨退而向上游或下游往复变化。应注意潮流界的位置，随水流和潮流来势的强弱，在上下游是有一定移动的，并非为固定不变。

(2)洪水径流和潮汐共同作用产生的桥墩冲刷深度,较洪水径流作为恒定流产生的桥墩冲刷深度要小,减少 20%~30%。

(3)桥墩最大冲刷位置,恒定流一般在上游端及其两侧大约左右各 60°的范围内,而潮汐作用下最大冲刷深度的位置随机性很大,可能出现在上、下游端与两侧。

(4)潮流最大冲刷深度取决于涨潮、落潮中水流最急、动力最强的一方水力条件,按第六章中桥墩冲刷公式计算局部冲刷最大深度时,应采用潮流的涨潮、落潮中水流更急的一方的最大流速及相应水深来计算。

(5)将长时间潮流冲刷和单向流冲刷试验对比,如果涨潮、落潮最大流速与单向流平均流速相一致,则两者的最大冲刷深度基本相一致。

(6)潮流和径流共同作用下的冲刷,达到平衡冲刷的时间比单向流达到平衡冲刷的时间要长得多。

复习思考题

10—1 海洋环境下水动力因素有哪些?

10—2 波浪形成的原因有哪些?波浪要素包括哪些方面?

10—3 波浪运动的描述方法有哪些?

10—4 如何进行设计潮位的推算?

10—5 波浪、潮流作用下的冲刷与单向流冲刷有何区别?

附　　录

附录 I　墩形系数 K_ξ 和计算宽度 B_1 表

<table>
<tr><th>序号</th><th>墩形示意图</th><th>墩形系数 K_ξ</th><th>桥墩计算宽度 B_1</th></tr>
<tr><td>1</td><td>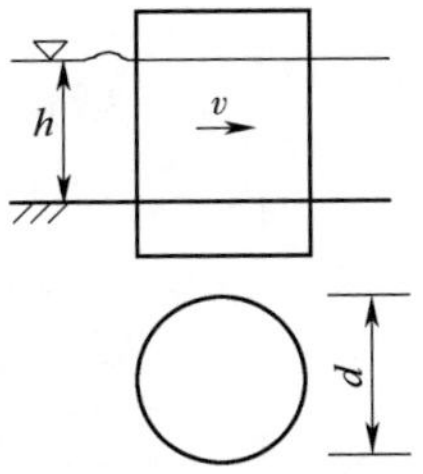
</td><td>1.00</td><td>$B_1=d$</td></tr>
<tr><td>2</td><td>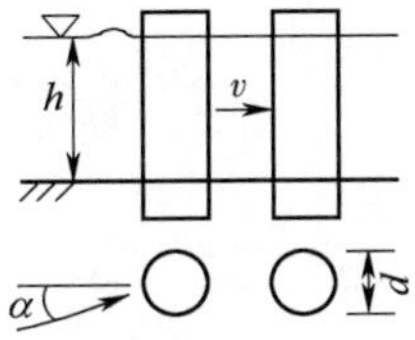
</td><td>不带联系梁：$K_\xi=1.00$
带联系梁：
<table>
<tr><td>α</td><td>0°</td><td>15°</td><td>30°</td><td>45°</td></tr>
<tr><td>K_ξ</td><td>1.0</td><td>1.05</td><td>1.10</td><td>1.15</td></tr>
</table></td><td>$B_1=d$</td></tr>
<tr><td>3</td><td>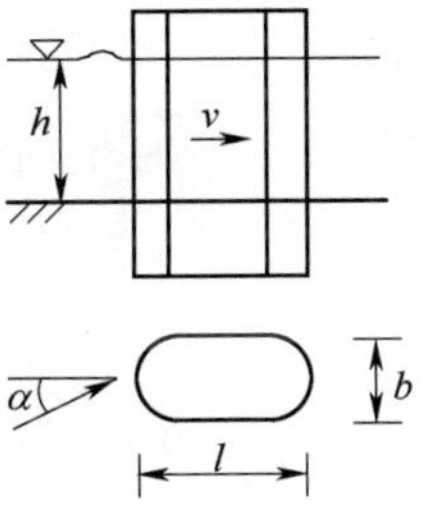
</td><td>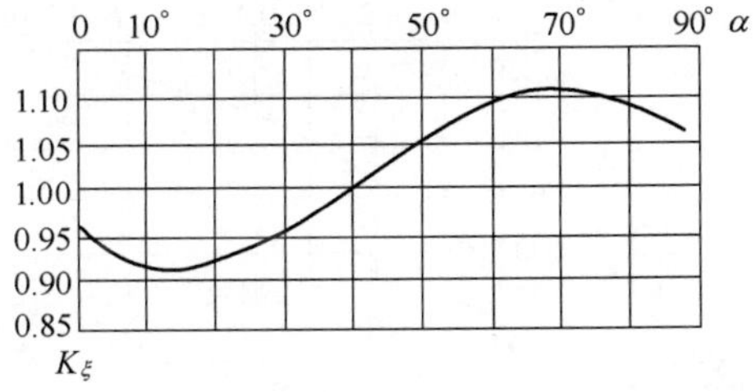
</td><td>$B_1=(l-b)\sin\alpha+b$</td></tr>
<tr><td>4</td><td>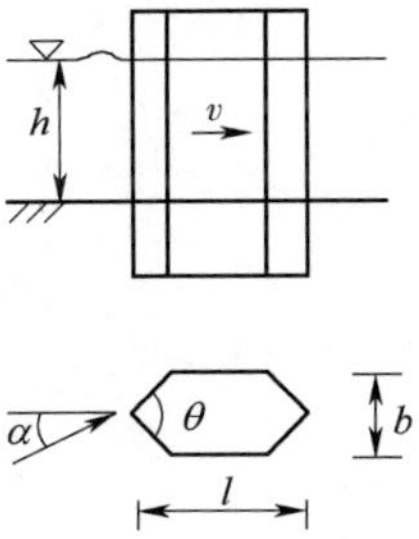
</td><td>与水流正交时各种迎水角系数
<table>
<tr><td>θ</td><td>45°</td><td>60°</td><td>75°</td><td>90°</td><td>120°</td></tr>
<tr><td>K_ξ</td><td>0.7</td><td>0.84</td><td>0.90</td><td>0.95</td><td>1.1</td></tr>
</table>
迎水角 $\theta=90°$ 与水流斜交时的系数 K_ξ
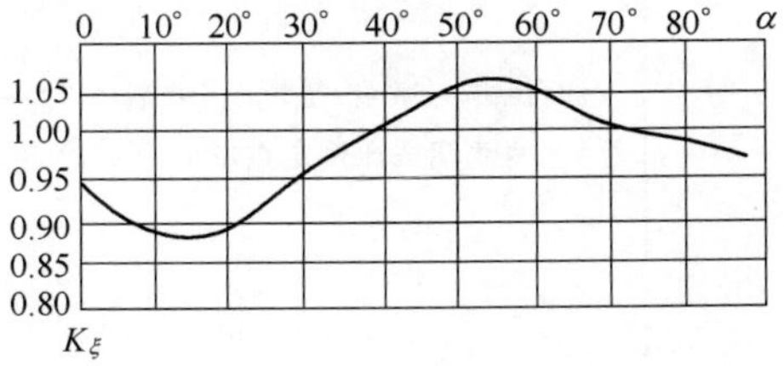
</td><td>$B_1=(l-b)\sin\alpha+b$
（为了简化可按圆端墩计算）</td></tr>
</table>

续上表

序号	墩形示意图	墩形系数 K_ξ	桥墩计算宽度 B_1
5	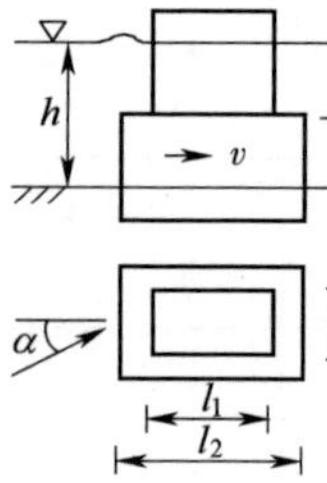	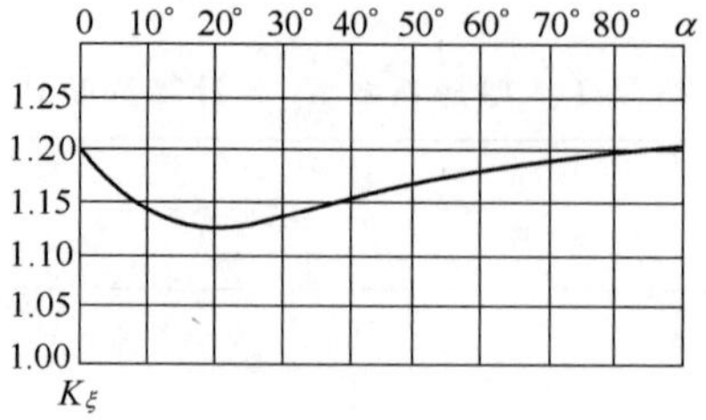	与水流正交时： $B_1=\frac{b_1h_1+b_2h_2}{h}$ 与水流斜交时： $B_1=\frac{B_1'\ h_1+B_2'\ h_2}{h}$ $B_1'=l_1\sin\alpha+b_1\cos\alpha$ $B_2'=l_2\sin\alpha+b_2\cos\alpha$
6	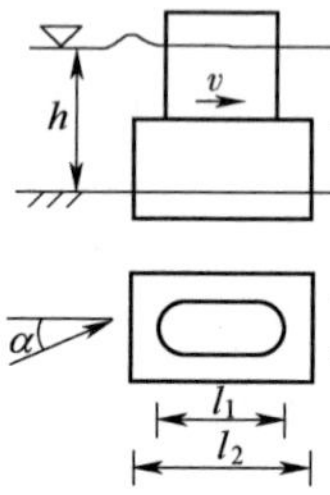	$K_\xi=K_{\xi1}K_{\xi2}$ 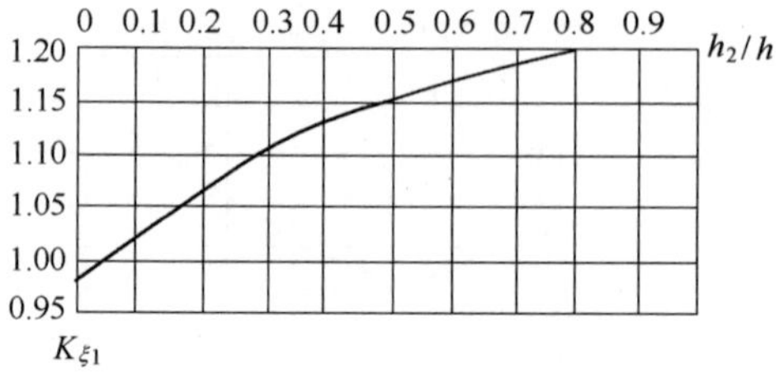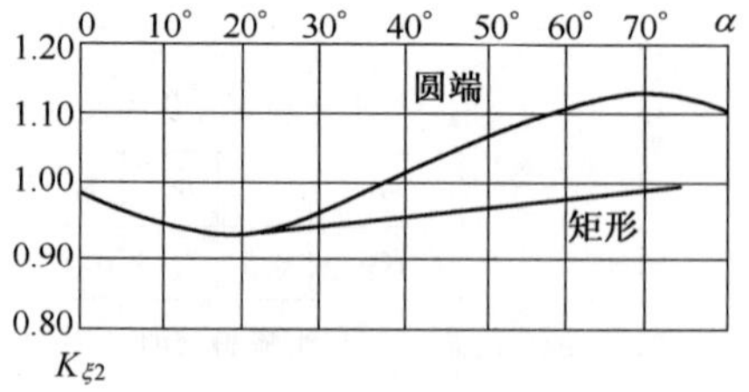注：沉井与墩身的 $K_{\xi2}$ 相差较大时，根据 h_1、h_2 的大小，在两线间按比例定点取值	与水流正交时： $B_1=\frac{b_1h_1+b_2h_2}{h}$ 与水流斜交时： $B_1=\frac{B_1'h_1+B_2'h_2}{h}$ $B_1'=(l_1-b_1)\times\sin\alpha+b_1$ $B_2'=l_2\sin\alpha+b_2\cos\alpha$

续上表

<table>
<tr><th>序号</th><th>墩形示意图</th><th>墩形系数 K_ξ</th><th>桥墩计算宽度 B_1</th></tr>
<tr><td>7</td><td>
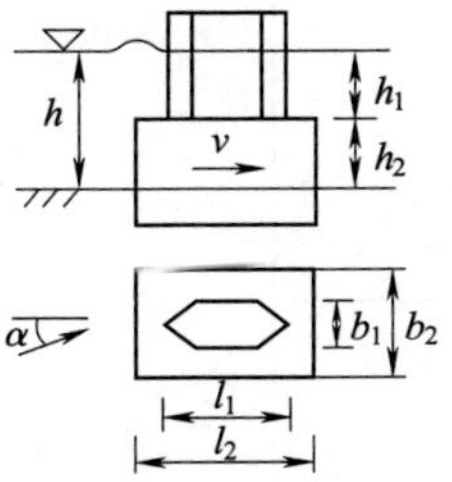

</td><td>
与水流正交时的 $K_\xi=K_{\xi1}$

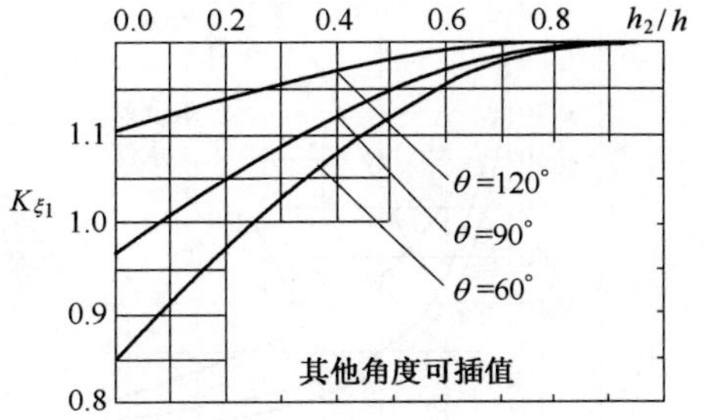

迎水角 $\theta=90^\circ$ 与水流斜交时的 $K_\xi=K_{\xi1}K_{\xi2}$

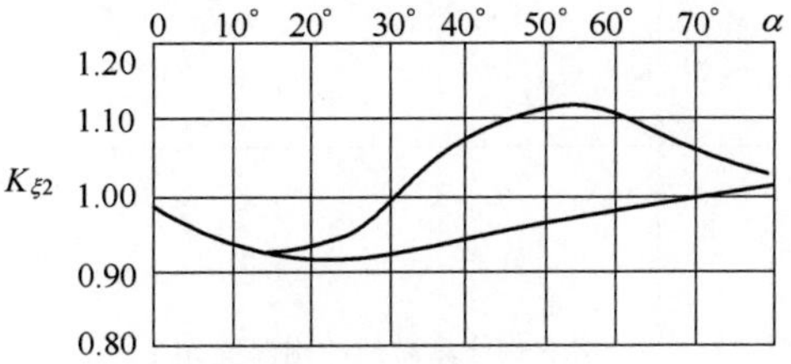

注:沉井与墩身的 $K_{\xi2}$ 相差较大时,根据 h_1、h_2 的大小,在两线间按比例定点取值
</td><td>
与水流正交时:
$B_1=\dfrac{b_1h_1+b_2h_2}{h}$
与水流斜交时:
$B_1=\dfrac{B_1'h_1+B_2'h_2}{h}$
$B_1'=(l_1-b_1)\times\sin\alpha+b_1$
$B_2'=l_2\sin\alpha+b_2\cos\alpha$
</td></tr>
<tr><td>8</td><td>
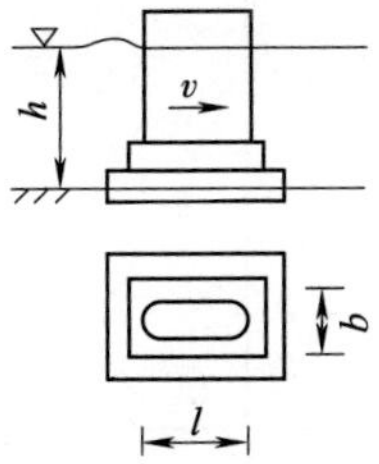

</td><td>扩大基础采用与水流正交时的墩形系数</td><td>
与水流正交时:
$B_1=b$
与水流斜交时:
$B_1=(l-b)\sin\alpha+b$
</td></tr>
<tr><td>9</td><td>
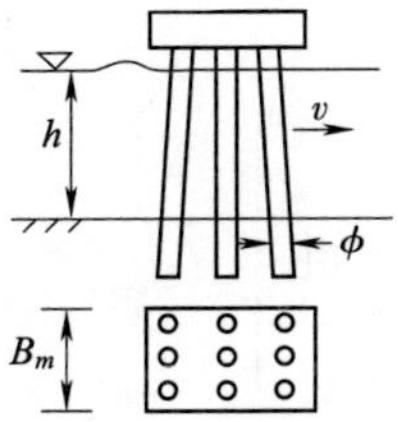

</td><td>
$K_\xi=K_\xi'K_{m\phi}$
K_ξ'——单桩形状系数,按编号1、2、3、5的墩形确定(如多为圆桩,$K_\xi'=1$);
$K_{m\phi}$——桩群系数,$K_{m\phi}=1+5\left[\dfrac{(m-1)\phi}{B_m}\right]^2$;
m——桩的排数。
</td><td>$B_1=\phi$</td></tr>
</table>

续上表

序号	墩形示意图	墩形系数 K_ξ	桥墩计算宽度 B_1
10	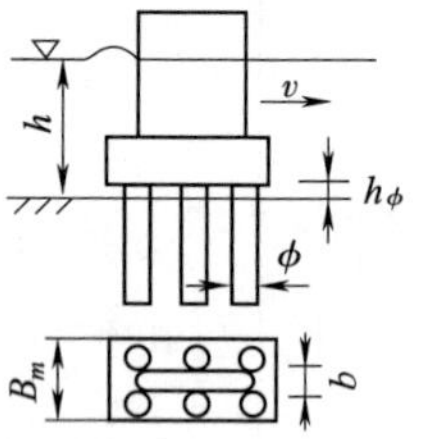	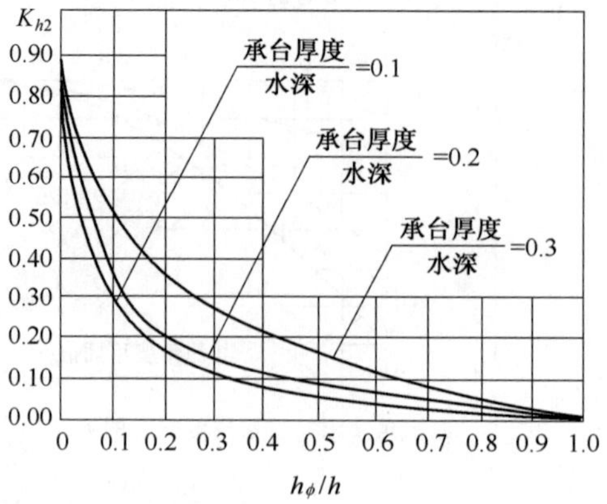	桩基础局部冲刷计算见式(6—41)
11	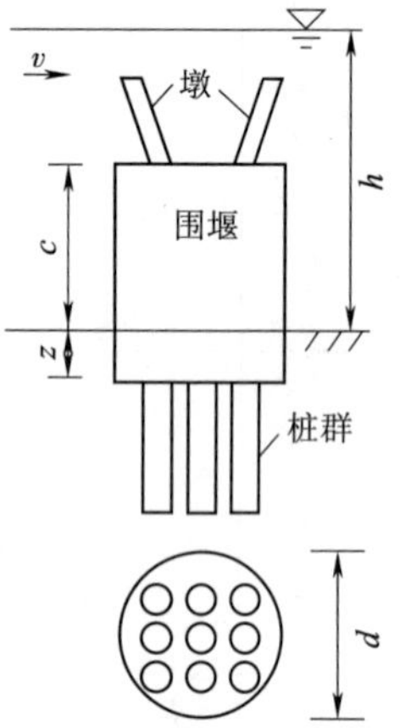	按下式计算局部冲刷深度 h_b： $h_b=K_{cd}h_{by}$ $K_{cd}=0.2+0.4\left(\frac{c}{h}\right)^{0.3}\left[1+\left(\frac{z}{h_{by}}\right)^{0.6}\right]$ K_{cd}——大直径围堰群桩墩形系数； h_{by}——按编号(1)墩形计算的局部冲刷深度。 适用范围： $0.2\leqslant\frac{c}{h}\leqslant1.0$；$0.2\leqslant\frac{z}{h_{by}}\leqslant1.0$	$B_1=d$
12	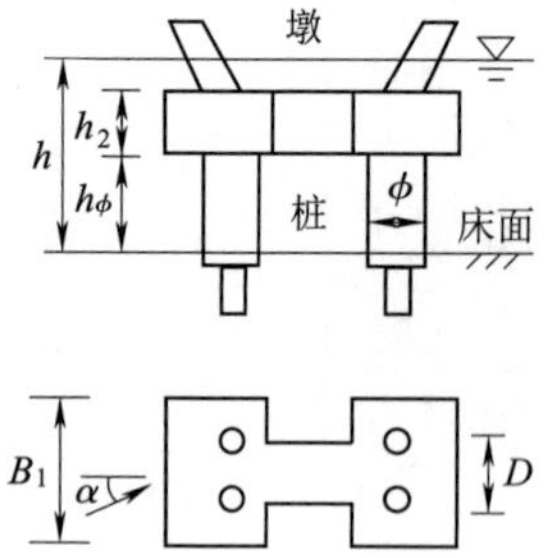	按下式计算局部冲刷深度 h_b： $h_b=K_\alpha K_{zh}h_{by}$ $K_{zh}=1.22K_{h2}\left(1+\frac{h_\phi}{h}\right)+1.18\left(\frac{\phi}{B_1}\right)^{0.6}\frac{h_\phi}{h}$ $K_\alpha=-0.57\alpha^2+0.57\alpha+1$ h_{by}——按编号(1)墩形计算的局部冲刷深度； α——桥轴法线与流向的夹角(rad)，适用范围：$D=2\phi$。 $0.2<\frac{h_2}{h}<0.5$，$0<\frac{h_\phi}{h}<1$，$\alpha=0\sim0.75$	B_1

附录Ⅱ 非黏性土的容许(不冲刷)平均流速表

顺号	土及其特征		土的颗粒尺寸(mm)	水流平均深度/m					
	名称	分类		0.4	1.0	2.0	3.0	5.0	10及以上
				平均流速(m/s)					
1	粉土	含有细砂的粉土和淤泥,种植土	0.005～0.05	0.15～0.20	0.20～0.30	0.25～0.40	0.30～0.45	0.40～0.55	0.45～0.65
2	砂	杂有中砂的细砂	0.05～0.25	0.20～0.35	0.30～0.45	0.40～0.55	0.45～0.60	0.55～0.70	0.65～0.80
		含有黏土的中砂,杂有中砂的粗砂	0.25～1.00	0.35～0.50	0.45～0.60	0.55～0.70	0.60～0.75	0.70～0.85	0.80～0.95
		杂有砾石的粗砂,含有黏土的粗砂	1.00～2.50	0.50～0.65	0.60～0.75	0.70～0.80	0.75～0.90	0.85～1.00	0.95～1.20
3	圆砾	杂有中圆砾的小圆砾	2.50～5.00	0.65～0.80	0.75～0.85	0.80～1.00	0.90～1.10	1.00～1.20	1.20～1.50
		杂有小圆砾的中圆砾	5.00～10.00	0.80～0.90	0.85～1.05	1.00～1.15	1.10～1.30	1.20～1.45	1.50～1.75
		杂有砂中小圆砾的大圆砾	10.0～15.0	0.90～1.10	1.05～1.20	1.15～1.35	1.30～1.50	1.45～1.65	1.75～2.00
4	卵石	杂有砂和圆砾的小卵石	15.0～25.0	1.10～1.25	1.20～1.45	1.35～1.65	1.50～1.85	1.65～2.00	2.00～2.30
		杂有砾石和中卵石的小卵石	25.0～40.0	1.25～1.50	1.45～1.85	1.65～2.10	1.85～2.30	2.00～2.45	2.30～2.70
		杂有大卵石的中卵石	40.0～75.0	1.50～2.00	1.85～2.40	2.10～2.75	2.30～3.10	2.45～3.30	2.70～3.60
5	大卵石	杂有卵、圆砾的小号大卵石	75.0～100	2.00～2.45	2.40～2.80	2.75～3.20	3.10～3.50	3.30～3.80	3.60～4.20
		杂有卵、圆砾的中号大卵石	100～150	2.45～3.00	2.80～3.35	3.20～3.75	3.50～4.10	3.80～4.40	4.20～4.50
		杂有卵、圆砾的大号大卵石	150～200	3.00～3.50	3.35～3.80	3.75～4.30	4.10～4.65	4.40～5.00	4.50～5.40
6	漂石	杂有卵石的小漂石	200～300	3.50～3.85	3.80～4.35	4.30～4.70	4.65～4.90	5.00～5.50	5.40～5.90
		杂有中漂石的小漂石	300～400	—	4.35～4.75	4.70～4.95	4.90～5.30	5.50～5.60	5.90～6.00
		中漂石及大漂石	400～500及以上的	—	—	4.95～5.35	5.30～5.50	5.60～6.00	6.00～6.20

附录Ⅲ　黏性土的容许(不冲刷)平均流速表

顺号	土的名称	颗粒成分/%		土的特征															
		小于0.005/mm	0.005～0.050/mm	不大密实的土壤(孔隙比1.2～0.9,土壤容重在12.0 kN/m³以下)				中等密实的土壤(孔隙比0.9～0.6,土壤容重在12.0～16.6 kN/m³)				密实的土壤(孔隙比0.6～0.3,土壤容重16.6～20.4 kN/m³)				极密实的土壤(孔隙比0.3～0.2,土壤容重20.4～21.4 kN/m³)			
				平均深度(m)															
				0.4	1.0	2.0	3.0	0.4	1.0	2.0	3.0	0.4	1.0	2.0	3.0	0.4	1.0	2.0	3.0
				平均流速(m/s)															
1	黏土	30～50	70～50	0.35	0.40	0.45	0.50	0.70	0.85	0.95	1.10	1.00	1.20	1.40	1.50	1.40	1.70	1.90	2.10
2	重粉质砂黏土	20～30	80～70																
3	中、轻粉质砂黏土	10～20	90～80	0.35	0.40	0.45	0.50	0.65	0.80	0.90	1.00	0.95	1.20	1.40	1.50	1.40	1.70	1.90	2.10
4	新沉淀的黄土类土	—	—	—	—	—	—	0.60	0.70	0.80	0.85	0.80	1.00	1.20	1.30	1.10	1.30	1.50	1.70
5	黏砂土	5～10	20～40	根据土中含砂粒大小按非黏性土的容许(不冲刷)平均流速采用															

附录Ⅳ　石质土的容许(不冲刷)平均流速表

顺号	土的名称	水流平均深度/m			
		0.4	1.0	2.0	3.0
		平均流速(m/s)			
1	砾岩、泥灰岩、页岩	2.0	2.5	3.0	3.5
2	多孔的石灰岩、紧密的砾岩、成层的石灰岩、石灰质砂岩、白云石质石灰岩	3.0	3.5	4.0	4.5
3	白云石质砂岩、紧密不分层的石灰岩、硅质石灰岩、大理石	4.0	5.0	6.0	6.5
4	花岗岩、辉绿岩、玄武岩、安山岩、石英岩、斑岩	15.0	18.0	20.0	22.0

注:(1)上列三表的流速数值不可内插,当水流深度在表列水深值之间时,则流速应采取与实际水流深度最接近时的数值。

(2)当水流深度大于3.0 m(在缺少特别观测与计算的情况下)时,容许流速采用上列三表中水深为3.0 m时的数值。

附录Ⅴ　各种铺砌类型的容许流速表

顺序	加固类型	容许最大流速/(m/s)	适用条件
1	平铺草皮	≤1.5	适用于草皮易于成活的环境,淹没时间不长处
2	干砌片石	1.5～2.5	适用于不受水流作用的部位或临时性防护,最小厚度为0.2 m,当用浆砌片石代替时厚度不小于0.3 m,如漂石形状扁平时,不小于0.25 m。干砌片石铺砌时,底部应设厚度不小于0.15 m的反滤层。浆砌片石下设反滤层厚度与干砌片石者同

续上表

顺序	加固类型	容许最大流速/(m/s)	适用条件
3	浆砌片石	3～6	采用抗压极限强度不小于 20 MPa 不风化的片石，用 M5.0 水泥砂浆砌筑。最小厚度为 0.35 m。下设垫层最小厚度为 0.1 m
4	C15 混凝土板	4～8	板厚宜为 0.1～0.2 m，板块宜大勿小，可在缺乏石料地区替代片石使用。可预制或就地灌注，预制板预制时要靠紧并用沥青麻筋塞缝。垫层厚度对于干燥边坡用 0.1～0.15 m，对于潮湿边坡用 0.2～0.3 m
5	钢筋混凝土块排	3.5～5.0	一般在平原区河流为防护浅埋边坡基础使用，块排与基础、块排间宜用环套连接，末端块应视流速大小加厚加重
6	铁丝石笼	2.5～3.5	为半永久性防护工程，不宜用于水流中有滚石的河段。可用来作堤坝身，也可用来防护浅埋基础。当用钢筋桩锚固加强时，容许流速可达 5.0 m/s
7	柴　排	2.0～3.0	适用于堤坝边坡坡脚浅埋防护，可在常水位以下，并用抛石等办法使之加固

参 考 文 献

[1] 国家铁路局.铁路工程水文勘测设计规范:TB 10017－2021[S]. 北京:中国铁道出版社有限公司,2022.
[2] 中华人民共和国交通运输部.公路工程水文勘测设计规范:TJG C30－2015[S]. 北京:人民交通出版社有限公司,2015.
[3] 中华人民共和国铁道部.铁路桥梁检定规范(铁运函〔2004〕120 号)[S]. 北京:中国铁道出版社,2004.
[4] 铁道部第三勘测设计院.桥渡水文(铁路工程设计技术手册)[M]. 北京:中国铁道出版社,1999.
[5] 文雨松,张大伟.铁路桥涵可视化水文检定[M].长沙:中南大学出版社,2003.
[6] 水利部长江水利委员会,水利部南京水文水资源研究所.水利水电工程设计洪水计算手册[M].北京:中国水利水电出版社,2001.
[7] 李廉锟 . 结构力学[M].6 版 . 北京:高等教育出版社,2017.
[8] 文雨松,李整,崔阳华,等.流量影响线及其在桥梁山洪水害预报中的应用[J]. 铁道学报,2011(6).
[9] 董胜,孔令双.海洋工程环境概论[M]. 青岛:中国海洋大学出版社,2005.
[10] 中华人民共和国交通运输部. 港口与航道水文规范:JTS 145—2015[S]. 北京:人民交通出版社有限公司,2015.
[11] 邹志利. 海岸动力学[M]. 4 版. 北京:人民交通出版社,2009.
[12] 高东光，王亚玲. 桥涵水文[M]. 6 版. 北京:人民交通出版社股份有限公司，2023.
[13] 钱宁，万兆惠. 泥沙运动力学[M]. 北京:科学出版社，2003.
[14] 王兴奎，邵学军，王光谦，等. 河流动力学[M]. 北京:科学出版社，2004.
[15] 陈杰，刘静，蒋昌波，等. 波浪作用下泥沙运动研究综述[J]. 泥沙研究，2014(155).